中华文化认同视域下的满学研究

常越男 主编

中国社会科学出版社

图书在版编目(CIP)数据

中华文化认同视域下的满学研究/常越男主编. —北京：中国社会科学出版社，2021.12
ISBN 978-7-5203-9401-7

Ⅰ.①中… Ⅱ.①常… Ⅲ.①满族—民族学—中国—文集
Ⅳ.①K282.1-53

中国版本图书馆 CIP 数据核字(2021)第 256878 号

出 版 人	赵剑英	
责任编辑	安　芳	
责任校对	张爱华	
责任印制	李寡寡	

出　　版	中国社会科学出版社	
社　　址	北京鼓楼西大街甲 158 号	
邮　　编	100720	
网　　址	http://www.csspw.cn	
发 行 部	010-84083685	
门 市 部	010-84029450	
经　　销	新华书店及其他书店	
印　　刷	北京明恒达印务有限公司	
装　　订	廊坊市广阳区广增装订厂	
版　　次	2021 年 12 月第 1 版	
印　　次	2021 年 12 月第 1 次印刷	
开　　本	710×1000　1/16	
印　　张	13.5	
字　　数	220 千字	
定　　价	85.00 元	

凡购买中国社会科学出版社图书，如有质量问题请与本社营销中心联系调换
电话：010-84083683
版权所有　侵权必究

前　言

今年是中国共产党建党一百周年。习近平总书记在庆祝中国共产党成立100周年大会上强调："一百年来，中国共产党团结带领中国人民进行的一切奋斗、一切牺牲、一切创造，归结起来就是一个主题：实现中华民族伟大复兴。"中华民族是"多元一体"的格局，五十六个民族凝聚为一体，共同实现祖国的完全统一和整个中华民族的大团结。只有最大限度地团结各族人民，凝聚力量，才能实现中华民族伟大复兴的中国梦。

满学是研究满族历史、语言、文化、社会及其同中华各族和域外各国文化双向影响的一门学科。1991年3月6日，根据北京市委领导同志关于加强对满族历史研究的指示精神，经北京市编制委员会批准，北京市社会科学院院长办公会研究决定，成立满学研究所。同年3月24日，召开了满学研究所成立大会。北京市社会科学院满学研究所是全国社科院系统中唯一的专门研究满学的机构，具有显著的北京特色。

自建所以来，在北京市社会科学院历任院领导的支持下，满学研究所出版《满学论集》《满学概论》等满学专著数十部，学术论文数百篇，在满学研究领域产生重要的学术影响力；创办满学集刊《满学研究》《满学论丛》，汇集海内外满学研究的最新成果；举办全国性、高水平的满学学术研讨会，展示满学研究的最新动态；组织对清代八旗驻防进行学术调研，了解民族政策，增进民族团结。三十年来，满学研究所致力于满学学科建设，打造学科优势，为满学事业的繁荣发展奠定了坚实的科研基础。

五千年的中华文明，产生于中华大地，凝聚了中华民族的智慧，展现了我们的中国精神。新时代的满学研究，要求我们在中华民族共同体、中华文化认同的视野下，利用多语种的历史文献，综合历史学、语言学、民族学等方法，进行满族史、满语文、满族文化的研究。在满学研究所建所三十周年之际，我们编辑出版《中华文化认同视域下的满学研究》一书，以中华文化认同的视角讨论清代满蒙汉文化的融合、政治文化的构建、旗人文化与旗人社会的发展。

本书收录学术论文15篇，主题包括清代民族文化、政治文化、满文文献与满语文等。为提升收录文章的质量，作者们在史料运用、观点陈述、文字措辞等方面对原文进行了补充和修改。本书付梓之际，杨原博士的《源于京旗社会的票友文化》一文因故未能录入，是为遗憾。

满学研究所三十年的发展，有赖于支持我们的领导和学界同仁。本书出版过程中，中国社会科学出版社的安芳编辑给予我们大力支持。满学研究所科研人员晓春、戴光宇、王鸿莉、关笑晶、杨原、王桂东、王美珏、马金柱等在核对引文、重查版本、完善格式等方面付出了辛苦的努力。在此，致以最诚挚的感谢！

辛勤三十载，满园有芬芳。新的征程，满学研究所将保持学术初心，提升研究水平，在历史问题、民族问题等研究领域贡献我们的力量。

编　者

2021年12月

目 录

满洲初期文化满蒙二元性解析 ………………………… 阎崇年 / 1
《帝京景物略》及其作者考 …………………………… 王灿炽 / 12
《清太祖高皇帝实录》康熙重修本辩证 ……………… 徐丹俍 / 24
东洋文库藏镶白旗蒙古都统衙门档案述评 …………… 哈斯巴根 / 37

满洲族称源自部落名称
　　——基于《满文原档》的考察 …………………… 赵志强 / 54
满语词语语义变化分析举例 …………………………… 江　桥 / 68
满语拟声拟态词结构及理据性研究 …………………… 晓　春 / 78
《乌布西奔妈妈》满语文本及其文学价值 …………… 戴光宇 / 94
清代百官谥字分析 ……………………………………… 王美珏 / 116

满洲赫舍里氏"巴克什"家族与清初政治文化 ……… 常越男 / 130
朝鲜王朝前期同女真人的交往
　　——基于朝鲜通过"边疆地带"开展交往的视角 … 王桂东 / 147
清代东北封禁政策下的旗民交往关系
　　——以乾隆朝吉林珲春为例 ……………………… 马金柱 / 162
岔曲与北京旗人艺术 …………………………………… 金启平 / 175
兴学女旗人继识一事迹考 ……………………………… 王鸿莉 / 182
北京福祥寺小考 ………………………………………… 关笑晶 / 195
附录　满学研究所科研成果目录选编 ………………… 205

满洲初期文化满蒙二元性解析

阎崇年[*]

满洲文化蕴含着满、蒙二元性[①]的特征，本文旨趣在于探讨清初满蒙关系——满洲初期文化满、蒙二元性之原因、表征及其影响。兹据史料，略做解析。

一

满洲初期文化的满、蒙二元性，原因错综复杂，于其历史、地理、语系、习俗、政治等因素，做如下解析。

满洲与蒙古，交往历史悠久。纵观中国五千年的文明史，在55个少数民族中，只有蒙古族和满洲族建立过大一统王朝。在元朝，蒙古灭金，统一全国，女真受蒙元的管辖，蒙古与女真文化交往甚为密切。在明朝，明灭元后，辽东地区战乱不已。明代初期，故元太尉纳哈出曾指挥二十万蒙古军据有辽东。明正统初，瓦剌也先欲重建"大元一统天下"[②]，东向用兵，软硬兼施，联合女真，大败兀良哈三卫，又将兵锋指向女真诸部。瓦剌兵"于夏秋间，谋袭海西野人。野人畏惧，挈家登山"[③]。此

---

[*] 阎崇年（1934— ），山东蓬莱人，北京市社会科学院满学研究所研究员，曾任满学研究所所长（1991—1996）。

[①] 满洲文化吸取汉、蒙、藏、朝等多种文化的营养，具有多元性，但其主要吸取的是汉、蒙文化，本文重点论其满、蒙二元性特征。

[②] （明）沈节甫：《纪录汇编》卷20《正统北狩事迹》，全国图书馆缩微复印中心1994年版。

[③] 《朝鲜世宗实录》卷116，世宗二十九年闰四月戊子。

期，女真成为瓦剌的臣民。在清朝，蒙古既是清朝的臣民，又是满洲的盟友。蒙古是个强大的民族，不依靠女真便能建立元王朝；满洲是个较小的民族，不联络蒙古便不能建立清王朝。总之，在元朝，女真作为蒙元的臣民，同蒙古联系密切；在明朝，蒙古在辽东势力强大，女真同蒙古也联系密切；在清初，满洲与蒙古为共同对付明朝，二者联合多于冲突。所以，满洲初期文化的满、蒙二元性有着深厚的历史根因。

满洲与蒙古，居住地理相邻。满洲先世女真，生活在辽东白山黑水的广阔地域。漠南蒙古东部六盟中的哲里木盟——科尔沁部、郭尔罗斯部、杜尔伯特部、扎赉特部，卓索图盟——喀拉沁部、土默特部，昭乌达盟——敖罕部、奈曼部、巴林部、札鲁特部、阿噜科尔沁部、翁牛特部、克什克腾部、喀尔喀左翼，锡林郭勒盟——乌珠穆沁部、浩齐特部、苏尼特部、阿巴噶部、阿尔哈纳尔部等，主要放牧在大兴安岭东麓及其迤西草原地带。海西女真南迁后，住居于开原迤西、迤北等地带，同蒙古科尔沁部、郭尔罗斯部等接壤。建州女真南迁至苏克素浒河流域，虽不同蒙古为邻，却通过马市往来密切。建州女真首领努尔哈赤在同蒙古交往中，学会蒙古语并会蒙古文。后金进入辽河流域，同漠南东部蒙古科尔沁部、土默特部、喀拉沁部等相邻。天聪九年（1635）察哈尔部降附后金，喀尔喀蒙古便同后金接壤。喀尔喀蒙古于崇德三年（1638）向皇太极进"九白之贡"。

满洲与蒙古属于同一语系。满洲同蒙古都属于阿尔泰语系，其语言有着共性。这就为两族的政治、经济、军事、文化交往，特别是相互联姻，提供了语言易通的便利条件。清太宗皇太极的十六位妻子，至少有七位是蒙古人，其中地位最尊贵的中宫皇后和亚尊贵的四宫——永福宫、关雎宫、麟趾宫、衍庆宫的贵妃都是蒙古博尔济吉特氏。如果没有语言的交流，皇太极同其一后四妃的长久深情结合是不可能的。

满洲与蒙古，同为骑射民族。蒙古为游牧民族，属草原文化，善于驰骑；满洲是狩猎民族，属牧猎文化，长于骑射。满洲和蒙古有着共同的习俗，共同的优长。清太祖努尔哈赤谕及满洲和蒙古的相同风习时说：

蒙古与满洲"衣饰风习，无不相同，兄弟之国"①。喀尔喀蒙古哲布尊丹巴胡土克图以蒙古和满洲同俗尚、同语系、同服饰而南投清朝。这是满洲与蒙古两个民族政治结盟、军队共组和作战联合的基础。

满洲初期文化满、蒙二元性的因素，在努尔哈赤兴起之前就已经存在。然而，要使其变成满洲文化具有满、蒙二元特征的现实，需要有一定的条件，这个条件主要是满洲的崛兴。在满洲崛兴的历程中，满洲的首领努尔哈赤及其子皇太极利用了这些因素。从而，他们在历史的舞台上，比其同时代的明朝诸帝、蒙古诸贝勒以及农民军诸首领有更宏大的气度、更高明的谋略，会更精心地用人、更精彩地用兵，将与之争雄的角色逐一地赶下历史舞台。

二

满洲初期文化的满、蒙二元性，表现层面交织，于其血统、文字、官制、军制、宗教等特征，做如下解析。

满洲初期文化具有满、蒙两重性的第一个表现是血统的二元性。据《清太祖武皇帝实录》记载：

> 野黑国，始祖蒙古人，姓土墨忒，所居地名曰张。灭胡笼国内纳喇姓部，遂居其地，因姓纳喇。后移居野黑河，故名野黑。②

野黑即叶赫，其始祖的血统，半是叶赫，半是蒙古。乌喇贝勒布占泰系"蒙古苗裔"，亦有蒙古血统。后建州灭乌喇和叶赫，他们汇入满洲的主体部分。建州女真首领李满住有三妻，蒙古兀良哈女为其一。在清初宗室的"黄金血胤"中，其血统一半是满洲，一半是蒙古。清太祖努尔哈赤妃、后被尊为寿康太妃的博尔济吉特氏，系蒙古科尔沁郡王孔

---

① 《满文老档·太祖》卷13，天命四年九月，中华书局1990年版。
② 《清太祖武皇帝实录》卷1，北平故宫博物院1932年印行本，第3页。

果尔女，虽没有留下子嗣，但对顺治帝和康熙帝的早期治策影响很大。清太宗皇太极的生母叶赫纳喇氏，前已言及有蒙古血统。皇太极的中宫皇后和四宫贵妃俱是蒙古人：中宫孝端文皇后博尔济吉特氏为科尔沁贝勒莽古思女；孝庄文皇后博尔济吉特氏为科尔沁贝勒寨桑女，是孝端文皇后侄女，封为永福宫庄妃，生顺治帝福临；敏惠恭和元妃博尔济吉特氏是孝庄文皇后之姐，封为关雎宫宸妃；懿靖大贵妃博尔济吉特氏封为麟趾宫贵妃；康惠淑妃博尔济吉特氏封为衍庆宫淑妃。所以，顺治皇帝福临的血统，半是满洲，半是蒙古。而顺治皇帝废后博尔济吉特氏是孝庄文皇后的侄女；孝惠章皇后博尔济吉特氏，也是蒙古人。

满洲初期文化具有满蒙两重性的第二个表现是文字的二元性。满洲的先世女真，在金太祖天辅三年（1119）创制女真大字[①]，又于金熙宗天眷元年（1138）制成女真小字[②]。但女真大、小字的创制是依契丹字或仿汉字为基础，因契丹制度，合女真语音，制女真文字。[③] 女真文兼有契丹、汉、女真三元的特点。金亡元兴之后，女真文字逐渐衰落。到明朝中期，对女真之文字通晓者益少。努尔哈赤兴起后，对部民的告谕主要用蒙古文，这充分表明满、蒙两族在语言方面的相近性。下举三例，加以说明：

例一，"胡中只知蒙书，凡文簿皆以蒙字记之。若通书我国（朝鲜）时，则先以蒙字起草，后华人译之以文字"[④]。

例二，"时满洲未有文字，文移往来，必须习蒙古书，译蒙古语通之"[⑤]。

例三，"满洲初起时，犹用蒙古文字，两国语言异，必移译而成文，国人以为不便"[⑥]。

[①] 《金史》卷73《完颜尹希传》，中华书局1975年版，第5册，第1684页。
[②] 《金史》卷4《熙宗传》，中华书局1975年版，第1册，第72页。
[③] 金启孮：《女真文字研究概况》，载《沈水集》，内蒙古大学出版社1992年版，第1—17页。
[④] [朝鲜]李民寏：《建州闻见录》，玉版书屋本，日本天理图书馆藏，第33页。
[⑤] 《满洲实录》卷3，辽宁通志馆1930年影印线装本，第3页。
[⑥] 《清史稿》卷228《额尔德尼传》，中华书局1977年版，第31册，第9253页。

满洲初期文化满蒙二元性解析

上述三例说明，建州女真部分公文已用蒙古文，满语同蒙古语又属于同一语系。所以，努尔哈赤力主并坚持用蒙古字母拼写满语，创制满文。万历二十七年（1599），在努尔哈赤的主持下，由额尔德尼巴克什、噶盖扎尔固齐用蒙古字母拼写满语，创制满文，这就是无圈点满文，即老满文。此事，《清太祖高皇帝实录》卷3做了记载：

> 上欲以蒙古字制为国语颁行。巴克什额尔德尼、扎尔固齐噶盖辞曰："蒙古文字，臣等习而知之。相传久矣，未能更制也！"……上曰："无难也！但以蒙古字合我国之语音，联缀成句，即可因文见义矣。吾筹此已悉，尔等试书之。何为不可？"于是，上独断："将蒙古字制为国语，创立满文，颁行国中。"满文传布自此始。①

这说明：满文是以满洲语言为基础、以蒙古字母为符号而创制的具有满蒙两重性特征的满洲文字。

满洲初期文化具有满蒙两重性的第三个表现是官制的二元性。天命元年即明万历四十四年（1616），后金政府是以女真政权为基本形式，并参酌了蒙古政权模式。后金最基本军政组织形式的八旗制度也参考了蒙古的官制。由于满洲牧猎经济的特点，文化比较落后，政权在战争中草创，后金的行政机构相当简单。在大汗之下有五大臣，相当于蒙古的"图什墨尔"（tusimel），为后金最高军政国务大臣，相当于枢密大臣。八和硕贝勒是满洲固有的特色。扎尔固齐是仿照蒙古"札尔扈齐"（jaryuci），蒙古语意为"掌管诉讼之人"。福格在《听雨丛谈》中记载：国初有"扎尔固齐十人，似是理政听讼之大臣，曾于《清文鉴》中查之不得，应是蒙古语也"②。其实，《清太祖高皇帝实录》做了载述并加以诠释：

---

① 《清太祖高皇帝实录》卷3，中华书局1986年版，第2页。
② （清）福格：《听雨丛谈》卷8，中华书局1984年版，第181页。

5

>　　（国人）凡有听断之事，先经扎尔固齐十人审问，然后言于五臣，五臣再加审问，然后言于诸贝勒。众议既定，奏明三覆审之事，犹恐尚有冤抑，令讼者跪上前，更详问之，明核是非。①

扎尔固齐，源于蒙古语，满语对音作 jarguci，汉意译为听讼理事之官。

满洲初期文化具有满蒙两重性的第四个表现是八旗的二元性。八旗制度是满洲最为根本、最具特色的军政制度。满洲八旗之制源于早期狩猎组织和早期军事组织。万历四十三年（1615），努尔哈赤将已有的四旗整编并扩编为八旗，即以正黄、正白、正红、正蓝和镶黄、镶白、镶红、镶蓝八种颜色作旗帜，是为满洲八旗。后逐步设置蒙古八旗。如天命七年（1622），蒙古科尔沁兀鲁特贝勒明安及同部十五贝勒等三千余户归后金，授其为三等总兵官"别立兀鲁特蒙古一旗"②。在满洲军队中既有满洲旗，也有蒙古旗，这就表现了八旗制度的满、蒙二元性。

满洲初期文化具有满蒙两重性的第五个表现是宗教的二元性。满洲先世女真信奉萨满教。《后汉书·东夷列传》记载："立苏涂，建大木，以县铃鼓，事鬼神。"③到满洲初，在后金都城赫图阿拉"立一堂宇，绕以垣墙，为礼天之所"④。随着后金势力范围的扩大，蒙古地区的喇嘛教传入后金。努尔哈赤率先崇之："奴酋常坐，手持念珠而数之。将胡则颈系一条巾，巾末悬念珠而数之。"⑤到万历四十三年（1615），努尔哈赤在后金都城赫图阿拉建佛庙，并对蒙古大喇嘛"二礼交聘，腆仪优待"⑥。乌斯藏（西藏）大喇嘛干禄打儿罕囊素，历蒙古，至辽阳，后金汗努尔哈赤对之"敬礼尊师，培（倍）常供给"⑦。满洲文化增涵了喇嘛

---

① 《清太祖高皇帝实录》卷4，中华书局1986年版，第21页。
② 《清史稿》卷229《明安传》，中华书局1977年版，第31册，第9271页。
③ 《后汉书》卷85《东夷列传》，中华书局1959年版，第10册，第852页。
④ ［朝鲜］李民寏：《建州闻见录》，玉版书屋本，日本天理图书馆藏，第32页。
⑤ ［朝鲜］李民寏：《建州闻见录》，玉版书屋本，日本天理图书馆藏，第32页。
⑥ 《大喇嘛坟塔碑记》，《辽阳碑志选》第1集，铅印本，第37页。
⑦ 《大金喇嘛法师宝记》，《辽阳碑志选》第1集，铅印本，第30页。

教的成分，就同蒙古部民有了共同的宗教信仰、宗教语言和宗教仪规。

综上，一个民族的文化必然受其邻近民族较高文化的影响，越在古代，越是这样。但是，文化较后进的民族，是否主动地接受邻近民族较高的文化精华，并利用这种文化优势开创本民族新的事业，主要在于这个民族首领的进取精神和开放政策。满洲族的领袖努尔哈赤及其子皇太极，以政治家的大气魄、大胸怀，依满洲文化的满、蒙二元性特征，结成满蒙联盟，挫败逐鹿群雄，开创了一个新的朝代。

三

满洲初期文化的满、蒙二元性，影响极为深远，仅列举数点，做如下解析。

第一，结成满蒙联盟，建立后金政权。满蒙联盟中的联姻在天命建元前后较为集中，也尤为突出。仅在明万历四十二年（1614），努尔哈赤就有四个儿子分别娶蒙古女子为妻。翌年（1615），努尔哈赤自娶蒙古科尔沁部孔果尔贝勒女博尔济吉特氏为妻。天命汗努尔哈赤在位时，"同科尔沁联姻十次，其中娶入九次，嫁出一次；其子皇太极在位时，同科尔沁联姻十八次，其中娶入九次，嫁出八次"[①]。满、蒙的婚姻关系在满蒙政治联盟中起着特殊的作用。如多尔衮受命召降察哈尔林丹汗[②]遗孀苏泰太后及其子额哲时，遣苏泰太后之弟、叶赫金台什贝勒之孙南褚，先见其姊苏泰太后及甥额哲。苏泰太后派从者旧叶赫人觇视情实后，苏泰太后出，与其弟抱见。遂令其子额哲率众寨桑出迎。此事《清太宗实录》记载：

> 四月二十日，大军渡河。二十八日，抵察哈尔汗子额尔克孔果

[①] 阎崇年：《天命汗》，吉林文史出版社1993年版，第186页。
[②] 《汉译蒙古黄金史纲》载：布颜彻辰可汗四十九岁，兔年（癸卯，万历三十一年，1603年）逝世，子林丹呼图克图可汗，龙年（甲辰，万历三十二年，1604年）十三岁，即了大位。崇祯七年、天聪八年即1634年死，年四十三岁。明人称林丹汗作"虎墩兔"，系呼图克图的音译。

尔额哲国人所驻托里图地方。天雾昏黑，额哲国中无备。臣等恐其惊觉，按兵不动，遣叶赫国金台什贝勒之孙南褚，及其族叔祖阿什达尔汉拜哈尔松阿代衮同往。令先见其姊苏泰太后及子额哲，告以满洲诸贝勒奉上命，统大军来招尔等，秋毫不犯。南褚等急驰至苏泰太后营，呼人出，语之曰："尔福金苏泰太后之亲弟南褚至矣！可进语福金。"苏泰太后闻之，大惊。遂令其从者旧叶赫人觇之，还报。苏泰太后恸哭而出，与其弟抱见。遂令其子额哲率众寨桑出迎我军。①

《钦定蒙古源流》对苏泰太后及其子额哲归附后金也做了类似的记载：

> 林丹库图克图汗运败，妻苏台太后系珠尔齐特精太师之子德格勒尔太师之女，同子额尔克洪果尔二人，限于时命，仍回原处。汗族之诺延四人，领兵往迎。岁次乙亥五月，于鄂尔多斯游牧之托贲地方被获，因取蒙古汗之统。②

上文中的珠尔齐特精太师即叶赫贝勒金台什。在上文之下，张尔田注曰：

> 天聪九年五月丙子，林丹汗子额尔克洪果尔额哲降。初，贝勒多尔济（衮）、托岳、萨哈璘、豪格统兵至黄河西，额哲驻地托里图地方，其母苏泰福晋，叶赫贝勒锦台什女孙。因遣其弟南楚偕同族往告，招之降。时天雾昏黑，额哲不虞，军至无备。苏泰与额哲乃惶，牵众宰桑迎。于是，全部平。③

---

① 《清太宗实录》卷23，天聪九年五月乙亥。
② （清）萨囊彻辰：《钦定蒙古源流》卷8，台湾商务印书馆景印文渊阁《四库全书》本，第14页。
③ （清）萨囊彻辰：《钦定蒙古源流》卷8，台湾商务印书馆景印文渊阁《四库全书》本，第13页。

这是利用姻亲关系取得政治与军事"一石二鸟"的生动史例。蒙古察哈尔部，明朝称之为插汉部或插部，其降于后金—清，改变了明朝与后金—清的军事与政治力量对比。

明未亡，而插先毙，诸部皆折入于大清。国计愈困，边事愈棘，朝议愈纷，明亦遂不可为矣！①

在漠南蒙古诸部中，内喀尔喀巴岳特部长恩格德尔率先引领喀尔喀五部之使至赫图阿拉，"尊太祖为昆都仑汗"，即恭敬汗。② 自此，"蒙古诸部，朝贡岁至"③。这表明努尔哈赤在登极称汗之前，先得到部分漠南蒙古贝勒的尊崇，后正式称汗、建元。至于皇太极改元崇德，建号大清，也同获得元传国玉玺汉篆"制诰之宝"攸关。皇太极及众贝勒认为这是"天锡之宝，此一统万年之瑞"④。皇太极欲一统华宇，便于当年十一月改族名为满洲，第二年易年号为崇德，改国号为大清。所以，清太祖努尔哈赤建元天命、清太宗皇太极改号大清，都同蒙古有着不可分割的关系。

第二，设置蒙古八旗，雄兵统一中原。前已分析，满洲与蒙古有着牧猎和骑射的共同民风、民习。魏源说："夫草昧之初，以一城一旅敌中原，必先树羽翼于同部。故得朝鲜人十，不若得蒙古人一。"⑤ 由蒙古骑兵组成蒙古八旗，极大地增加了八旗军的战斗威力。天命六年（1621），努尔哈赤始设蒙古牛录，翌年（1622），始分设蒙古旗。天聪三年（1629），已建有蒙古二旗。天聪五年（1631），始设蒙古八旗。蒙古将领和蒙古骑兵在征战中发挥了重大的作用。天命十一年（1626）正月，虽天命汗努尔哈赤兵败宁远城下，但蒙古副将武纳格率所部八旗蒙

---

① 《明史》卷327《鞑靼传》，中华书局1974年版，第28册，第8494页。
② 《蒙古源流》记载："太祖系有大福之人，此星系大力汗之威力星。由是观之，非常人也，由是遐迩地方，俱称为大力巴图鲁太祖汗。"
③ 《清史稿》卷229《恩格德尔传》，中华书局1977年版，第31册，第9276页。
④ 《清太宗实录》卷24，天聪九年八月庚辰。
⑤ （清）魏源：《圣武记》卷1《开国龙兴记一》，中华书局1984年版。

古军等攻入觉华岛，杀尽明守军七千余员，焚烧粮料八万余石和船两千余艘，取得觉华岛之役全胜。①天聪三年（1629），皇太极第一次率大军入塞，就是以蒙古喀喇沁部台吉布尔噶都为向导，以蒙古骑兵为前锋，攻破长城，进围北京。蒙古额驸布颜代从皇太极攻明，率蒙古骑兵，"下遵化，薄明都，四遇敌，战皆胜"，后与明兵战，"身被数创，所乘马亦创，犹力战冲锋殪敌，遂以创卒"②。以上三例说明，蒙古将领、蒙古贝勒和蒙古骑兵，在后金—清同明朝的对抗中，舍生忘死，奋力拼杀，屡摧强敌，多建奇功。后蒙古骑兵在清军定鼎北京、统一中原的战阵中，起着举足轻重的作用。

第三，制定抚蒙治策，巩固北陲疆域。先是，自秦、汉以降，匈奴一直是中央王朝的北患。为此，秦始皇连接六国长城而为万里长城。至有明一代，己巳与庚戌，京师两遭北骑困扰，甚至明正统皇帝也做了蒙古瓦剌兵的俘虏。《明史》论曰："正统后，边备废弛，生灵不振。诸部长多以雄杰之姿，恃其暴强，迭出与中夏抗。边境之祸，遂与明终始云。"③ 徐达与戚继光为强固边防，抗御蒙骑，大修长城。努尔哈赤兴起后，对蒙古采取完全不同于中原汉族皇帝的做法：用编旗、联姻、会盟、封赏、围猎、赈济、朝觐、年班、重教等政策加强对蒙古上层人物及部民的联系与管治。后漠南蒙古科尔沁部等编入八旗，成为其军事与政治的重要支柱，喀尔喀蒙古实行旗盟制，厄鲁特蒙古实行外扎萨克制。后喀尔喀蒙古因受噶尔丹突袭而危难时，是北投还是南徙？哲布尊丹巴说：

　　俄罗斯素不奉佛，俗尚不同我辈，异言异服，殊非久安之计。莫若全部内徙，投诚大皇帝，可邀万年之福。④

大皇帝是指康熙皇帝，可见重教、尊俗在政治上之巨大作用。其联

---

① 阎崇年：《论觉华岛之役》，载《袁崇焕研究论集》，文史哲出版社1994年版。
② 《清史稿》卷229《布颜代传》，中华书局1977年版，第31册，第9275页。
③ 《明史》卷327《鞑靼传》，中华书局1974年版，第28册，第8494页。
④ （清）松筠：《蒙古游牧记》卷7《绥服纪略》，清刻本。

姻不同于汉、唐的公主下嫁，而是互相婚娶，真正成为儿女亲家。这是中央政权（元朝除外）对蒙古治策的重大创革。中国秦以降两千多年古代社会史上的匈奴、蒙古难题，到清朝才算得解。康熙帝说："昔秦兴土石之工，修筑长城。我朝施恩于喀尔喀，使之防备朔方，较长城更为坚固。"① 清朝对蒙古的抚民固边政策使北疆250年间各族居民和平安定，免罹争战动乱之苦。

综上所述，满洲以一个地处辽左边隅、人口不过十万、文化相对落后、挥刀矛为兵器的少数民族，打败明朝军队，战胜李自成，夺取燕京，统一中原，巩固皇权，稳坐江山长达268年之久，其历史秘密何在？重要缘由之一即满洲同蒙古结成强固联盟，终清一代，未曾动摇。而满洲之所以能同蒙古结盟，是因为满洲领袖努尔哈赤及其子皇太极善于利用满洲文化的满、蒙二元性特征，巧妙地求共趋同，结成了满蒙联盟。试想，以蒙古一族之力，尚几度兵围北京，俘虏明英宗皇帝，而以满、蒙联合之力，岂不摧毁大明的社稷？况且，满洲又善于利用满洲文化的满、蒙、汉三元特征，精心地分化、利用和争取汉族中亲满与附满的势力，结成满、蒙、汉联盟，以满、蒙、汉联合之力，怎能不摧毁大明的统治？而李自成既不会结盟于满洲和蒙古，也不会笼络汉族缙绅，更不会结纳汉族儒士②，怎能不败于大清的八旗军呢？至于满洲文化的满、蒙、汉三元特征，不属本题，此文不做论述。

（原文刊载于《故宫博物院院刊》1998年第1期）

---

① 《清圣祖实录》卷151，康熙三十五年五月壬辰。
② 《清史稿》载录文程疏言："治天下在得民心，士为秀民，士心得，则民心得矣。"参见《清史稿》卷232《范文程传》，中华书局1977年版，第31册，第9353页。

《帝京景物略》及其作者考

王灿炽*

　　《帝京景物略》是迄今所见记述明代北京山川风物、名胜古迹和民情风俗等方面内容丰富、博采约修、言之有据的一部专著。它以文学家的笔法进行记述，简洁流畅、文笔隽雅，是研究明代北京历史风土、景物名胜的重要参考资料。故历来受到史学界、地理学界、文学界和民俗学界的珍视。现将此书的版本源流、主要内容和作者事迹，略作考证。错误不妥之处，欢迎斧正。

一　版本源流

　　《明史·艺文志》著录，云："刘侗《帝京景物略》，八卷。"朱彝尊《日下旧闻抄撮群书目录》著录，《钦定日下旧闻考》屡引之。《四库全书总目·史部·地理类存目》著录，云："《帝京景物略》，八卷，编修汪如藻家藏本。明刘侗、于奕正同撰。"王灿炽《北京史地风物书录》著录《帝京景物略》的版本颇多，其中有明崇祯八年（1635）初刻本、明崇祯间金陵弘道堂刻本、清乾隆间金陵崇德堂刻本（纪昀删订本）、乾隆三十一年（1766）《序》金陵崇德堂刊本及弘道堂重刊本等。[①]

　　《帝京景物略》初版于明崇祯八年（1635），为刘侗、于奕正在南京

---

* 王灿炽（1938—　），福建永定人，北京市社会科学院满学研究所研究员。
① 王灿炽：《北京史地风物书录》，北京出版社1985年版，第292页。

时所刊。国家图书馆藏有明崇祯八年（1635）刊本16册。又藏有明崇祯年间刻本20册，为金陵弘道堂藏版。这是迄今所见的最早版本之一。北京大学图书馆藏有明崇祯间刻本八册（8行19字。原题"遂安方逢年定，麻城刘侗、宛平于奕正修"）。据王重民《中国善本书提要》载，美国国会图书馆藏有《帝京景物略》八卷8册，为明崇祯间刻本（8行19字。原题"遂安方逢年定，麻城刘侗、宛平于奕正修"）。①

北京史学者张次溪先生曾藏有明崇祯八年的原刻本一部，是刘侗、于奕正二人在南京时所刊，实为善本，弥足珍贵。他说："此本三百年来，久已不易见到，成了珍秘的善本。我家旧藏一部，中缺第四、第七两卷，北京出版社向我借去校印，并把所缺之卷，设法钞补，遂成完璧。从崇祯八年到明亡，短短九年中，翻刊本却有三种：一种是字体和原版本略有不同，内容并无差异，我藏有残本，只剩卷一、卷三两卷；一种是徐仲昭的删节本，我没有见过；一种是王永绩、耿章光两人的所谓'删正'本，封页刊有'王、耿两先生删正、兵部藏版'等字，卷前有崇祯癸未（十六年，1643年）王伟、王永绩两《序》。"②

著名史学家谢国桢先生藏有《帝京景物略》一部，系明崇祯八年刻本。书中有"朱昆田藏书"印章，实为朱彝尊编纂《日下旧闻》时所据的书籍之一，堪称善本。谢先生曾言《帝京景物略》有明崇祯七年（1634）刻本，至今未见③，疑误。

从明末所刻的《帝京景物略》可知，当时有人喜欢随意删改前人的著作，并进行翻刻。他们"改窜旧本，默不自言，附益己说，恬不自怪，则明季经生之长技"④。这些改窜后的刻本，繁简不一，详略不同，章句字法，互有异同，而瑕瑜亦各不相掩。书贵原版，而改窜翻刻之本，实为盗版，其内容与原版是大不相同的。

---

① 王重民：《中国善本书提要》，上海古籍出版社1983年版，第196页。
② 张次溪遗著，张淑文整理：《〈帝京景物略〉的著者和它的版本》，载《北京史论文集》（第2辑），北京史研究会1982年铅印本。
③ 谢国桢：《江浙访书记》，生活·读书·新知三联书店1985年版，第311页。
④ （清）纪昀：《帝京景物略·跋》，《帝京景物略》纪昀删订本，金陵崇德堂乾隆三十一年（1766）刊本。

到了清代，《帝京景物略》翻刻本亦屡见不鲜。张次溪先生说："到了清朝，在纪昀删订本之前，翻刻本有两种：一是较早的删订本，大约刊于顺治末年、康熙初年之间（1661—1662年），正文未动，字略有出入，诗还保留了大部分。北京出版社校印我家旧藏的原刊本时，我曾用这个清初本对勘了一遍，因为它是翻刊本中比较好的一种。另一种刊行较晚，约在乾隆初年（1736年），字体较小，文诗俱全。再后便是纪昀的删订本，诗全删去，文亦有改削，甚至有全篇删去的。据他的《序》《跋》，作于乾隆丙戌（三十一年，1766年），刊书也许还晚些。现在通行的，就只是这个本子。尚有一种巾箱本，刊刻年月不详，内容与纪本相同，却不多见，我家藏有残本，只剩卷三、卷四两卷。以后琉璃厂书铺曾几次翻刻纪本，是为坊刻本。错字很多，刻工也极粗劣。现在最容易见到的，只有这种坊刻本。"①

清代著名学者纪昀对《帝京景物略》进行删订，将每篇所附之诗，以及他认为"体例不合"的文章，全部删去，还在某些文章中增加一些注释，于乾隆年间刻印刊行。这就是"河间纪氏刻本"。其书末还有纪昀《跋》文一篇，略云："初削是书，仅削是诗。追粘缀重编，《太学石鼓》篇中，复削五百三十三字。《首善书院》篇中，删一千二十八字。而"李卓吾墓"篇，则全删削。……此《景物略》耳，石鼓，古迹也，因石鼓而讽颂学制，不类也。首善书院、李卓吾墓，并非古迹矣，而杂记语录，标榜道学，不类也。表东林而又及温陵，益不类也。去其不类者，而佳者益出，是又芟夷翳塞之道矣。"②

纪昀因夏日炎炎，闲暇无事，是将《帝京景物略》一书"悉割取摧烧之，独留正文一百三十余篇"。他颇为自信，以为"秽杂既除，神志开朗，逐处延赏，颇足留连"。然而，历史证明，纪昀删书，不仅无功，反而有过。《帝京景物略》有文有诗，文诗并茂，相得益彰，是不能随

---

① 张次溪遗著，张淑文整理：《〈帝京景物略〉的著者和它的版本》，载《北京史论文集》（第2辑），北京史研究会1982年铅印本。
② （清）纪昀：《帝京景物略·跋》，《帝京景物略》纪昀删订本，金陵崇德堂乾隆三十一年（1766）刊本。

意删削的。书中所录之诗，大多为名家触景生情之作，是作者长期辛勤收集的。这些诗歌不仅具有文学研究和鉴赏价值，而且具有历史资料价值，可以作为研究明代北京的名胜古迹、园林山水、风俗民情等方面的重要参考资料。纪昀将一部文诗并茂的专著删削成为一本支离破碎之书，几乎使原本失传。他将明代著名思想家的墓地——"李卓吾墓"条全文删去，是十分荒谬的。在"李卓吾墓"条之后，录有时人吊唁怀念诗多首。现在，李卓吾墓已成为通州区著名的名胜古迹，1984年公布为北京市文物保护单位。"李卓吾墓"条也已成为研究李卓吾的生平事迹及李卓吾墓修建始末的重要参考资料。

纪昀删订本约初版于乾隆三十一年（1766）之后，国家图书馆现存有金陵崇德堂刻本六册。北京地区一些藏书单位亦收藏有清乾隆三十一年《序》，金陵崇德堂刊本，以及乾隆三十一年《序》，弘道堂重刊本。由于纪昀是《四库全书》的总纂官，在社会上颇有影响，因此，经他亲手删订的《帝京景物略》颇为盛行，而原版《帝京景物略》则逐渐退出书肆，几乎失传。1957年，上海古典文学出版社根据清乾隆间刊河间纪氏删订本排印，并收入《中国文学参考资料小丛书》第2辑。

1963年，北京出版社据张次溪先生所藏明崇祯八年（1635）刻本标点排印，保存了《帝京景物略》最早刻本的原文，没有进行删节。而对原刻本中的个别错失，则根据清代刻本进行校改。其中有目录和正文不统一的，或存目缺文的，都保存原文，未作改动。这是迄今所见保存最完整的点校铅印本。自1980年以来，北京古籍出版社根据1963年北京出版社排印本重印了多次。

二　主要内容

《帝京景物略》八卷。书首署"遂安方逢年定，麻城刘侗、宛平于奕正修"。全书以明代北京所辖地域依次记述，由城区至山区，再到畿辅地区，共分为八卷。刘侗在《序》文中说明了明成祖定都北京的重要意义，并陈述了撰著《帝京景物略》的缘由。他说："夫都燕，天人所合发也。阴阳异特,睠顾维宅,吾知之以天。流泉膴原,士烝民止,吾知之以人。此《帝京景物略》所为作也。"①

于奕正在《略例》的开篇中说明了书名称"帝京"的缘由。他说:"长安,都秦称也。都燕,非所称也。战国曰燕,金曰燕京,元曰大都,我明而袭古称,奚可哉!我明曰顺天,迄八府而一称之曰北京,对南京而二称之。今约略古甸服内也,称曰'帝京'。"同时,他又说明书名称"略"的原因:"至尊内苑,非外臣见闻传闻所得梗概。四坛、诸陵,臣庶瞻望焉。罔敢至止。今略。所记帝京景物,厥惟游趾攸经,坐谭攸析者。苍莽朝曛攸至也,近百里而瞻言之,丰碑孤冢攸存也,远千年而凭吊之。粤有僻刹荒荒,家园琐琐,游莫至,至莫传矣。略之。"②

通读全书,可知《帝京景物略》有如下特点。

第一,内容丰富,资料翔实。《帝京景物略》有25万余字,书中所记北京地区的景物,内容丰富,包括山川名泉、寺庙宫观、园林风景、名胜古迹、亭台书院、风俗民情、花鸟虫鱼等,共有129条。其中介绍名寺35座,名山12座,花园8处,祠堂7座,庵堂5座,庙宇5座,坟墓5处,其他52处。书中记述北京的寺庙颇为详细,如位于前海东岸的"火神庙"云:"北城日中坊火德真君庙,唐贞观中址,元至正六年(1346)修也。我万历三十三年(1605),改增碧瓦重阁焉。前殿曰'隆恩',后阁曰'万岁景灵阁',左右'辅圣'、'弼灵'等六殿。殿后水亭,望北湖。建庙北而滨湖焉,以水济而胜厌也。"③这些记载对当前正在重修的火神庙具有重要的参考价值。又,书中介绍了京城内外私家园林之盛,如记述位于石大人胡同的冉驸马宜园云:"其堂三楹,阶墀朗朗,老树森立,堂后有台,而堂与树,交蔽其望。台前有池,仰泉于树杪堂溜也……入垣一方,假山一座满之,如器承餐,如巾纱中所影顶髻。山前一石,数百万碎石结成也。……园创自正德中咸宁侯仇鸾,后归成

---

① (明)刘侗:《帝京景物略·序》,北京古籍出版社1982年版。
② (明)于奕正:《帝京景物略·略例》,北京古籍出版社1982年版。
③ (明)刘侗、于奕正:《帝京景物略》,北京古籍出版社1982年版,第41页。

国公朱，今庚归冉。"① 书中记海淀李园"方十里……望牡丹，石间之，芍药间之，濒于水则已。飞桥而汀，桥下金鲫，长者五尺，锦片片花影中，惊则火流，饵则霞起"。又记米太仆勺园"百亩耳……桥上，望园一方，皆水也。水皆莲，莲皆以白。堂楼亭榭，数可八九，进可得四，覆者皆柳也。……其取道也，板而槛，七之；树根槎枒，二之；砌上下折，一之。……入门，客憭然矣。意所畅，穷目。目所畅，穷趾。朝光在树，疑中疑夕，东西迷也。……福清叶公台山，过海淀，曰：'李园壮丽，米园曲折。米园不俗，李园不酸'"②。这些记载，反映了当时造园艺术的成就，是研究北京园林发展史的重要参考资料。

书中还特别注意记述明末北京的民间风俗，是明末北京景物名胜和民间习俗的汇集。作者言："闾里习俗，风气关之，语俚事琐，必备必详。盖今昔殊异，日渐淳浇，采风者深思焉。"③ 如在"春场"条附以岁时风俗；在"弘仁桥"条附以酬香之俗；在"高梁桥"条附以熙游盛况；在"胡家村"条附以虫嬉习俗等。记正月元旦京城之习俗云："夙兴盥漱，啖黍糕，曰年年糕。家长少毕拜，姻友投笺互拜，曰拜年也。烧香东岳庙，赛放炮杖，纸且寸。东之琉璃厂店，西之白塔寺，卖琉璃瓶，盛朱鱼，转侧其影，小大俄忽。别有衔而嘘吸者，大声汞汞，小声唪唪，曰倒掖气。"④

该书在每篇之后均附有景物诗。这千余首诗歌，是从5000多首诗歌中精选出来的。如《文丞相祠》之后，录有时人诗作20余首，长洲姚广孝《文丞相祠堂诗》云："凛凛宋忠臣，赫赫元世祖。礼遇各有道，声光照千古。旧祠燕城东，松柏森牖户。英灵贯日月，劲气鼓雷雨。有司奉朝命，维时荐芳醑。客来拜庭除，欲退复延伫。"又如，《灯市》之后，录有诗词20余首，顺天刘效祖《灯市词》云："侯伯皇亲尽夜欢，

---

① （明）刘侗、于奕正：《帝京景物略》，北京古籍出版社1982年版，第56页。
② （明）刘侗、于奕正：《帝京景物略》，北京古籍出版社1982年版，第217—218页。
③ （明）于奕正：《帝京景物略·略例》，北京古籍出版社1982年版。
④ （明）刘侗、于奕正：《帝京景物略》，北京古籍出版社1982年版，第66页。

锦衣走马绣鞯鞍。千金已自悬灯火，更向谁家席上看。"① 既丰富了全书的内容，增加了文学鉴赏情趣和可读性，又为后人留下了珍贵的资料。

第二，注重考察，成书有据。《帝京景物略》的作者都注重实地考察。他们喜好游览名山，考察民俗，抄录石刻，积累资料和撰写笔记。在成书过程中，他们始终坚持亲自调查，认真核实，互相补充，反复研讨，努力做到措词严谨，言之有据。刘侗说："侗北学而燕游者五年。侗之友于奕正，燕人也，二十年燕山水间，各不敢私所见闻，彰厥高深，用告同轨。奕正职搜讨，侗职摘辞。事有不典不经，侗不敢笔；辞有不达，奕正未尝辄许也。所未经过者，分往而必实之，出门各向，归相报也。"② 于奕正在成书之后感慨地说："成斯编也良苦，景一未详，裹粮宿春；事一未详，发箧细括；语一未详，逢襟捉问；字一未详，动色执争。历春徂冬，铢铢緉緉而帙成。""是编，盛明拜手之扬言，畿郊千里之观听也。枯菀致异，广狭量殊，难矣，难矣。且其布体陈辞，不更蹴向人一步。"③ 由此可见，该书作者的治学态度是非常严肃的，书中所用的资料，都是长期辛勤积累起来的。对于采访资料，作者还要认真讨论，反复推敲，查阅文献，旁征博引，核对事实，深入研究，防止以讹传讹、杂乱失伦、挂一漏万及漫无边际等现象，从而做到了实事求是，言之有据，论证谨严，一新旧观。

第三，文字简明，描写细腻。刘侗、于奕正的文体属于晚明的文学流派之———"竟陵派"。这个流派以钟惺、谭元春为代表，他们反对复古和模拟，提倡抒写"性灵"。在文风上力求"幽深孤峭"。《明史·文苑·袁宏道传》附《钟惺·谭元春传》云："自宏道矫王（世贞）、李（攀龙）诗之弊，倡以清真，惺复矫其弊，变而为幽深孤峭。与同里谭元春评选唐人之诗为《唐诗归》，又评选隋以前诗为《古诗归》。钟、谭之名满天下，谓之'竟陵体'。"④《帝京景物略》的文句简明精练，行

---

① （明）刘侗、于奕正：《帝京景物略》，北京古籍出版社1982年版，第61页。
② （明）刘侗：《帝京景物略·序》，北京古籍出版社1982年版。
③ （明）于奕正：《帝京景物略·略例》，北京古籍出版社1982年版。
④ （清）张廷玉等：《明史》卷288，中华书局1974年版，第7397—7398页。

文流畅,描绘细腻,层次分明,颇具特色。如写高梁桥踏青之盛况云:"水从玉泉来,三十里至桥下,荇尾靡波,鱼头接流。夹岸高柳,丝丝到水。绿树绀宇,酒旗亭台,广亩小池,荫爽交匝。岁清明,桃柳当候,岸草遍矣。都人踏青高梁桥,舆者则塞,骑者则驰,蹇驱徒步,既有挈携,至则棚席幕青,毡地藉草,骄妓勤优,和剧争巧。厥有扒竿、筋斗、倒喇、筒子、马弹解数、烟火水嬉。扒竿者,立竿三丈,裸而缘其顶,舒臂按竿,通体空立移时也。受竿以腹,而项手足张,轮转移时也。衔竿,身平横空,如地之伏,手不握,足无垂也。背竿,髁夹之,则合其掌,拜起于空者数也。盖倒身忽下,如飞鸟堕。……是日,游人以万计,簇地三四里。"①把高梁桥初春的秀丽景色和都城万人踏青的热闹情景生动地展现出来,说明作者观察之入微,描写之细腻,文字之简洁流畅。又如描写京西名山——玉泉山云:"山,块然石也,鳞起为苍龙皮。山根碎石卓卓,泉亦碎而涌流,声短短不属,杂然难静听,絮如语。去山不数武,遂湖,裂帛湖也。泉迸湖底,伏如练帛,裂而珠之,直弹湖面,涣然合于湖。盖伏趋方怒,虽得湖以散,而怒未有泄,阳动而上,泡若沫若。阴阳不相受,故油中水珠,水中亦珠,动静相摩,有光轮之。故空轮流火,水亦轮水,及乎面水则洩,是固然矣。湖方数丈,水澄以鲜,深而浮色,定而荡光,数石朱碧,屑屑历历,漾沙金色,波波紫紫,一客一影,一荇一影,客无匿发,荇无匿丝矣。水拂荇也,如风拂柳,条条皆东。湖水冷,于冰齐分,夏无敢涉,春秋无敢盥,无敢啜者。去湖遂溪,缘山修修,岸柳低回而不得留。"②这是迄今所见记述明末"玉泉山"景观的最详尽可信的资料,只有作者身临其境,亲自游览,才能写得如此生动细腻,引人入胜。

方逢年在《帝京景物略·序》中肯定了此书的重要价值。他认为这部书与历代各种风土志书的体例和写法都不相同,是一部创新之作,"粤古作者,未有是矣!"③《帝京景物略》是"竟陵派"的优秀作品之

---

① (明)刘侗、于奕正:《帝京景物略》,北京古籍出版社1982年版,第191页。
② (明)刘侗、于奕正:《帝京景物略》,北京古籍出版社1982年版,第296页。
③ (明)方逢年:《帝京景物略·序》,北京古籍出版社1982年版。

一。书中的佳篇秀句，举目皆是，独具特色，美不胜收，表现了一种注重文字修饰的简洁而细腻的文体，这是应予肯定的。但是，这种文体又力求"幽深孤峭"，也使一些读者感到文字有些冷僻艰涩，难以读懂。

三　作者事迹

《帝京景物略》的作者在最早的版本中，署名"麻城刘侗、宛平于奕正修"。

刘侗，字同人，号格庵，湖北省麻城县人。其"为诸生，即见赏于督学葛公。礼部以文奇奏参，同竟陵谭元春、黄冈何闳中降等，自是名益著"①。明崇祯六年（1633），刘侗进京捐监生考北闱，中顺天乡试举人。翌年成进士。后授吴县（今江苏省苏州市）知县，在赴任途中路过维扬（今江苏省扬州市），不幸病逝于船上，享年44岁。除了《帝京景物略》，刘侗的著作还有《龙井崖诗》《雉草》《韬光三十二》《促织志》等。

刘侗在京期间，住在其友于奕正家里，前后约有五年时间。两人志同道合，通力合作，完成了《帝京景物略》一书的撰写工作。崇祯七年（1634），他们还一起南下，游览南京。于奕正《略例》云："《帝京》编成，适与刘子薄游白下，朝游夕述，不揆固陋，将续著《南京景物略》，已属草矣，博物吾友，尚其助予。"他们合作撰写的《南京景物略》尚未完稿，刘、于二人即不幸先后病故。他们逝世的时候，都正当年富力强之时，实在令人惋惜。《南京景物略》遗稿未曾付梓，已经失传了。

刘侗"为人以千秋自命，不苟同于世"。他博学多才，"其诗文多幽古奇奥"②；且交游颇广，结交的朋友有于奕正、谭元春、王崇简、顾与治、杨日补、周损等人。谭氏为"竟陵派"的代表人物。刘侗离乡赴京

---

① 郑重修、余晋芳纂：《麻城县志》卷9，"耆旧志·文学"，民国二十四年（1935）刊本。
② 郑重修、余晋芳纂：《麻城县志》卷9，"耆旧志·文学"，民国二十四年（1935）刊本。

时，谭氏曾写《送刘同人北学四十二句》诗赠之。谭元春、刘侗等人的文体在晚明文学流派中属于"竟陵派"。他们的作品以"幽深孤峭"相标榜，其目标在于反对复古。其文字虽稍有辟涩之处，但常予人一种天然妙趣之感，在晚明的文坛上，可以说是一种进步的表现。然而"竟陵派"的文体却不合当时朝廷官吏们的口味，因而被视为"奇文"，遭到礼部的奏参。到了清代，"竟陵派"的作品也没有得到一些"正流文人"的公正评价。

于奕正，初名继鲁，字司直，宛平（今北京市）人。崇祯初年秀才。他"生而峻洁，喜读书，性孝友"①。其父逝世后，他不仅不争继承家产，而是慷慨地让财给兄弟，自己则"独居荒园，治举子业，耻剽窃为文章"②。他喜欢结交朋友，与他交游的都是当世名人，如谭元春、刘侗、王崇简、顾与治、杨日补、周损等人。他与刘侗、谭元春二人尤称友善，这二位朋友来北京时，他都热情接待，请到家里来住。谭元春曾赋有《于司直邀入西山记赠诗》，记述了天启五年（1625）他第一次与于奕正相识，受邀游览西山的情景。于奕正擅赋诗歌，好游名山，其至交王崇简说："每于霜清木老时，驱驴而往，穷岩绝岫，数百里间，无不周览。过断碑，必披荆剔藓以识之，或攀枯萝，蹑危石，逾其绝顶，慨然赋诗，有超世之概。"③崇祯七年（1634），于奕正与刘侗一起南下，游览南京，其足迹遍及南京诸名胜古迹。二人同心协力，合作撰著《南京景物略》，书未完稿而他们都先后病故，其残稿已经失传。于、刘二人原计划游览湖北，后因故而未能成行。在旅游途中，刘侗又和于奕正分手。于奕正只好自己一人独游大江南北各名胜古迹。崇祯九年（1636），他返回南京，不幸病逝于旅店，享年仅40岁。于奕正的著作还有《天下金石志》《朴草诗》等。

于奕正喜游名山胜迹，京城二三百里间，只要能够游览的，他都必然要去。20年间，他每年必游，游后必记。岁月既久，所积资料越来越

---

① （明）方逢年：《帝京景物略·序》，北京古籍出版社1982年版。
② （明）方逢年：《帝京景物略·序》，北京古籍出版社1982年版。
③ （明）方逢年：《帝京景物略·序》，北京古籍出版社1982年版。

多。正当他写书的时候，刘侗自楚来京，寓其园中，二人相与商榷考订，终于写成《帝京景物略》一书。于奕正嗜好著书，极力搜奇探隐，考证文献记载，尤重调查考订。他说："是编，奕正摭事，疑者罔滥，信者罔遗。刘子属辞，怪非撰空，夸非溢实。"① 由此可见，《帝京景物略》的原稿确实是于奕正撰写的，后来经过刘侗的加工润饰而最后定稿成书。在定稿的时候，对于没有亲自游览和存有疑问的地方，他们曾分别前往勘查核对。这种严谨治学的精神，是值得后人学习的。

周损是《帝京景物略》的编著者之一，但在各种刻本中都没有署他的名字。周损，字远害，号迂叔。湖北省麻城县人。他和刘侗是同乡，二人从小一起上学，相处很好，"共砚席者十余年"。刘侗北上进京，"损从之游，共著《帝京景物略》，选诗皆出其手"②。周损博学善诗文，在京期间，与刘侗、于奕正等结交为朋友。刘侗说：《帝京景物略》"所采古今诗歌，以雅、以南、以颂，舍是无取焉。侗之友周损职之"③。于奕正也说："景物而追昔游，征后至，则附以诗。编所得诗五千有奇，本集十有七，碑刻十有一，钞传十有五，秘笥十有二。奕正与刘子未暇选定，以属周子损。逸四千篇，存千篇有奇。"④ 由此可见，周损的工作，主要是负责编选书中所附录的诗歌，从已经收集的5000余首诗歌中，经过反复推敲后，删去4000余首，仅保留1000余首。周损受刘、于二人之邀，参与了《帝京景物略》的编著工作。刘侗感慨地说："三人挥汗属草，研冰而成书。共八卷，共目百三十有奇。"⑤

综上所述，《帝京景物略》是由刘侗、于奕正、周损三人共同编著的。这三位作者各有所职，其分工大致是于奕正撰写原稿，刘侗进行加工润色，周损编选诗歌。他们既是明末知名的文学家，又是在京结交的好朋友。他们以文学家的笔墨，记述了明末北京地区的山川景物、园林

---

① （明）于奕正：《帝京景物略·略例》，北京古籍出版社1982年版。
② （明）于奕正：《帝京景物略·略例》，北京古籍出版社1982年版。
③ （明）刘侗：《帝京景物略·序》，北京古籍出版社1982年版。
④ （明）于奕正：《帝京景物略·略例》，北京古籍出版社1982年版。
⑤ （明）刘侗：《帝京景物略·序》，北京古籍出版社1982年版。

名胜、寺院宫观、名人宅第，以及民间习俗、岁时节令、俚语琐事等。每篇之后，皆附以各名家所咏景物之诗。作者以"竟陵派"的文体，俊俏清冷，简洁流畅，文诗并茂，相得益彰。在记述明末北京景物风土的书籍中，《帝京景物略》是仅存的一部内容最丰富、资料最翔实、文字最优美、保存最完整的不朽巨著，是研究明代北京历史、地理、风俗、语言、文学、宗教等方面的珍贵资料。三位作者锲而不舍、坚忍不拔的治学精神，给后人留下了一份宝贵的文化遗产，博得了后人的景仰和尊敬。

（原文刊载于《北京社会科学》2006年第4期）

《清太祖高皇帝实录》康熙重修本辩证

徐丹俍[*]

清代《太祖高皇帝实录》有康熙朝重修十二卷本和雍正、乾隆两朝校订十三卷本两种。清亡以降，传抄、刊布的清代历朝实录，皆取雍、乾校订本《清太祖高皇帝实录》为首。[①] 不失清代官方以雍、乾校订本《清太祖高皇帝实录》为定本之原意。然在"努尔哈赤实录"修纂史上颇为重要的康熙朝重修本《太祖高皇帝实录》，却因种种原因而不显，此或与雍、乾校订本占据定本位置不无关系。

康熙朝重修《清太祖高皇帝实录》虽由于种种原因不显，然而考其修纂过程，亦可见其郑重其事。"努尔哈赤实录"由粗糙原始的四卷本《清太祖武皇帝实录》变为体例完备、规格统一、符合传统帝王实录标准的十二卷本《清太祖高皇帝实录》，康熙朝重修实肇其端。至于修撰中，康熙帝亲阅书稿两次以上，并动手改撰发明，诚为实际之总纂。

清康熙二十一年（1682）九月重修《太宗实录》告竣，随即着手重修《太祖实录》。改四卷本《清太祖武皇帝实录》为十卷，增康熙帝序、上进表及凡例、纂修官员名单等项，合为十二卷。依康熙元年（1662）四月所改、增之努尔哈赤谥号，定重修之《太祖实录》全称为《大清太祖承天广运圣德神功肇纪立极仁孝睿武弘文定业高皇帝实录》，简称《太祖高皇帝实录》。这部与历代帝王实录传统体例一致的"努尔哈赤实

---

[*] 徐丹俍（1952—　），河北文安人，北京市社会科学院满学研究所助理研究员。
[①] 节抄本、单行本不在此例。如日本刊《清三朝实录采要》本、故宫博物院铅排本及《皇朝实录》传抄本等。

录"告竣于康熙二十五年（1686）二月二十日。据学者以罗振玉所刊《〈太祖高皇帝实录〉稿本三种》与"中央研究院"历史语言研究所藏康熙朝重修《太祖高皇帝实录》残稿本对勘，知康熙朝重修《太祖高皇帝实录》至少四易其稿。①

康熙二十一年（1682）九月丙寅（二十二日），《太宗文皇帝实录》重修恭进礼仪完成。而前此之八月初十日，大学士勒德洪即具本请重修《太祖实录》，谓现有《太祖实录》体例、文字等项，"俱与实录体式不符"，请"照《太宗实录》体式，恭加重修"。② 同年十月十八日辛卯，康熙帝正式任命勒德洪等开馆重修《太祖实录》。同时开馆的还有《三朝圣训》《平定三藩方略》二馆，其总裁官员俱与《实录》馆同，唯副总裁官各馆不同。③《太祖实录》的重修工作，此时尚未全面展开，事实上可能要到康熙二十二年（1683）二月才进入实际修撰阶段。《清圣祖实录》康熙二十二年二月丙子（初四日）条载纂修官有"内阁侍读学士翁英、丹岱、吴喇岱、拜礼、吴兴祖，侍读博际、安褚库、孟额图，翰林院侍读学士朱之佐、孙在丰，侍讲学士阿山、祖文谟、朱典，侍读邬赫为纂修官……谕监修总裁官大学士勒德洪等……"④ 上列修纂官员中，除孙在丰后升任副总裁官，吴兴祖、朱之佐、祖文谟三人不见于《太祖高皇帝实录》纂修官员名单（此三人似应为《圣训》馆纂修官员）外，其余皆列名单之上。⑤《圣祖实录》记事，自不能将纂修官全部及其他与事臣工一一并列，而《太祖高皇帝实录》告竣时之全体十二名纂修官，较《圣祖实录》所证，亦只增出江有良、李振之、胡士著、乔莱四人。

---

① 方甦生：《〈清太祖实录〉纂修考》，《辅仁学志》1938年（第7卷）第1—2期。据方氏言，"中研究"史语所"藏有此次修的残稿本九卷，我们曾经分之为再稿、三稿、四稿三种"。又言罗振玉刊印之二、三次稿，分别相当于史语所收藏之三、四稿，云云。
② 转引自方甦生《〈清太祖实录〉纂修考》，《辅仁学志》1938年（第7卷）第1—2期。
③《清圣祖实录》卷105，康熙二十一年十月辛卯条，中华书局1985年影印本，第2册，第69页。
④《清圣祖实录》卷107，康熙二十二年二月丙子条，第89页。
⑤《太祖高皇帝实录》康熙朝重修官员名单与《清圣祖实录》所载任命人员姓名写法小有不同：吴喇岱作吴兰岱、博济作博极、孟额图作孟格图、邬赫作乌黑。此满译汉记音使然，实均为同一人。

综上，知重修《太祖实录》，早在《太祖实录》重修正本缮完，举行正式进呈仪式前四十余日即已有动议。动议获准后二月余，始任命重修《太祖实录》的领衔官员，而实际纂修官员入馆任事，即真正着手重修工作，则迟至康熙二十二年二月，晚于动议半年。

康熙二十三年（1684）九月十一日，康熙帝对大学士诸人提道："所修实录（指重修之《太祖实录》）朕已敬览，满、汉文义俱符，能不失本意。但中有一条语句稍谬，尚未发明，俟朕改定后发出。"① 是知此时重修《太祖实录》已然规模大备。自组成纂修班底的康熙二十二年（1683）二月至此时，历时不过十九阅月，以往例论，其速度是比较快的。

自动议到组成修撰班子，可以视为重修《太祖实录》的前期准备阶段。这一阶段内，重修总裁官擘划规模、安排结构、设定体例、搜集资料，半年的准备工作应是比较充分的。这也是重修《太祖实录》很快即获得康熙帝首肯的原因。"中研院"史语所藏残稿本和罗振玉氏刊布之稿本，应均为二十三年九月前后御前呈览、御笔亲定前事。从罗氏所刊《稿本三种》中增删涂乙由多到少，历数次仍不能免情况看，其字斟句酌、费尽推敲之力，又实非借重修《太宗实录》成例之现成易就之功。取同为康熙朝重修之《清太宗实录》与康熙朝重修《太祖实录》纂修官员名单对勘，则可见副总裁官以下，十九不同，实际修纂官员几乎纯为另一班人马。加之原四卷本《太祖武皇帝实录》与"太宗实录体式"相去甚远，无论规模、结构、体例格式诸项，均需焕然一新，故重修《太祖实录》有一稿、再稿，乃至三稿、四稿始清眉目情况。

又《清圣祖实录》康熙二十四年（1685）二月丙午条载：

> 谕大学士明珠曰："《太祖实录》先以小本兼满、汉字，迅速缮写送进，朕将恭览焉。若待白鹿纸誊写大本实录同进，则为时太

---

① 中国第一历史档案馆整理：《康熙起居注》，康熙二十三年九月十一日，中华书局1984年版，第2册，第1227页。

迟矣。"①

据此可知，康熙重修《太祖高皇帝实录》除稿本、定本外，尚应有一种小写本。20世纪30年代，故宫景仁宫发现一部满文写本《太祖高皇帝实录》，曾亲见此部书的方甦生先生断其即为康熙帝所言之满文小写本《太祖高皇帝实录》。据清代成例，实录馆向以纂成缮清之小黄绫本进呈御览，由皇帝最终审定，凡御笔改动处，均贴黄标出，不再勾圈涂乙，以示小黄绫本作为正式尊藏本之郑重。实录馆据皇帝阅改后发抄之小黄绫本，缮抄皇史宬大红绫本与乾清宫及内阁小红绫本。康熙二十四年（1685）二月后抄就之满、汉文小写本是否相当于供发抄之小黄绫本，即大、小红绫本之底本，因证据不足，殊难遂定。或谓康熙朝实录制度尚欠完备（详后），并无恭缮呈览小黄绫本发抄故事，而满、汉文小写本即为后世小黄绫本之滥觞，苦无的证，推断而已。因未见30年代尚存之景仁宫满文小写本，不知该本上是否有涂乙改动或贴黄，倘仍有勾圈涂乙，则满文小写本仍属稿本一类，倘为贴黄，则满文小写本（包括另一部汉文小写本）当以小黄绫本视之。

以康熙二十三年（1684）九月康熙帝亲自改撰发明例看，满、汉文小写本很可能仍不为勒定之本，果然，则康熙朝重修《太祖实录》竟有五稿之多。以此次重修《太祖实录》最终竣事进呈在康熙二十五年（1686）二月②，即谕抄满、汉文小写本进呈事后一年判断，二小写本仍有改动，不为定本的可能性颇大，倘仅为御览、誊录，应无须一年时间。另外，二小写本若以小黄绫本贴黄制度处理少量改动，相应亦当郑重尊藏，似不应流落景仁宫成为孑遗之典籍。

所惜者，康熙朝重修《太祖高皇帝实录》正本及汉文小写本俱佚不存，稿本残缺不全，满文小写本不无可疑之处。至于其他传抄之本，笔者所见俱属等而下之，非可靠善本。

---

① 《清圣祖实录》卷119，康熙二十四年二月丙午条，第254页。
② 《清圣祖实录》卷124，康熙二十五年二月甲辰条，第319—320页。

康熙朝重修《太祖高皇帝实录》正式皮藏本计有：大红绫本满、汉、蒙古文各一部（藏皇史宬），小红绫本满、汉、蒙古文各二部（一藏乾清宫，一藏内阁大库）。清代盛京（今沈阳）崇谟阁皮藏大红绫本实录满、汉文各一部制度，康熙朝尚无①，大内上书房存小黄绫本制度，亦未见当时记载。故康熙朝重修《太祖高皇帝实录》应只有三种文字之各三部正式定本，较后世制度少二种五部。存世既少，遗存机会亦少，但这并非其正本全佚无存的根本原因。据内阁大库存乾隆时三朝实录馆奏折档：

……又查前明纂修实录告成后，有蕉园焚稿之例。今三朝实录、圣训各本，既另为缮写，俟进呈典礼告竣后，请照例将旧本捧赴蕉园恭焚，为此谨奏请旨。于乾隆四年十月二十四奏。本日奉旨：是，依次。②

这里所谓的"旧本"，当指康熙朝修撰的《太祖高皇帝实录》《太宗文皇帝实录》和《世祖章皇帝实录》的正式皮藏本，甚至还应包括太宗、世祖朝修撰的几种实录。如此，则康熙朝重修《太祖高皇帝实录》几部正本，应已化为灰烬。但"蕉园焚稿"制度是否如此彻底，仍可怀疑，且不论崇德元年（1636）所成之"太祖实录战图"八册，直至乾隆四十八年（1783）仍存乾清宫，即顺治朝重缮《太祖武皇帝实录》汉文本三部、满文本二部半，顺治朝初纂本《太宗文皇帝实录》汉文本一部，康熙朝重修《太宗文皇帝实录》满文本二部、蒙古文本一部，康熙朝初纂本《世祖章皇帝实录》满文本一部等例应"蕉园焚稿"的实录正本，直至20世纪30年代前后，仍保存完好③，即可知"蕉园焚稿"制

---

① （清）昆冈等修：《钦定大清会典事例》（光绪朝）卷320《礼部三十一·进书》，载顾廷龙主编：《续修四库全书》史部·政书类，第798—814册，上海古籍出版社2002年版。乾隆八年始有此制度。

② 转引自方甦生《〈清太祖实录〉纂修考》，《辅仁学志》1938年（第7卷）第1—2期。

③ 那志良：《故宫博物院所藏的清实录》（下），《大陆杂志》1958年（第27卷）第5期。那氏所列目录似为三十年代事，不当以其发表日（1963年9月）台北"故宫博物院"等处实有皮藏视之。

度绝非一丝不苟。倘果有一二部康熙朝重修《太祖高皇帝实录》正本得脱"蕉园"之厄，真幸事也。

题名《大清太祖承天广运圣德神功肇纪立极仁孝睿武弘文定业高皇帝实录》①的汉文传抄本，据说在日本存有四种。然其源流与传承关系并不清楚，日本学者意见分歧甚巨②，很难判断其优劣，目前无法认定其中何种可以康熙朝重修《太祖实录》的定本当之。据日本的文献记载，确有二部"清三朝实录"的中国写本（含《清太祖实录》）输入日本，尤其"江户时代"（1603—1867年）通过唯一贸易港口长崎从中国输入（日本）书籍的总帐《商船载来书目》，"佐字号"一项宝历十三年（1763）条记载："一、三朝实录一部二十套"③的记录，值得注意，日本宝历十三年，相当于清代乾隆二十八年（1763），此时距《清太祖高皇帝实录》的雍、乾校订本成书（详后）不久，假设"佐字号"所载输入日本的这部《太祖实录》就是今日本所藏四种之一，其中国抄录者当不会不知雍正、乾隆父子为其祖先努尔哈赤新上的谥号而敢私自删去数字之谥，以成冒充康熙朝重修本的事实。据此可以认为确有一部康熙朝重修本的《太祖高皇帝实录》汉文抄本早在乾隆二十八年流入日本，并保存至今。然而问题在于这一结论的基础只是一种假设，只有当日本今日所藏四种中确有一部被可靠地确指为即是当年"佐字号"记录输入日本的那部时，结论方能成立。而目前日本所藏四种之一的日本内阁文库藏本虽最似"佐字号"记载的那部，但仍缺乏可靠

---

① 崇德元年（1636）四月，努尔哈赤被尊谥为："承天广运圣德神功肇记立极仁孝武皇帝"；康熙元年（1622）四月增改谥号为"承天广运圣德神功肇纪立极仁孝睿武弘文定业高皇帝"；雍正元年（1723），于"睿武"后加"端毅"二谥；乾隆元年（1736）复于"端毅"后加"钦安"二谥。是故诸本《太祖实录》之全称谥号即为该本成书年代的重要判断依据。

② ［日］今西春秋：《关于我国遗存的〈清三朝实录〉》，《稻叶博士还历纪念满、鲜史论丛》，1938年；［日］松村润：《关于康熙重修〈清太祖实录〉》，《第一届中国域外汉籍国际学术会议论文集》，联合报文化基金会国学文献馆1987年版；［日］神田信夫：《关于日本遗存的〈清三朝实录〉来历》，载《庆祝王锺翰先生八十寿辰学术论文集》，辽宁大学出版社1993年版，第32页。

③ ［日］大庭修：《江户时代唐船载来书研究》，1967年，第714页。转引自［日］神田信夫《关于日本遗存的〈清三朝实录〉来历》，载《庆祝王锺翰先生八十寿辰学术论文集》，辽宁大学出版社1993年版，第33页。

的流传庋藏记录,谨以用纸、装订以及卷帙情况指认①,终不能令人无疑,这是因为乾隆四年(1739)十二月,《清太祖高皇帝实录》的雍、乾校订本即已成书,而迟至乾隆二十八年(1763)始输入日本的那部"实录",是有可能以雍、乾校订本,即今习见的定本《太祖高皇帝实录》为祖本的。

又日本《商船载来书目》"多字号"著录"一、大清三朝纪事实录一部八套",唯确切输入年代不详,据说《商船载来书目》年代系自"元禄癸酉(六)年(1693)至享和癸亥(三)年(1803)"②,即相当于清代的康熙三十二年至嘉庆八年(1693—1803),倘这部"实录"输入日本时间不晚于乾隆初,是有可能含有较近于康熙朝重修本《太祖高皇帝实录》定本的,然而日本学术界尚无法确认该书现存何处,已知四种中,亦无一种可以当之。

就日本现存四种康熙朝题签的《太祖高皇帝实录》研究,日本学者比较一致地认为:这"几个写本,无一为原本。并且误字和脱字很多,相互之间文字上也有出入"③。各本来历和传承系统上的意见分歧并未影响学者们的一致,是知不能对上述四种"实录"寄太大希望,因"多字号"记载,或有新的发现亦未可知。

北京图书馆藏一部封面题签为《皇朝实录》的旧抄本,其首函四册为《太祖实录》八卷,每卷首题"大清太祖承天广运圣德神功肇纪立极仁孝睿武弘文定业高皇帝实录"及"天命一"至"天命八"字样,首函之后为《清世祖实录》。④ 该书于20世纪30年代流入北京厂肆,为当时主持筹议影印清前三朝初纂实录的孟森教授亲见,并判定《清世祖实

---

① [日]神田信夫:《关于日本遗存的〈清三朝实录〉来历》,载《庆祝王锺翰先生八十寿辰学术论文集》,辽宁大学出版社1993年版,第34页。

② [日]大庭修:《江户时代唐船载来书研究》,"凡例"。转引自[日]神田信夫《关于日本遗存的〈清三朝实录〉来历》,载《庆祝王锺翰先生八十寿辰学术论文集》,辽宁大学出版社1993年版,第33页。

③ [日]神田信夫:《关于日本遗存的〈清三朝实录〉来历》,《庆祝王锺翰先生八十寿辰学术论文集》,辽宁大学出版社1993年版,第32页。

④ 孟森:《康熙重修〈太祖实录〉跋》,《明清史论著集刊》(下册),中华书局1959年版,第324—326页。

录》为康熙初纂本,《清太祖实录》为康熙重修本,后经多方努力,该书由北京图书馆袁守和馆长主持,斥资收购,入藏北京图书馆。孟森教授因作《〈清世祖实录〉初纂本跋》《康熙重修〈太祖实录〉跋》二文①,略述其原委及价值,并议将此本与雍乾校订本《太祖高皇帝实录》互勘,以列表方式,"标举其异同,别为一著作问世"②,是知孟森教授对其首函之《太祖实录》确为康熙重修定本,信未疑焉。然该本既属民间传抄之本,已不及中秘所藏之官方勒定正本。因存"蕉园焚稿"孑遗一线希望,乃持与罗振玉刊《〈太祖高皇帝实录〉稿本三种》对校,因证《皇朝实录》本《太祖高皇帝实录》实据中秘流出之稿本抄成,其所祖之稿本,又在罗氏刊《稿本三种》之第三次稿之先,连接近勒定正本之稿也谈不到。其分卷年月、书写义例,均与罗氏刊第三次稿及雍乾校订本有异。如其"天命二"记皇太极之母死事:

庚辰,孝慈皇后崩,姓叶赫纳喇氏。乃叶赫国主杨吉砮贝勒女。年十四归上。仪容端淑,器度宽和,庄敬聪慧,词气婉顺。闻誉言不喜,闻恶言不怒,天性愉悦,勿渝其常。不好谄谀,不信逸佞。耳无妄听,口无妄言。尽心奉上,始终不懈,懿德罔愆。上不忍与后永诀,伤悼甚,殉以四婢。以牛马致祭各官(原文如此)。不饮酒茹荤者月余,昏旦悲慕。梓官停集禁内三载,始葬尼雅满山岗。

罗氏刊稿本第三种卷三记此事:

庚辰,孝慈皇后崩。后姓纳喇氏,叶赫国杨吉砮贝勒女也。年十四归上。仪容端淑,器度宽和,庄敬聪慧,不预外事(此四字为修改第三次稿时新增),词气婉顺。誉之不喜,纵闻恶言而愉悦之色

---

① 孟森:《〈清世祖实录〉初纂本跋》,《明清史论著集刊》(下册),中华书局1959年版,第477—479页。
② 孟森:《康熙重修〈太祖实录〉跋》,《明清史论著集刊》(下册),中华书局1959年版,第325页。

弗渝其常（涂乙删改前之第三次稿此处与《皇朝实录》本同）。不好诌谀，不信谗佞。耳无妄听，口无妄言。殚诚毕虑，以奉事上，始终尽善，无可间然（涂乙删改前之第三稿"口无妄言"句后，与《皇朝实录》本全同。雍乾校订本《太祖高皇帝实录》此段与修改后之第三稿全同，惟去"无可间然"句）。上不忍与后永诀，伤悼甚，殉以四婢，以牛马致祭各百。不饮酒茹荤者月余，昏旦悲感。梓官停禁内三载，始葬尼雅满山岗。①

除第三次稿后增删涂乙部分外，删划前的第三次稿与《皇朝实录》本文字亦多不同。如第三次稿删改前"后姓纳喇氏""叶赫国""弗渝其常""各百""悲感""停禁内"等，《皇朝实录》本则为"姓叶赫纳喇氏""乃叶赫国主""勿渝其常""各官""悲慕""停集禁内"等，《皇朝实录》本文字之不通（"各官""悲慕"之类）、不简（"姓叶赫纳喇氏""停集禁内"之类），致断其为重修第三次稿亦很勉强，其所祖之本尚在罗氏刊第三次稿之先，大致不错。至于是书书法丑恶、抄录马虎、校对不精，舛误几乎无页无之，读来令人丧气，该本价值因此亦减色不少。

1933年，罗振玉以"史料整理处"名义影印《〈太祖高皇帝实录〉稿本三种》线装四册。内分初、二、三修本三种，为十四册残稿本。书首有罗氏序言：

初修本存七册。首册讫癸未二月；二册起癸未七月，讫甲申九月（原注：两册间缺五、六两月）；三册起乙亥正月，讫庚辰十一月；四册为天命四年五、六、七月；五册起天命四年八月，讫五年十一月；六册起天命六年正月至十一月（原注：此三册相衔接）；七册起天命九年正月，讫十年十一月。第二次稿本存五册。第一册至癸未正，后题署卷一；第二册起甲申正月，至乙酉止（原注：此二册相衔接）；

---

① 罗振玉辑：《〈太祖高皇帝实录〉稿本三种》，旅顺史料整理处1933年版，第4册，丙31页。

32

三册起天命五年，至六年六月（原注：此二册相衔接）；五册署卷九，起天命九年，至十年末。第三次稿存卷一及卷三①，首尾完全，其分卷则与皇史宬定本同矣。

三次稿均勾圈涂乙甚，唯二、三修涂乙前之缮写文字，体例稍工整，迹近完成。初修稿则以行卓书就，揣其意，其非供御览甚明，甚至非供总裁官员阅定之本，纂修官员自用稿而已。

罗氏刊稿本，显系内府流出者，其清代官方档案性质可无疑，故价值显在一般传抄本之上。复因其三种稿本记载时间有所重叠，更可考见康熙重修《太祖实录》过程中之递变轨迹，于其时修撰之思想、义例以及文字制度等细节之研究，自有超出勒定本之上的价值，是研究努尔哈赤实录修纂史的绝好材料。

试举例说明：

《太祖高皇帝实录》增出《太祖武皇帝实录》之五十二道②上谕，每为学者诟病，以为不足为据。其增入过程，即可由罗刊稿本中了解。所增上谕尚不见于罗氏刊初修稿中，至二次稿已见增入，且有眉批注明与《圣训》关系。二次稿天命六年（1621）四月下，连记努尔哈赤四谕，五月下复记二谕，其要义均为雍、乾校订本保留。从该册首页眉批"上谕圣训八"数字分析，五月二谕之后，或应再有二谕，方合眉批之数。持与雍、乾校订本对校，五月连记二谕间，校订正本增出"谓侍臣曰：'聪明才智之人能忠诚……'"一谕。据此似可知康熙重修《太祖实录》既与再纂《太祖圣训》③同时进行，故其所增上谕自不能于初修即加入，

---

① 中华书局影印《清实录》，书前《影印说明》言罗氏刊第三次稿"存一至三卷"误！罗氏刊第三次稿实无卷二。

② 方甦生氏详校雍、乾校订本《太祖高皇帝实录》增出《太祖武皇帝实录》之上谕，计为53谕，学界沿用不疑。然其计增之第51谕：天命十一年六月乙未，谕诸贝勒："昔我宁古塔贝勒……"云云。《武皇帝实录》已有，详见《太祖武皇帝实录》卷四第三十页："二十四日，帝训诸王曰：'昔我祖六人'……"云云，其要义全同《太祖高皇帝实录》卷十第十六页，即方氏计增之第51谕，故增谕仅52。

③ 《清圣祖实录》卷105，康熙二十一年十月辛卯条，第69页。又《清世祖实录》卷89、卷91均载，顺治帝准内国史院侍读黄机奏委辅臣冯铨等开馆纂修《太祖圣训》，是为《太祖圣训》之初纂，唯此次开馆迄无结果。

亦无法一次增入即成定局。

至于以此稿本，考校传世抄本之功效价值，前文已见，不赘言。

据方甦生文，"中研院"史语所又藏康熙重修《太祖高皇帝实录》残稿本共九卷，可分为再、三、四次稿三种，其中三、四次稿相当于罗氏刊之二、三次稿。[①] 因方氏未能言及其卷帙起讫情况，未知能增出罗氏刊稿本多少。

据目前掌握的材料，最接近康熙重修《太祖高皇帝实录》正本，且卷帙完整的，当属方甦生20世纪30年代所见之"满文小写本"。该本现存何处，自方氏之后，尚未见人论及。那志良1963年著文，言有一部满文康熙朝重修本《太祖实录》存世[②]，因颇疑此即"满文小写本"，而现存我国台湾地区。但台湾大学陈捷先教授《满文清实录研究》一书中明言："可惜我们今天无法看到康熙朝重修的《太祖实录》的满文抄本或稿本"[③] 云云，则"满文小写本"似仍应在大陆寻找。该本虽无法弥补汉文写本缺佚之憾，然终为一部可靠的最接近康熙重修正本之文献，于考证雍、乾校订本《太祖高皇帝实录》是否删讳、增饰和增删程度，考证雍、乾校订本是否果如其"进实录表"所言，仅仅为"风土山川之未备……官僚姓氏之偶伪，重资考订，体归划一"。其价值或有他本无可取代之处。

《清世宗实录》雍正十二年（1734）十一月庚子条，记大学士鄂尔泰等奏：

> 三朝实录内，人名地名与《圣祖仁皇帝实录》未曾划一。请派满、汉大臣率同简选翰林官员重加校对，敬谨缮录，用垂万世。得旨：大学士鄂尔泰、张廷玉，协办大学士工部尚书徐本著为总裁官；理藩院右侍郎班弟，内阁学士索柱、岱奇、励宗万著为副总裁官。[④]

---

① 方甦生：《〈清太祖实录〉纂修考》，《辅仁学志》1938年（第7卷）第1—2期。
② 那志良：《故宫博物院所藏的清实录》（下），《大陆杂志》1958年（第27卷）第5期。
③ 陈捷先：《满文清实录研究》，大化书局1978年版，第51页。
④ 《清世宗实录》卷149，雍正十二年十一月庚子条，中华书局1985年影印本，第2册，第853页。

又据内阁大库三朝实录馆奏折档内鄂尔泰奏本：

> 臣等伏思太祖高皇帝、太宗文皇帝、世祖章皇帝三朝实录内，字画音句、人名地名之属，有与《圣祖仁皇帝实录》未曾画一者。似应恭奉三朝实录各全部于实录馆中，皇上特派满汉大臣数员，遴选翰林官员，敬谨查对，凡有前后互异应行酌改字样，用签标出，陆续恭呈御览，伏候钦定，敬谨缮写尊藏。……雍正十二年十一月二十四日奉旨：是，钦此。①

是知《清世宗实录》所记庚子（二十九）日，实为皇帝任命校订官员之日，即鄂尔泰奏本获准后第四日，可见其重视。所校订者，包括《太祖高皇帝实录》在内的前三朝实录康熙朝纂修之各本。

始于雍正朝的前三朝实录校订事告竣于乾隆四年（1739）十二月。这就是今见之各种影印本《清实录》之首的定本《清太祖高皇帝实录》，其后再无改动事。

关于定本《太祖高皇帝实录》是否在康熙重修本基础之上，特将内容复加改窜，学界看法不一。方甦生以康熙"满文小写本"为依据，以为"论删削增饰，乃康熙时为之，雍、乾校订，不过藻润文字，画一人名地名译法而已"②。陈捷先则以罗氏刊《〈清太祖高皇帝实录〉稿本三种》之第三次稿为据，认为雍、乾校订本"在内容方面还是有着少许删饰的"③，并举太祖克开原及太宗生母死事仪式记录为例证之。笔者以为，因康熙重修《太祖高皇帝实录》正本不存，缺乏对勘之可靠依据，故删饰一事，殊难确认。以雍正、乾隆父子性格及行事度之，其"按日进呈，亲为阅定"，"仰体前徽，用复洁诚披览"云云，所涉仅只"字画音句，人名地名"等的"划一"，似未可轻信，其增饰删违之事倒是很有可能的。罗氏刊三次稿卷一、卷三，其内容虽大体已接近雍、乾校订

---

① 方甦生：《〈清太祖实录〉纂修考》，《辅仁学志》1938年（第7卷）第1—2期。
② 方甦生：《〈清太祖实录〉纂修考》，《辅仁学志》1938年（第7卷）第1—2期。
③ 陈捷先：《满文清实录研究》，大化书局1978年版，第53页。

本，留给雍、乾校订时增饰删讳之余地无多；又因该稿本行间改窜涂乙亦甚，所改应非玄烨本人之御笔，其不为康熙帝要求速缮进呈之汉文小写本可以肯定，是则罗氏刊第三次稿距重修定本距离显然。其虽与雍、乾校订本差异不多，却不能断此不多之差异乃雍、乾校订本所为，而非康熙重修定本所旧有。另外，罗氏刊三次稿仅存卷一、卷三，即令此二卷稿本与雍、乾校订本内容全同，亦不能证明他卷之中亦无增饰删讳之事。方甦生以"满文小写本"证雍、乾校订本未有增删饰讳，因不见引证举例，结论难以服人，更因所据"满文小写本"与雍、乾校订本对勘，所得结论不当有"画一人各地名译法"一条，是故其结论未便信从。

《太祖高皇帝实录》雍、乾校订本是否在康熙重修本基础上将史实加以改窜以及程度如何，终因《太祖高皇帝实录》康熙重修本之可靠正本不显，无法实现其与《太祖高皇帝实录》雍、乾校订本间的互勘，而难下断语。在重修本与校订本认真对勘工作之前，一切相关结论，均不免推断性质，难称的实。而对勘的基础，显然在于康熙重修《太祖高皇帝实录》之正式庋藏本（或其他以正式庋藏本为祖本的誊抄善本）的寻找与判定，此实有赖于海内外学者共同努力。

（原文刊载于《北京社会科学》1995年第1期）

东洋文库藏镶白旗蒙古
都统衙门档案述评

哈斯巴根[*]

在东京的东洋文库保存有几千件与清代八旗有关的珍贵档案。前人对其做过几次目录。[①] 其中，镶红旗满洲都统衙门档案的雍正和乾隆两朝部分，分别在20世纪70—90年代得以公布[①]，后又有汉译本刊布。[②] 相关档案的介绍和评价有细谷良夫、中见立夫、柳泽明等几位日本学者的文章。[③] 作者这次接触到的镶白旗蒙古都统衙门档案也是和以上档案属于同一类资料。但不知什么原因，这部分档案从未有人详细介绍过。同时，到目前为止，无论是在国内，还是在海外，如此一定数量的有关蒙古八旗的珍贵档案还没有公布过。在目前中国第一历史档案馆所藏八旗都统衙门档案并不完整的情况下，这一部分档案更显得格外重要。在

---

[*] 哈斯巴根（1972— ），内蒙古赤峰人，中央民族大学历史文化学院教授。

[①] Nicholas Poppe, et al., *Catalogue of the Manchu Mongol Section of the Toyo Bunko*, The Toyo Bunko & The University of Washington Press, 1964；［日］松村润：《东洋文库所藏满洲语文献》，《史丛》第27号，1981年；《东洋文库所藏镶红旗档光绪朝目录》，东洋文库2006年版；《满洲语档案目录（镶红旗档以外）》，东洋文库，据东洋文库工作人员说该目录是2008—2009年间编写的。

[①] 刘厚生译：《清雍正朝镶红旗档》，东北师范大学出版社1985年版。关嘉录译：《雍乾两朝镶红旗档》，辽宁人民出版社1987年版。

[②] 《镶红旗档——雍正朝》，东洋文库1972年版；《镶红旗档——乾隆朝1》，东洋文库1983年版；《镶红旗档——乾隆朝2》，东洋文库1993年版。

[③] ［日］细谷良夫：《关于〈镶红旗档——雍正朝〉——围绕雍正朝八旗史料》，《东学学报》55卷；［日］中见立夫：《关于日本东洋文库与中国第一历史档案馆所藏镶红旗满洲衙门档案》；［日］柳泽明：《东洋文库藏雍乾两朝〈镶红旗档〉概述》，《满语研究》2012年第1期；［日］后藤智子：《关于东洋文库武职及佐领家谱》，《满族史研究通信》17，1998年。

此只是做一个简单的介绍和初步的史料价值评价，以飨学人。

一　档案的概况

本文着重关注东洋文库所藏清代蒙古镶白旗都统衙门档案的特色和价值。文中所注档案号依据东洋文库所编《满洲语档案目录》中的编号。

1964年，鲍培、冈田英弘等为东洋文库所藏满蒙文文献资料做目录时对满文档案也做过简单的目录。[①] 1998年，后藤智子发表文章介绍东洋文库所藏武职及佐领家谱，更正了1964年目录的一些错讹之处，并指出了有关蒙古镶白旗的档案共有137件。[②] 然而，东洋文库的最新目录把镶白旗蒙古都统衙门档案重新编号为MA2-23-4、MA2-23-5，分别登记有60件和96件。MA应该是英文Manchu Archives（满文档案）两个单词的首字母。但是，笔者翻阅时发现MA2-23-5下共有98件，目录少做了2件。这样按照现有目录，总共有158条。实际上，不应该这么多，因为原封套已不见（可能已损坏），重新整理时装到新式的信封里，并拆散原本作为附件的家谱类档案和满汉合璧档案分别装入信封，单独编号登记，这样条目便增加了许多。其实原档应该是每一件补授佐领或世爵世职的奏折都附有一件家谱。因此，如果按照满洲镶红旗档整理的方法，也就有90多条了。另外，因为清代的封套没有保存下来，所以没有千字文的排序号可循。这也是该部分档案与镶红旗档的不同之处。

东洋文库在镶白旗档的每一件档案上记有整理号，并钤盖了文库的章，登录日期为：昭和十七年（1942）九月二十五日。我们知道，满洲镶红旗档是1936年4月从复旦大学陈清金教授处得到的。[③] 但是，满洲镶红旗档案上有无东洋文库的入库印章，一直没有人交代。因此，也很

[①] *Catalogue of the manchu mongol section of the toyo bunko*, pp. 257-258、260.
[②] ［日］后藤智子：《关于东洋文库武职及佐领家谱》，《满族史研究通信》17，1998年。
[③] ［日］中见立夫：《关于日本东洋文库与中国第一历史档案馆所藏镶红旗满洲衙门档案》。

难确认这部分镶白旗档与满洲镶红旗档是否是同一批购置。

从目录看，最早一份档案的日期为雍正五年（1727）十二月初四日，最后一份档案的日期为光绪三十年（1904）六月初七日。虽然有一些档案的日期难以判断，但最早和最晚的时间应该没有问题。登记的158条档案，上自雍正，下至光绪，各朝都有。在已经确认年代的档案里，同治年间的最少，只有2件，最多的是乾隆年间的，有40多件。可以推测，这部分东洋文库的档案在整个清代镶白旗蒙古都统衙门档案中占据很小的比例。

此外，从档案使用的文字来看，明显有年月日的汉文档案是从光绪元年以后才出现的，在此之前不管是奏折的正文还是家谱都用满文撰写。可见，虽然从清中期开始满文在八旗的日常生活中使用的范围越来越窄，但在公文中一直持续使用到清末。光绪元年的一份"为承袭二次分编世管佐领事"奏折及家谱（档案号分别为：4-49、4-50、4-51、4-52）都使用满汉合璧的形式。这样满汉合璧的档案还有光绪十四年（1888）的"为承袭恩骑尉事"（档案号分别为：5-67、5-68、5-69、5-70）和光绪二十四年（1898）的"为承袭云骑尉事"（档案号分别为：5-48、5-49、4-50、5-51）等档案。还有一些奏折或家谱也有满汉合璧的。但并不是每一件都这样，可以推测这种做法可能还没有法令依据，不是很规范的做法。此外，个别档案或个别处有使用蒙古文的情况。

东洋文库镶白旗档的格式，可以分为奏折和家谱两大类。奏折的纸张尺寸，每扣长约23.5—26.5厘米，宽12厘米，书写6行。而家谱根据内容，纸张长短不一。从档案的格式和内容来看，这部分东洋文库镶白旗档大体上可以分为以下几种：A. 佐领根源档；B. 佐领承袭或佐领署理的奏折及家谱档；C. 世爵世职承袭的奏折及家谱档；D. 引见补授档；E. 旧营房兵丁一年情况汇报档；F. 循例请给纪录档；G. 纪录折单；H. 谢恩折；I. 钱粮关系档；J. 佐领遗孀生女上报档等。

A：佐领根源档。第一折正中间写有"nirui janggin ×××jalan halame bošoho nirui sekiyen"或"nirui janggin ××× bošoho teodenjehe nirui sekiyen"①。正文开头是 nirui janggin，结尾为 gingguleme tuwabume wesimbuhe。这种档案有 4-1、4-3、4-21 三份。以前有人介绍过称为 "nirui sekiyen i cese 佐领根源册"或"nirui sekiyen booi durugan i cese 牛录根源家谱册子"②。但是，东洋文库镶白旗档没有一件上写有"cese 册子"字样，所以应该称之为佐领根源档。这三份档案的一个主要内容是在职的佐领有无 ubu（分）的问题，因为从康熙朝开始有无分与佐领承袭是密切相关的。③

该类档案没有明确写明其形成的时间。但从世系来看，《八旗通志初集》（以下简称《初集》）中都提到了档案中出现的 baši（八十）、batu（巴图）和 haišeo（海寿）等人名④，再加上乾隆三年（1738）颁布的清理牛录根源的上谕⑤，可以推测该档形成的时间应该是雍正末年至乾隆初年。这两个以八十和巴图为佐领的牛录分别在乾隆三十年（1765）和乾隆五十四年（1789）改定为公中佐领。⑥ 4-4 档应该是 4-3 档的附件即家谱。

B：佐领承袭或佐领署理的奏折及家谱档。这类档与 C 类档在东洋文库保存的镶白旗档中占有很大的比例。从其文书格式可以分为以下几种：

B-a：第一折中间只有满文 wesimburengge 或汉文"奏"一个字，从第二折开始正文开头为 kubuhe šanggiyan（或 šanyan）i monggo gūsai，结尾处则书写日期及上奏人的官职和名字。这种格式的文书在整个这类档案中占据很大的比例。另外附有绿头签⑦，写明承袭佐领的性质，以及

---

① 相关档案的研究，参见承志《关于八旗牛录根源和牛录分类》，《东洋史研究》65-1，2006 年。
② 承志：《关于八旗牛录根源和牛录分类》，《东洋史研究》65-1，2006 年。
③ 《康熙起居注》，康熙二十四年二月初九日，中华书局 1984 年版，第 2 册。
④ 《八旗通志初集》卷 12《旗分志十二》。
⑤ 《清会典则例》卷 175《八旗都统·授官》。
⑥ 《钦定八旗通志》卷 20《旗分志二十》。
⑦ [日] 细谷良夫（《关于〈镶红旗档——雍正朝〉——围绕雍正朝八旗史料》，《东洋学报》55-1，1971 年）称为"绿头牌"，而柳泽明（《东洋文库藏雍乾两朝〈镶红旗档〉概述》）称为"绿头牌副本"。在此笔者根据道光《中枢政考》卷 6，海南出版社 2000 年版，第 2 册，第 168 页。

拟正、拟陪等人的名字、年龄、骑射与前佐领的关系等信息。档案一般还附有所奉之旨，表示同意某某承袭或"知道了"字样。因为雍正七年（1729）副都统徐仁奏称，"嗣后将八旗奏折及覆奏之旨，俱贴于一处，于合缝之处，钤盖旗印封固"①。这得到雍正帝的认可而执行。因镶白旗档所属奏折全是乾隆以后的，所以谕旨都粘贴在文末的日期后面。现在看到的一些文书已经没有谕旨，这可能是有一些粘贴的纸张脱落或散失了。

一般每一件"奏"都附有家谱。家谱是根据内容写在大小不一的一张纸上，并折叠成与奏折差不多的形式。这可能是考虑到装封套的方便吧。在文书的第一折的上下各贴一小张黄纸，写明牛录的性质、来源和相关法令内容等，这些可以叫作"签注"。另外，用黑色书写已经死去人的名字和相关人的年龄、职务等信息，用红色书写在世人的名字。还有，在拟正、拟陪人名上画有圆圈，或在人名后面贴小黄纸，写明其是拟正、拟陪。在以往佐领的人名前面粘贴长方形的小黄纸，又在其名下粘贴小块圆形黄纸，标出承袭的次数。或在以往的佐领人名下贴有长方形的黄、红、蓝等各种颜色的小方块纸，以分别标注袭次，并在其人名下又在红色方框内写明其承管的是原立佐领还是分编佐领等。

B-b：署理佐领事宜。这类档案有4-7、4-40、4-42等。第一折中间写有 wesimburengge，右上角在红纸上写有"××请旨可否署理"等字样。正文以 kubuhe šanyan i monggo gūsai 开头，事由写的都是 hese be baire jalin。谕旨也与B-a类一样，粘贴在日期后面。文档的结尾处写有上奏人的官职和名字。以上三份档案的年代分别是乾隆三十七年（1772）和乾隆四十三年（1778）。4-40、4-42还附有家谱，交代了相关世系情况。

C：世爵世职承袭的奏折及家谱档。在东洋文库做的目录中，MA2-23-5开头的档案绝大部分是这类档案。此类档案在文书格式上基本上和B-a类相同。第一折中间位置写有满文 wesimburengge 或汉文"奏"，

---

① 《上谕旗务议覆谕行旗务奏议》（二），台湾学生书局1976年版，第630—631页。

从第二折开始正文开头为 kubuhe šanggiyan（或 šanyan）i monggo gūsai，结尾处则书写日期及上奏人的官职和姓名。谕旨和绿头签的形式也和 B-a 类档案一致。此外，一般是一个"奏"附有一件家谱，可以说构成一组档案。从现在发现的这类档案看，到光绪年间有"奏"和"家谱"的都有满汉合璧的情况（如 5-48、5-49、5-50；5-67、5-68、5-69、5-70 等）。另外，该类档案的年代比较早，最早的一组档案是雍正五年（1727）的（5-14、5-15）。因为已经公布的镶红旗档中没有雍正四年（1726）至九年（1731）的档案，所以这些档案显得尤为珍贵。年代最后的一组档案到光绪二十四年（1898）（5-47、5-48）。

D：引见补授档。其实前面说过的 A、B、C 三个类型的档案大体上也属于这一类型，但是 D 类档案和以上的档案有所不同：一是数个世职及驻防佐领、骁骑校、防御等官缺的候补人名写在一起而一并奏请带领引见；二是奏折没有详细交代官职的以往世袭情况；三是没有附有家谱。这应该是简化手续的一种办法。柳泽明认为，这类档案是到了乾隆以后才大量出现的。① 我们看到的这类档案（5-71、5-72、5-73、5-74、5-75、5-76、5-77、5-78、5-79、5-80、5-81、5-83、5-84）的年代是乾隆、同治、光绪各朝的。

该类档案一般是由奏折和绿头签组成的。奏折一开始就写有 kubuhe šanyan i monggo gūsai。在发现的镶白旗档案里就有一份同治年间补授佐领的档案（5-83）在第一折中间写有 wesimburengge 一词，其他都没有这个字。一般，谕旨也保存下来了。绿头签有些是满汉合璧的。因为我们现在看到的都是奏折和绿头签分开写在一张纸上的，所以原本就是如此，还是后来粘贴在一起就不好判定了。

E：旧营房兵丁一年情况汇报档。旧营房（fe kūwaran）、新营房（ice kūwaran）是设立于北京城外的八旗官兵宿舍。② 旧营房是康熙三十四年（1695）为解决北京城内八旗兵丁宿舍不足而于北京城内八门之外

---

① ［日］柳泽明：《东洋文库藏雍乾两朝〈镶红旗档〉概述》，《满语研究》2012 年第 1 期。
② 《钦定八旗通志》卷 113《营建志二》。

所建的房屋。① 有关营房所居兵丁的管理，雍正二年（1724）规定由各旗满蒙世职派出管辖官员。② 这类档案（5-85、5-86、5-87），在第一折中间写有"奏"或wesimburengge字样，接着或用满文kubuhe šanyan i monggo gūsai fe kūwaran i baita be kadalara 或用汉文写道："管理镶白旗蒙古旧营房事务。"据档案，从乾隆二十二年至二十三年（1862—1863）有规定，"旧营房有无事故，遵例每年十一月间具奏一次"③（5-87）。察看和奏报旧营房自上年十一月起至本年十一月止一年内兵丁有无滋生事端等情形。我们现在看到的三件档案（5-85、5-86、5-87）的年代分别是乾隆三十五年（1770）、同治五年（1866）和光绪八年（1882）。其中后两件的内容很简短，只是呈报了这一年期间没有发生什么事端，而乾隆三十五年（1770）的那份档案较长，内容是管理镶白旗蒙古旧营房事务、梅勒章京乌勒莫济为房屋修造等事宜请旨。

F：循例请给纪录档。《八旗则例》规定："旗下印房总办俸饷档房及各参领处汇办事件于一年内各项依限全完，并无逾限遗漏者，岁底详查汇奏，将承办参领、章京等各给纪录一次。""佐领等官承办本佐领下事件，于三年内各项依限全完，并无逾限遗漏者，三年查核一次汇总奏闻，佐领、骁骑校、领催各给纪录一次。"④ 由此产生的档案（5-88、5-89）满汉合璧，开头写有"奏"或wesimburengge字样。末尾处有年月日和批红。

G：纪录折单。这类档案其实都应附于F类档案中。5-92号档案是5-88号档案的附件。F类档案里说的也很清楚，附有"另缮清单"。在此所说"另缮清单"就是"纪录折单"。这些纪录折单（5-92、5-93、5-94、5-95、5-96）每一个都分为"emu aniya jalukangge 一年满"和"ilan aniya jalukangge 三年满"两部分，分别记录可以给予纪录之官员职

---

① 《八旗通志初集》卷23《营建志一》；乾隆《会典则例》卷173《八旗都统三·田宅》。
② 乾隆《清会典则例》卷175《八旗都统·授官》；《钦定八旗则例》（乾隆七年版）卷1《职制》；[日]柳泽明：《东洋文库藏雍乾两朝〈镶红旗档〉概述》，《满语研究》2012年第1期。
③ 《镶红旗档——乾隆朝97》，东洋文库1983年版，第121—122页。
④ 《钦定八旗则例》（乾隆七年）卷2《公式》。

务和姓名。该类档都与一个叫"常升"的印务参领有关。常升在同治六年的 5-83 号档案中以副参领的身份也出现过。所以可推测，这些档案的形成时间应该是同治年以后。

H：谢恩折。这类档就有一件（5-90），是在三张纸上分别写有满、汉奏折和清单的档案。档案的开头有"奏"、wesimburengge 字样，内容是"为叩谢天恩事"，缘由是这位大臣七十岁生辰时皇太后赏赐他一些礼物。皇太后即是慈禧太后，这位大臣原来是黑龙江地方的一个骑都尉，后升为乾清门三等侍卫，赏入京旗正白旗满洲。其后，荐授都统，排为御前侍卫，蒙赏给头品顶戴，复荷赏穿黄马褂。汉奏折只有"臣芬"字样，查证《实录》，这位大臣名叫芬车，他任职镶白旗都统是光绪二十六年（1900）闰八月以后的事情。① 由此推断，其七十岁生辰也是在此之后。

I：钱粮关系档。这件（5-91）满汉合璧的档案内容是镶白旗蒙古都统崇礼奏报该旗所领一年俸饷等数目。原档应该附有清单，可能后来丢失了，没有流传下来。

J：佐领遗孀生女上报档。该档案（5-82）的内容是，因已故佐领恩印的妻子常氏孕生一女，而族长呈报，该佐领又饬"该孀妇另行出结办理过继外，相应出具图片呈报甲喇处"等语。清廷向来对八旗户口的管理很严厉，兵丁及其家属的生死等事都须上报登记。佐领中女孩的出生可能与选秀女制度有关。从中也可以窥见牛录内族长的职务情况。

此外，值得关注的是东洋文库镶白旗档的性质和归属问题。为什么一开始就断定这部分档案是镶白旗蒙古都统衙门档呢？原因一是文书上多处盖有满汉两种文字的"kubuhe šanggiyan i monggo gūsai gūsa be kadalara amban i doron，镶白旗蒙古都统之印"；二是从内容来讲，这部分档案都与镶白旗蒙古有关。八旗各旗建立衙门是从雍正元年（1723）开始的。②"镶白旗满洲、蒙古、汉军都统衙门初设于东单牌楼新开路胡

---

① 《清德宗实录》卷470，光绪二十六年闰八月癸卯。
② 《八旗通志初集》卷23《营建志一》。

44

同。雍正四年（1726）奏准：将灯市口西口官方一所，共一百〇一间作为三旗都统衙门。雍正六年（1728），又将汉军都统衙门移设于东四牌楼大街灯草胡同，官房一所，计三十七间。乾隆十八年（1753），将蒙古都统衙门移设于东安门外干雨胡同，官方一所，五十间。"① 乾隆初还有规定："八旗具奏事件奉谕旨后，将奏折及所奉谕旨粘连一处，合缝处钤印收贮。"② 这部分东洋文库镶白旗档无疑是在镶白旗蒙古都统衙门处理日常行政事务过程中形成的副录档。③

二 档案的内容与价值

以上分为10种类型介绍了东洋文库镶白旗档的基本情况。以下从几个方面考察该档案的内容和简单地评价这部分档案的主要史料价值。

第一，这部分档案的最大价值在于详细地记录了蒙古镶白旗若干牛录的人员构成情况。那些被称为牛录根源的档案，不仅有牛录的初创情况、佐领的承袭，还记述了该牛录内各个家族（mukūn）的原住地和姓氏等信息。例如，4-1号档案记载了镶白旗蒙古都统左参领所属第二牛录的情况。崇德七年（1642）多罗特部贝子绰克图从锦州率领103名人来附，编立牛录，由安他哈管理。其后，陆续管牛录者有：满韬、那木僧格谛、关保、八十等。这些牛录根源的档案所记佐领的承袭情况与《初集》记载的内容是一样的。④ 虽然牛录当初的首领分别出身于多罗特、巴林、札鲁特等部，但是牛录内部人员是由各地方的多个氏族构成的。从4-1号档案来看，牛录构成的人员有：毛祁塔特地方人，巴鲁特氏；老哈泰地方人，莽努特氏；喀喇沁地方人，莎格杜尔氏；察哈尔地方人，斋拉尔（札赉尔？）氏；科尔沁地方人，札鲁特氏；等等，以族

---

① 《钦定八旗通志》卷112《营建志一》。
② 《钦定八旗则例》（乾隆七年）卷2《公式》。
③ 相关研究参见［日］细谷良夫《关于〈镶红旗档——雍正朝〉——围绕雍正朝八旗史料》，《东洋学报》55-1，1971年。
④ 《八旗通志初集》卷12《旗分志十二》。

为单位交代了该牛录 11 个家族的人员。这些内容在《初集》《钦定八旗通志》等史料中是没有记载的，可见其价值是独一无二的，利用这些档案可以继续研究蒙古八旗牛录构成人员的地缘、亲属、领主属民等关系，探究牛录编成的原理。

第二，对蒙古八旗牛录和佐领的类型与形成有了较为清晰的认识。有关牛录的类型分类等问题，前辈学者有丰富的成果。① 近年有学者根据牛录根源册、执照等原始档案和《钦定拣放佐领则例》等史料，探讨了清前期八旗满洲牛录种类的变化过程。承志认为，入关前的牛录分为内牛录和专管牛录。康熙时分为原管牛录、世承牛录、凑编牛录。到雍正时在康熙朝的基础上分类为原管牛录（勋旧牛录 fujuri niru）、世承牛录（世管牛录 jalan halame bošoro niru）、凑编牛录（互管牛录 teodenjehe niru）、公中牛录（siden niru）等。② 赵令志、细谷良夫通过研究后指出，清代佐领按其组成方式可分为私属、公中两大类，其中私属又有勋旧、优异世管、世管、互管等诸名目。③ 这些分类法的不同是因为分类的视角不同引起的。

东洋文库镶白旗档中，佐领承袭档中也出现了诸多牛录的分类名称，如 fukjin niru（勋旧牛录）、da niru（原立牛录）、jalan halame bošoro niru（世管佐领）、siden niru（公中佐领）、teodenjehe niru（互管佐领）、fuseke niru（分编牛录）、sirame fuseke niru（二次分编牛录）、tuktan fuseke niru（初始牛录）、fakcaha niru（分编牛录），等等。这些资料为蒙古八旗牛录和佐领的分类研究提供了诸多的事例。下一步的工作是在仔细阅读档案的基础上进一步深入探索蒙古佐领的形成过程及其变迁问题。

---

① 主要有［日］细谷良夫：《八旗通志初集〈旗分志〉的编纂及其背景——雍正朝佐领改革的一端》，《东方学》第 36 辑；［日］安部健夫：《八旗满洲牛录研究》，《清代史研究》，创文社，1971 年；［日］阿南惟敬：《天聪九年专管牛录分定的新研究》，《清初军事史论考》，甲阳书房 1980 年版；傅克东、陈佳华：《清代前期的佐领》，《社会科学战线》1982 年第 1 期；郭成康：《清初牛录的类别》，《史学集刊》1985 年第 4 期；等等。
② 承志：《关于八旗牛录根源和牛录分类》，《东洋史研究》65 - 1，2006 年。
③ 赵令志、［日］细谷良夫：《〈钦定拣放佐领则例〉及其价值》，《清史研究》2013 年第 3 期。

以往学界对蒙古八旗形成的研究，一个焦点是天聪九年（1635）设立蒙古八旗问题。当时，编审内外喀喇沁蒙古壮丁共16932名。其中，除了古鲁思辖布等三个札萨克旗之外，剩下的7810名壮丁与"旧蒙古"合编为蒙古八旗。[1] 赵琦首先研究喀喇沁壮丁编入蒙古八旗的情况，作了"蒙古八旗喀喇沁佐领表"[2]，后来乌云毕力格又补充了一些。但是，他们的依据都是《初集》，现在发现镶白旗档后，还有几个方面可以做补充。

1. 从以喀喇沁壮丁为主所编佐领来看，还应有左参领所属第十一佐领和右参领所属第十佐领。据镶白旗档载："额斯库率领喀喇沁三十二人于太宗时来归，后因加入旗丁作为整佐领，以额斯库承管。"（4-26）据《初集》该牛录的额斯库来归时编立的是半个牛录，到顺治八年"始益以外牛录人为一整牛录。"[3] 右参领所属第十佐领[4]也是因为《初集》的记述不清，之前并不知道鄂齐里吴巴式是喀喇沁塔布囊（4-39）。

2. "旧蒙古"的问题。天聪九年（1635）编设蒙古八旗时，是在内外喀喇沁的基础上加"旧蒙古"而形成的。"旧蒙古"是指左右两翼蒙古营。郭成康研究后指出：天聪四年（1631）定制，满洲八旗每旗各设蒙古五牛录，这四十个蒙古牛录辖于左右两翼。[5] 镶白旗档里有："在盛京时每旗初编五个牛录 mukdeni forgon de emu gūsade fukjin sunja niru banjibure"（4-22）的字样，证明当时确实存在这个事实。这样，四十个牛录的情况也逐渐露出其本来面貌。从镶白旗档的记载看，其中还有札鲁特部台吉所率领来归者所编牛录（4-21）。

此外，天聪九年设立蒙古八旗以前已经以一部分喀喇沁人为主编立了牛录。例如，天聪八年（1634）来归而编立牛录的拜浑岱。他是赫赫

---

[1] 参见郭成康《清初蒙古八旗考释》，《民族研究》1985年第4期；乌云毕力格《喀喇沁万户研究》，内蒙古大学出版社2005年版，第158—168页。

[2] 赵琦：《明末清初喀喇沁与蒙古八旗》，《蒙古史研究》第5辑，内蒙古大学出版社1997年版。

[3] 《八旗通志初集》卷12《旗分志十二》。

[4] 东洋文库的目录误以为右参领第十二佐领。类似的错误还不少，不再一一指出。

[5] 郭成康：《清初蒙古八旗考释》，《民族研究》1985年第4期。

有名的喀喇沁巴雅斯哈勒昆都伦汗的长孙。① 因其父死得早，拜浑岱成为喀喇沁第二代的真正实力派人物。② 从镶白旗档中的家谱看，有一部分家族几代住在所谓的"nuktere ba 游牧处"（4－4、4－45、4－47），这应该算是"在外喀喇沁"的后代吧。据《蒙古博尔济吉忒氏族谱》载，拜浑岱之弟希尔尼③之子阿拜死后，"因将其尸体置于称作野马图的地方。其后，此地称作阿拜诺颜之苏巴尔罕"④。据《蒙古游牧记》，野马图汉语称为蟠羊山，在土默特左旗西南三十里、喀喇沁右旗南一百三十五里处。⑤ 又据《口北三厅志》载："（察哈尔）镶白旗在独石口北二百四十五里，总管驻布雅阿海苏默。"⑥ 布雅阿海就是布颜阿海。巴雅斯哈勒昆都伦汗的季子马五大（号七庆朝库儿）的第二子白言台吉就是他。⑦ 查阅明代文献，北元晚期喀喇沁部一直驻牧于宣府、独石口边外附近。这样一来就清楚了，从巴雅斯哈勒传到其孙子辈的阿拜、布颜阿海一代人依然驻牧在宣府、独石口以北边外之地。其实，到白浑岱的长孙拉斯喀布一代时也驻在宣府附近。⑧ 镶白旗档案显示，后来这些喀喇沁的汗、台吉等贵族们虽然被编入蒙古八旗，但他们的游牧地还是在边外，直到清中期有时候有些后人还驻牧于此地。看来八旗推行的也是属人行政，也就是其属人不管居于何处都归属于在京的各八旗。

由此可以联想，《初集》和《钦定八旗通志》所记镶白旗蒙古都统察哈尔参领所属佐领，乾隆初编《初集》时共有七个佐领⑨，到嘉庆初

---

① 《蒙古博尔济吉忒氏族谱》（《汉译蒙古黄金史纲》，内蒙古人民出版社1987年版，第240—241页）误以为长子。
② 乌云毕力格：《喀喇沁万户研究》，内蒙古大学出版社2005年版，第32—33页。
③ 汉译本《蒙古博尔济吉忒氏族谱》（《汉译蒙古黄金史纲》，第241页）以为"萨赍"。
④ 《博尔济吉忒氏族谱》（蒙古文），内蒙古人民出版社2000年版，第377—378页。
⑤ 张穆：《蒙古游牧记》卷3，同治祁氏刊本。罗密：《蒙古博尔济吉忒氏族谱》（蒙古文），纳古单夫、阿尔达扎布校注，内蒙古人民出版社1999年版，第23页。
⑥ 《口北三厅志》卷7《蕃卫志》。
⑦ 乌云毕力格：《喀喇沁万户研究》，内蒙古大学出版社2005年版，第64页。
⑧ 李保文：《十七世纪蒙古文文书档案（1600—1650）》，内蒙古少年儿童出版社1997年版，第324—327页。
⑨ 《八旗通志初集》卷12《旗分志十二》。

再编《钦定八旗通志》时已经增加到十三个佐领了。① 这些佐领分别驻在北京和口外游牧地方。因此，我们似乎不能断定镶白旗的察哈尔参领为误载。② 当初察哈尔归附清朝而分别编入八旗还不是完全清楚的事情，还有继续探讨的余地。

3. 天聪九年（1635）以后编立的牛录问题。镶白旗档提供了一个很鲜明的例子，即崇德六年（1641）从明朝锦州来归的多罗特部的情况。在察哈尔万户中，阿拉克绰特部和多罗特部都属于其山阳鄂托克。我们之前只是知道，天聪二年（1628）皇太极亲征多罗特和阿拉克绰特二部的敖木伦之战，被清军杀害或俘虏的是其部分人员③，并不知其余人员的结局。但是，现在看到镶白旗档后明白，多罗特的绰克图、诺木齐塔布囊、吴巴式等首领在敖木伦之战后投奔到明朝的锦州。到崇德六年，清军围攻锦州时再投诚过来④，后又编立牛录等情况（4-1）。其实刚开始编牛录后他们归到蒙古正黄、镶蓝等旗，但经几次清朝旗籍的转换后，他们最终归到蒙古镶白旗。另外，还有一些滋生人丁而增编牛录的情况也清晰起来了。

第三，对蒙古八旗内世职的获得和承袭情况有了较清楚的认识。在东洋文库满文文献目录中，以编号 MA2-23-5 开头的档案内容绝大多数是有关世职承袭的。世职的起源是天命五年（1620）制定的武职。⑤ 至乾隆元年（1736）七月总理事务王大臣遵旨议奏："本朝定制：公侯伯之下未立子男之爵，别立五等世职，但未定汉文之称。今敬拟：精奇尼哈番汉文称子，阿思哈尼哈番汉文称男，阿达哈哈番汉文称轻车都尉，仍各分一等二等三等。拜他勒布勒哈番汉文称骑都尉，拖沙喇哈番汉文

---

① 《钦定八旗通志》卷20《旗分志二十》。
② 达力扎布：《清代八旗察哈尔考》，载《明清蒙古史论稿》，民族出版社2003年版，第327页。
③ 冯明珠主编：《满文原档》第6册，沉香亭企业社2005年影印本，第239—241页。
④ 《清内秘书院蒙古文档案》第1辑，内蒙古人民出版社2004年版，第293、317页；《清太宗实录》卷55，崇德六年三月壬寅、乙巳。
⑤ ［日］松浦茂：《天命年间的世职制度》，《东洋史研究》42-4，1984年。

称云骑尉。从之。"① 清朝由此有了以公侯伯子男五等爵为世爵和五等爵以下属世职的分水岭。② 而恩骑尉是乾隆十六年（1751）以后对阵亡的世职封赠者在原爵袭完后清廷恩赏立爵人子孙的世职。③

但是，以往因史料阙如，对蒙古八旗世爵世职的研究基本处于空白状态。《初集》相关的列传和表中有镶白旗蒙古世职有关人员的传略，可以和现在发现的东洋文库镶白旗档相互比勘研究。在档案中出现过绰贝④、色楞车臣⑤、贾慕苏⑥、巴雅尔⑦等世职人员。其中，如贾慕苏家族的家谱中写道："此官贾慕苏尔原系壮达，二次过北京征山东时，用云梯攻滨州，尔首先登进，遂克其城，故赐名巴图鲁，授为骑都尉，后加恩由骑都尉加一云骑尉。"（5-13）交代清楚了其世职的来源。可知这些世爵世职的获得大部分是与清前期和南明、农民军、准噶尔的战争中所立军功有关。另外一个事例，察哈尔来归的色楞车臣家族的骑都尉世职是："此官尔原系色楞车臣绝嗣，将所立二等子爵蒙特恩减为骑都尉。"（5-38）有关恩骑尉世职，镶白旗档有记述："查济尔嘎朗之袭官敕书内载，阿彦尔原系护军校，因出师贵州转战四川攻敌阵殁，授为云骑尉，长子鄂勒济图承袭，再承袭一次。出缺时，胞弟霍雅尔图仍承袭云骑尉。出缺时，云骑尉袭次已完，照例不准承袭。恩骑尉，后因特旨念系阵殁所立之官。赏给恩骑尉与原立官阿彦之二世孙塔勒巴札布承袭。"（5-68）可见，上述规定确实有效地实行起来了。

第四，对法令实效性的认识。在每一个佐领承袭或世职承袭档（奏折和家谱）的前面第一折上基本都粘贴两张小黄纸，写有两类内容：一是该佐领或世职的来源；二是相关法令。这可能是上奏时给皇帝以提示的作用。现在我们可以用这一法令对照当时其他的法令，研究其实效性

---

① 《清高宗实录》卷23，乾隆元年七月戊申条。乾隆《会典则例》卷171《八旗都统·值班》。
② 雷炳炎：《清代八旗世爵世职研究》，中南大学出版社2006年版，第1页。
③ 雷炳炎：《清代八旗世爵世职研究》，中南大学出版社2006年版，第47页。
④ 《八旗通志初集》卷171《名臣列传三十一》。
⑤ 《八旗通志初集》卷171《名臣列传三十一》。
⑥ 《八旗通志初集》卷216《勋臣传十六》。
⑦ 《八旗通志初集》卷216《勋臣传十六》。

问题。清代有关八旗的法令主要有《清会典》系列（则例、事例）、《中枢政考》《钦定八旗则例》《宫中现行则例》《六条例》《钦定拣放佐领则例》《钦定兵部处分则例》，等等。但是，这些法令并非一次性修好的，而是每过一段时间都会重修一次。例如，《中枢政考》有康熙朝本和乾隆七年（1742）、二十九年（1764）、三十九年（1774）、五十年（1784）以及嘉庆八年（1803）、道光五年（1825）本，《钦定八旗则例》有乾隆七年、二十九年、三十九年、五十年本等。① 清代行政依例而行，其例也在不断变化当中。

所以，研究清代八旗官制和法律制度，必须注意其法令的变迁以及其实效性问题。从这个意义上说，镶白旗档提供了真实的事例。在此仅以引见制度为例说明。雍正十年（1732）规定："嗣后凡袭职旗员由外省来京，请随到随奏，不令久候多费。"② 后因在外驻防世职承袭的拟正、拟陪等人从驻防地到北京之间往返，颇费周折。乾隆初明确规定，确认为世职拟正、拟陪"著咨取来京"③，"其列名之分者，著该旗行文咨问，其请愿来京者，咨取来京，不愿者听。"④ 镶白旗档中也记载了有些人确实没有前来北京面见皇帝之事，只是把他们的名字列于绿头牌上。另外，有关引见日期，原定每年年终八旗袭职，左、右翼分为二日引见，嘉庆十八年（1813）奉旨改为四日办理，镶白、镶红为十二月十六日引见。⑤ 但是，我们看到的镶白旗的记录与以上的规定有出入。首先是世职拟承袭人的引见日期，嘉庆十八年除 5-41 档案是七月份的外，其他基本都是十二月份的。另外，嘉庆十八年以后也不一定只是十二月十六日这一天引见。由此看来，相关问题的深入研究还有很大空间。

第五，从档案文书的语种、出现的人名及其变化可以窥见八旗蒙古

---

① 参见《全国满文图书资料联合目录》，书目文献出版社1991年版；翁连溪《清代内府刻书研究》下《附录：清代内府刻书编年目录》，故宫出版社2013年版。
② 《清世宗实录》卷117，雍正十年四月癸丑条。
③ 光绪《清会典事例》卷1134《八旗都统二十四》，中华书局1991年影印本，第281页。
④ 《清高宗实录》卷281，乾隆十一年十二月戊子条。
⑤ 光绪《清会典事例》卷584《兵部四十三》，第282页。相关研究见《清代八旗世爵世职研究》，第15页。

人在满洲化、汉化过程中的一个侧面。如前所述，纵观这些档案形成的年代，一直到光绪元年（1875）以前，不管是佐领承袭档还是世职承袭档，基本都是用满文撰写的。到了光绪朝以后，满汉合璧的文书多了起来，甚至有奏折和家谱各有满汉合璧的。但并没有一组档案是单用汉文撰写的，相信这并不单纯是档案流传的问题，很可能与清廷一直坚持的倡行满文的政策有关吧。

另外，档案中出现的八旗蒙古人的名字也是很有趣的内容。从世系表看，一般刚开始立官或初期承袭者的姓名大多数是蒙古文的。例如，绰克图、噶尔图、阿彦、孟格等。再加上还有一些西藏渊源的人名，因为16世纪晚期开始蒙古掀起又一次的藏传佛教信奉热潮，所以有那木僧格谛、阿玉石、丹巴等名字。其后，有一些人取了满语名字，至清朝晚期取汉名的人明显多了起来。例如，福寿、永寿、善福等。当然仔细观察这些汉名和内地人取的名字还是有一些差别。另外，虽然到了晚清，但有一些八旗蒙古人依然取蒙古名字，这应该与他们和游牧处的蒙古文化有联系的缘故。

除了以上几点之外，档案还显示了清代八旗蒙古人的职业、兵丁、人口、养子、寿命、驻防等各种信息。

三　结语

据朝鲜《燕行录》载，清入关时在多尔衮的军士中蒙古人占多数。《昭显沈阳日记》甲申年（1644）五月二十四日记："世子一时出来，军兵之数十余万云，而蒙古人居多焉。"[1] 当然，入关时清军中的蒙古人可以分为札萨克旗兵和八旗兵两大类。其中，八旗中的蒙古人由两部分人组成：已经编入满洲八旗的蒙古人和蒙古八旗的蒙古人。这两部分八旗中的蒙古人口数字目前还没有令人满意的研究。但是其大概人数应该达到5万—10万则是有根据的。满洲八旗中的蒙古人的情况可以从《八旗

---

[1] 《燕行录全集》，东国大学出版社2001年版，第26册，第565页。

满洲氏族通谱》一书中了解其梗概。但是，在整个八旗中占人数众多的蒙古八旗的情况一直没有多少资料流传下来。基本的资料是《初集》《钦定八旗通志》和实录。而以前我们看到的第一手档案文献只是几个人物或某些家族的世系谱等，整个八旗蒙古的生存状况如何？目前几乎没有档案资料公布。从这个意义上说，现在笔者看到的东洋文库所藏镶白旗蒙古都统衙门档案无疑具有重要历史文献价值。

当然，这部分镶白旗档的内容也有明显的缺陷。和已经公布的东洋文库所藏镶红旗满洲都统衙门档相比，镶白旗档无论是在数量上还是在内容上，都与其存在不小的差距。这部分档案只是镶白旗蒙古都统衙门当中有关政治的部分档案。此外，蒙古八旗的经济、文化情况基本没有得到反映。就政治方面看，如把法律制度考虑进来，其内容丰富程度明显欠缺，因为这些档案是镶白旗都统衙门在处理日常行政事务过程中形成的，一个主要目的是记录佐领或世职的承袭，这就基本圈定了该部分档案的局限性。

（原文刊载于《清史研究》2015 年第 4 期）

满洲族称源自部落名称

——基于《满文原档》的考察

赵志强[*]

天聪九年（1635）十月十三日，清太宗皇太极颁发谕旨，将 jušen（女真）[①] 族称改为 manju（满洲），而对于更改的理由以及 manju（满洲）一词的含义未作任何解释。按《满洲实录》之"满洲源流"部分，满文有 buqūri yongšon …… gurun i gebu be manju sehe（布库哩雍顺……将国名称为满洲）之言，汉文有"其国定号满洲"之言。[②] 乾隆时官修的《钦定满洲源流考》称"满洲本部族名"，又称"实则部族而非地名"[③]。清高宗的全韵诗《长白山发祥》内，有"号建满洲，开基肇宗"之言，其下注解文字内称"遂居长白山东鄂多理城，国号满洲，是为开基之始"[④]。清亡以后，中外学者稽考典籍，各抒己见，代不乏人，学

---

[*] 赵志强（1957— ），新疆察布查尔人，北京市社会科学院满学研究所研究员，历任满学研究所副所长（1996—1997）、所长（1997—2015）。

[①] 本文引用满文，均以拉丁字母转写。转写之方法，基本遵循 P. G. von Möllendorff（穆麟德）氏 *A Manchu Grammar*（满洲语法）之转写法。唯其转写法不区分小舌音与舌根音，k 代表 ᠺ [qʻ] 和 [kʻ]，g 代表 ᡬ [q] 和 ᠣ [k]，h 代表 ᡥ [χ] 和 ᠣ᠊ [x]，以资简便，却不完全适合于老满文之转写与还原。因此，在本文转写中，增加 q、ɢ、χ 三个字母，即 ᠺ [qʻ] 转写为 q，ᡬ [q] 转写为 ɢ，ᡥ [χ] 转写为 χ，ᠣ [kʻ] 转写为 k，ᠣ᠊ [k] 转写为 g，ᠣ᠊ [x] 转写为 h。辅音字母 ᠨ、ᠩ、ᡥ 亦分别以 k、g、h 转写。

[②] 《满洲实录》卷1，中华书局1986年影印本，第8页。

[③] 《钦定满洲源流考》卷1《部族一·满洲》，乾隆《钦定四库全书》本，第2页a、第3页b。

[④] 乾隆《御制诗四集》卷47，乾隆《钦定四库全书》本，第3页b。

术成果亦称宏富。然而，迄今尚未达成共识。近年翻译、研究《满文原档》（《无圈点档》），得知manju（满洲）一词在成为族称以前，作为部落名称，确已存在。清太宗只是抬高其地位，作为族称，取代了原有族称jušen（女真）。今撰此小文，请教于方家。不当之处，尚祈不吝赐教。

一　早期档案记载的manju（满洲）

清太祖时期的《无圈点档》流传至今者有20册，其中7册档簿即《荒字档》《昃字档》《张字档》《来字档》《冬字档》《收字档》和《宙字档》记载有"满洲"字样，凡21次。其中，直接书写者13处，后补者8处。日本著名学者神田信夫先生曾主要根据这些情况，发表《满洲（manju）国号考》一文。[1] 他对有些档册形成时间的认识仍有进一步探讨的余地。[2] 因此，有必要深入研究这些档册的记载。

就目前的认识而言，记载"满洲"字样的7册档簿中，有4册档簿即《昃字档》《来字档》《冬字档》和《收字档》可以剔出。因为《昃字档》是天聪时期誊抄《荒字档》而形成的档簿[3]；《来字档》整体与《张字档》重复且其使用的文字更接近于新满文，应该是清太宗时期的誊清本[4]；《冬字档》和《收字档》所用文字都是过渡期满文，显然也都是清太宗时期的誊抄本。其余3册档簿即《荒字档》《张字档》和《宙字档》可以作为清太祖时期的原始记录，证明当时manju（满洲）作为部落名称已然存在。

《荒字档》是天命年间巴克什额尔德尼编纂的《聪睿汗政绩》，清太

---

[1]　该文载《山本博士还历纪念东洋史论丛》（山川出版社1972年版）。又收入神田信夫先生所著《清朝史论考》（山川出版社2005年版）。
[2]　[日]神田信夫：《满洲（manju）国号考》，刘世哲译，《民族译丛》1990年第4期。
[3]　详见赵志强《无圈点档诸册性质研究——〈荒字档〉与〈昃字档〉》，赵志强主编《满学论丛》第8辑，辽宁民族出版社2019年版，第1—56页。
[4]　详见赵志强《无圈点档诸册性质研究——〈张字档〉与〈来字档〉》，常越男主编《满学论丛》第9辑，辽宁民族出版社2020年版，第69—90页。

宗时作为《清太祖实录》的一部分加以修改、补充。① 因此，该册内未作修改的部分出自天命年间巴克什额尔德尼之手，而修改的部分则是清太宗时期儒臣所为。在《荒字档》中，manju（满洲）字样共见四次，其中第一次所见者为原文。其文云：sarǥan jui adali ｛nioji｝ manju gūrun i sure χan：｛musei niqan guruni｝ χan sini soorin be dūrimbi seme henduhe……② 直译成汉语为：说女子一样的女直满洲国聪睿汗要夺咱们汉人国汗你的宝座。此句中，"满洲"是直接书写的原文，"女直""咱们汉人国的"是补写的文字。该册中其余三处"满洲"，都出现在补写的语句中，故在此均忽略不取。

《张字档》和《宙字档》都不是清太祖时期的原始记录，而是清太宗时期纂修太祖实录时抄录太祖时期原始记录而形成的图书底稿。从其实际抄录情况来看，原则上是复制式的原样抄录，只是在抄录过程中难免有些失误。③《张字档》天命六年（1621）八月记事中，manju（满洲）字样出现一次，是直接书写的原文，所记为清太祖对蒙古人斋萨所说之言。其文曰：bi manju gurun jaisai si mongǥo gurun。④ 直译汉语为："我是满洲人，斋萨你是蒙古人。"《宙字档》天命十一年（1626）六月的"秘密记事"中，用蒙古文记载了科尔沁蒙古奥巴洪台吉的誓言⑤，乾隆重抄本《加圈点字档》转为满文。⑥ 其中，manju i χan（满洲的汗）出现五次，都是直接书写的原文，且"满洲"字样，蒙古文和老满文的书写形式完全一致。

---

① 详见赵志强《无圈点档诸册性质研究——〈荒字档〉与〈昃字档〉》，赵志强主编《满学论丛》第8辑，第1—56页。
② 《荒字档》，冯明珠主编：《满文原档》第1册，沉香亭企业社2005年影印本，第41页。以下只注书名及页码。引文中，置于（ ）括号内的文字，是原文删除的；置于｛ ｝括号内的文字，是原文增补的。下同。
③ 参见赵志强《无圈点档诸册性质研究——〈张字档〉与〈来字档〉》，常越男主编《满学论丛》第9辑，第69—90页。
④ 《张字档》，冯明珠主编：《满文原档》第2册，第172页。
⑤ 《宙字档》，冯明珠主编：《满文原档》第5册，第45—46页。
⑥ 中国第一历史档案馆整理、编译：《dorgi yamun asaraχa manju hergen i fe dangse 内阁藏本满文老档》，第6册，辽宁民族出版社2009年版，第3308—3312页。

这些档册中关于manju（满洲）的记载都来自清太祖时期的原始记录，是可信的。为什么呢？除了前述理由外，还有很重要的一点就是这些档簿的记载都秉笔直书，绝少避讳。以庙堂争斗为例，诸如清太祖为了维护其政治地位，残酷迫害并最终杀死其胞弟舒尔哈齐、长子褚英、著名巴克什额尔德尼等事件，在这些档簿内均有详细的记载，没有隐瞒，没有为尊者讳的事情。① 再以清太宗皇太极的名字为例，在《荒字档》中出现8次，《张字档》中出现13次，《宙字档》中出现10次。如：sure kūndulen χan i juwe jui mangGultai taiji χong taiji（聪睿恭敬汗之二子莽古尔台台吉、皇太极台吉）。χan i duici jui χong taiji beile（汗之第四子皇太极贝勒）。χong taiji beile de tuwabuχa：χong taiji beile hendume……（让皇太极贝勒看了。皇太极贝勒说……）。② 经过一修再修，最终都隐讳了，如《清太祖武皇帝实录》满文本均作χong taiji（皇太极），汉文本多作"四王"，只有几处直书"皇太极"，《满洲实录》满文本均贴黄签避讳，汉文本均作"四王"，而《清太祖高皇帝实录》满文本均作duici beile（第四贝勒），汉文本均作"四贝勒"。

根据以上所述，可以肯定在清太祖时期，manju（满洲）确实已经存在。

二　部名manju（满洲）用如国号

上述清太祖时期档簿中所见manju（满洲）一词，是部落名称，还是国号？简而言之，manju（满洲）是女真（女直）族所属部落之一，因此它是部落名称，不是国号，但满洲部落兴起以后，"满洲"又被作为国号使用，习以为常。

女真之称，女真语谓之jušen，汉语亦音译为诸申。作为民族共同体

---

① 关于清太祖迫害舒尔哈齐、褚英的记载，详见赵志强《无圈点档诸册性质研究——〈荒字档〉与〈昃字档〉》，赵志强主编《满学论丛》第8辑，辽宁民族出版社2019年版，第1—56页。

② 《宙字档》，冯明珠主编：《满文原档》第5册，第15、16页。

的名称，在《满文原档》里，其出现频率颇高，与蒙古、汉等称谓并举者为数亦多。例如：sure kūndulen χan i hendurengge：mini jušen gūrun i dain qai（聪睿恭敬汗说：我女真人的战争啊）。① 又如，弩尔哈齐曾对其诸子侄说：jaqun wangse hebedebi：jušen amban jaqun：niqan amban jaqun：mongGo amban jaqun ilibu：tere jaqun amban i fejile：jušen duilesi jaqun：niqan duilesi jaqun：mongGo duilesi jaqun ilibu：……jaqun wangsei jaqade jušen baqsi jaqun：niqan baqsi jaqun：mongGo baqsi jaqun sinda：（八王商议后，设立女真大臣八员、汉大臣八员、蒙古大臣八员。其八大臣之下，设立女真审理人八员、汉审理人八员、蒙古审理人八员……在八王处，委任女真巴克什八名、汉巴克什八名、蒙古巴克什八名）。②

满洲、叶赫、哈达等都是女真族所属部落。这是当时建州女真部和海西女真部都认同的，例如，弩尔哈齐曾与明人作比较，对叶赫部贝勒说：｛yehe｝muse oci encu gisuni jušen gurun qai：（叶赫咱们是语言不同的女真人啊）。③ 再如，弩尔哈齐征服哈达、辉发、乌喇三部，继而加兵于叶赫时，于万历四十一年（1613）九月初六日，叶赫贝勒金台石等上书于明，曰：sure kūndulen χan i cooχa：yehei juwan uyun Gašan be（sucubi）efulebi Gajiχa manggi：yehei gintaisi buyangGu：niqan gūrun i wanli χan de χabšame：χadai gūrun be dailame efulebi Gaiχa：χoifai gūrun be dailame efulebi Gaiχa：ulai gūrun be dailame efulebi Gaiχa：te yehe be（daila bi）｛dailame｝Gaime wacihiyambi：meni jūšen gūrun be dailame wacihiyabi：suweni niqan gūrun be dailambi：（聪睿恭敬汗之兵攻取叶赫十九村庄以后，叶赫之金台石、布扬古讼于明国之万历汗：征哈达国，破而取之。征辉发国，破而取之。征乌喇国，破而取之。今征叶赫，取之将尽。征我诸申国，既尽之后，将征尔明国）。④ 另据明人记载："（万历四十一年十月）已丑，奴酋围金、白二酋，二酋告急。上曰：北关为辽左藩篱，岂容奴夷

---

① 《荒字档》，冯明珠主编：《满文原档》第1册，第42页。
② 《张字档》，冯明珠主编：《满文原档》第2册，第479—480页。
③ 《荒字档》，冯明珠主编：《满文原档》第1册，第50页。
④ 《荒字档》，冯明珠主编：《满文原档》第1册，第40页。

满洲族称源自部落名称

吞并,其速令该镇救援,不得违误。"① 在此,奴酋即弩尔哈齐,金、白二酋即叶赫贝勒金台石、布扬古,可见《荒字档》记载此事也是可信的。至于野人女真,似乎并不认同女真,其语言也不同。②

各部势力强大以后,称王争长,肇纪立极。至于国号,自然有之,或袭用旧号,或以族称、部名指代,或兼而用之。清太祖弩尔哈齐起兵以后,绍述完颜氏,袭用其金朝之号,遂以 aisin(金)为国号③,亦称 amba aisin(大金),如天聪元年(1627)正月记载:amba (aisin) ⦃manju⦄ gūrun i jacin beile:geren beisei bithe:(solχo) cohiyan gūrun i wang de ūnggihe:[大(金)⦃满洲⦄国第二贝勒、众贝子之书,咨行(高丽)朝鲜国王]。amba (aisin) ⦃manju⦄ gūrun i jacin beilei bithe:cohiyan gūrun i wang de ūnggihe [大(金)⦃满洲⦄国第二贝勒之书,咨行朝鲜国王]。amba (aisin) ⦃manju⦄ gūrun i beile amin [大(金)⦃满洲⦄国贝勒阿敏]。④ 在此,自家国号原本都是"金",后来涂抹,在其左边补写"满洲",取而代之。"金"这个国号被袭用颇久,直到天聪十年(1636)四月清太宗皇太极才改为 daicing(大清),大约使用了半个世纪。其间,天聪三年(1629)至五年(1631),金明交涉时期,文移往来频繁,aisin gurun(金国)和 daiming gurun(大明国)国号屡屡见诸文牍。

与此同时,金国君臣也以 jušen(女真)族称、manju(满洲)部名指代其国号,习以为常。例如:ere sarɢan jui jušen gurumbe gemu oforo acabume dain dekdebume wajibi(此女使女真国均已反目兴战了)。jušen gūrun i genggiyen χan de uru ambula obi abqa na dabi edun aɢa erin fonde acabubi……(因女真国的英明汗多正确,故天地援助,风调雨顺……)。⑤

---

① 《明神宗实录》卷513,万历四十一年十月己丑条,台湾"中研院"历史语言研究所1962年校印本,第3页。
② 详见赵志强《清太祖时期女真与汉人之关系》,中国社会科学院近代史研究所编《清代满汉关系研究》,社会科学文献出版社2011年版,第20—31页。
③ 详见赵志强《关于努尔哈赤建立金国的若干问题》,中国第一历史档案馆编《明清档案与历史研究》下册,新华出版社2005年版,第1028—1044页。
④ 《天字档》,冯明珠主编:《满文原档》第6册,第59、62、84页。
⑤ 《荒字档》,冯明珠主编:《满文原档》第1册,第49、87页。

59

再如：天命十年（1625）八月，弩尔哈齐给蒙古奥巴台吉的信中说：niqan solχo ula χoifa yehe χada meni manju gūrun mende χoton aqūci sūweni mongGo membe emu moro buda ūlebumbio（汉、高丽、乌拉、辉发、叶赫、哈达、我们满洲国，我们若无城郭，你们蒙古让我们吃一碗饭吗）。① 天聪元年（1627）正月初一日记载元旦朝贺事宜，内称 daci manju gurun i doro……（初，满洲国之礼……）。② 更有甚者，他人亦模仿，且国号与习用代称并用，例如：崇德元年（1636）八月初三日，盖州守臣揭取盖州城门的匿名帖，送到清太宗手里。该帖内称：sini aisin gūrun i χafan ts'ai yung niyan, laqcaraqū daiming gūrun i emgi hebe ofi biya dari daiming gūrun de bithe unggime…… iletu aisin gūrun be elbire, dorgideri nikan gūrun be elbirengge, ini beye nikan gūrun de banjiha, jušen gūrun de mutuha kai（你金国的官蔡永年与大明国密谋不断，每月赉书于大明国……明为招抚金国，阴为招抚汉人国也。他自己生于汉人国，长于女真国啊）。③ 在此，"金国""女真国"以及"大明国""汉人国"混用，也说明当时一般人也都这样使用。

以族称、部名指代国号，似乎是当时女真、蒙古人的习惯。以明朝为例，其国号为"大明"④，女真人偶尔也使用，音译为 daiming（大明），如清太祖曾对辽东镇江地方汉人说：suwe jūlge niqan i daiming χan i irgen bihe abqa liodon i babe minde būci te mini irgen qai（你们过去曾为汉人大明汗之民，天将辽东地方给我，则今为吾民也）。⑤ 但通常称之为 nikan gurun（音尼堪古伦）或 nikan（音尼堪），如在《荒字档》中，没有使用 daiming（大明）国号，而以 nikan gurun 指代者出现八次，甚至还尊称为 amba niqan gūrun（大汉人国）。⑥ 在《张字档》中，daiming（大明）国号仅被使用一次，即前引清太祖对镇江汉人所言之中，而使用 ni-

---

① 《收字档》，冯明珠主编：《满文原档》第4册，第312页。
② 《天字档》，冯明珠主编：《满文原档》第6册，第3页。
③ 《日字档》，冯明珠主编：《满文原档》第10册，第366—367页。
④ 《明太祖实录》卷42，洪武二年五月甲午条，第1页。
⑤ 《张字档》，冯明珠主编：《满文原档》第2册，第90页。
⑥ 《荒字档》，冯明珠主编：《满文原档》第1册，第11页。

kan gurun 指代者多达 15 次。按 nikan，汉译为"汉人"①，本来是女真人对汉人的称呼，用以指代明朝，盖因明朝为汉人所建也。还值得注意的是，同一时期，蒙古人称呼金国也往往使用族称和部名，例如：前述科尔沁蒙古奥巴洪台吉的誓言中使用 manju i χan（满洲的汗）5 次，而先于奥巴发誓的清太祖则自称 aisin gūrun i χan（金国的汗）。② 双方都自然而然，毫不奇怪，也没有任何疑问。显然，aisin gurun（金国）就是 manju gurun（满洲国），反之亦然，可任意使用。其区别在于 aisin gūrun（金国）是正式国号（袭用），manju gurun（满洲国）乃习用之称。

从上所述可知，清高宗所谓"国号满洲"，非信口开河，便是自大自夸之辞，不足为信。而后世治清史而不知这一习称者，莫不沿袭谬说，以讹传讹。实际上，清太祖时期以及清太宗更改族称以前，manju（满洲）始终是部落名称，并不是国号，但往往用以指代国号，这是当时的习惯使然。在这一点上，非但女真人如此，蒙古人亦如此，无须大惊小怪。

三　满语 gurun（固伦）乃多义词

天聪九年（1635）十月十三日，清太宗皇太极颁发谕旨，将 jušen（女真）族称改为 manju（满洲）。其文曰：musei gūrun i gebu daci manju：hada, ula, yehe, χoifa qai. tere be ulhiraqū niyalma jušen sembi. jušen serengge sibei coo mergen i χūncihin qai. tere muse de ai dalji. ereci julesi yaya niyalma musei gūrun i da manju sere gebu be χūla. jušen seme χūlaha de weile.③ 汉语直译为："咱们的人的名称，原为满洲、哈达、乌拉、叶赫、辉发啊，将那个不晓得的人称为女真。所谓女真，是锡伯超墨尔根的同族啊，那个跟咱们何干！从此以后，任何人称呼咱们的人的原名满洲，称呼女真则罪。"此谕旨极其重要，从古到今，许多学者从不同的角度

---

① 《御制五体清文鉴》卷 10《人部一·人类一》，民族出版社 1957 年影印本，第 1148 页。
② 《宙字档》，冯明珠主编：《满文原档》第 5 册，第 44 页。
③ 《满附三》，冯明珠主编：《满文原档》第 9 册，第 408 页。

61

都引用过。有些主张"满洲"为国号的学者也引以为据，并强调是清太宗本人所言。其实，这是对清太宗谕旨的一大误解。在这道谕旨中，先后两次出现的 gūrun 一词，汉语意思都是"人"，而不是"国"。《清太宗实录》汉文本译为"国"①是错误的，凡以此为据认为"满洲"是国号的观点也是不可取的。

稽考满语 gurun 的词义，除了"国"之外，应该还有"人"等意义。长山先生曾作《论满语 gurun》一文，专门探讨，认为："满语 gurun 的语义为'国家'、'部落'、'百姓'、'人'，这与满族社会制度演变具有密切的关系，体现着满族及其先世在漫长的历史过程中从哈拉、穆昆、噶栅等部落组织到国家的发展过程。"② 笔者曾在研究《旧清语》时，亦考证 gurun 一词，认为："此 gurun 之义，当作'人们'解释。今锡伯语中，gurun 一词除有'国家'之义，尚有'人们'之义，故 amba gurun 指大国或大人们、ajige gurun 指小国或小孩儿们、sakda gurun 指老人们、asigan gurun 指年轻人们、haha gurun 指男人们、hehe gurun 指女人们。"③

此外，今人所编满文辞书如《满汉大辞典》释为"①国，国家。②朝，朝代。③部落。④（口语）人"，《新满汉大词典》释为"①国，国家，朝，朝廷：②部落：③固伦"④。回溯清代编纂的满文辞书，无论官修的《御制清文鉴》《御制增订清文鉴》，还是私修的《大清全书》《清文汇书》，gurun 的词义除了"国"之外，没有其他义项。实际上，该词在清太祖、太宗时代，已经是一个多义词，表示人、部落、国、朝代等各种意义。

1. gurun 意为"人"，与 niyalma（人）是等义词。如前文所引清太祖之言 bi manju gurun jaisai si mongᴦo gurun（我是满洲人，斋萨你是蒙古人），可作为典型例句。此句中，两个分句的主语 bi（我）和 jaisai si

---

① 《清太宗实录》卷25，中华书局1985年影印本，第331页。
② 长山：《论满语 gurun》，《满语研究》2011年第2期。
③ 赵志强：《〈旧清语〉研究》，北京燕山出版社2002年版，第70页。
④ 安双成主编：《满汉大辞典》（修订本），辽宁民族出版社2018年版，第1014页；胡增益主编：《新满汉大词典》，新疆人民出版社1994年版，第360页。固伦为 gurun 的音译。

（斋萨你）都是单个人，说明 gurun（人）可作为单数集合名词。这一点，满语和锡伯语有差别。在锡伯语里，该词只能用作复数集合名词。此外，值得注意的是，清代编纂的满文辞书虽未列出 gurun 一词除了"国"之外的其他义项，但《御制五体清文鉴》收录词组 gurun gūwa，汉文作"外人"①。《御制增订清文鉴》亦收录，并解释为 uthai gūwa niyalma sere gisun gurun gūwa seme holbofi gisurembi（"别人"之言，连起来说 gurun gūwa）。② 只是这个词组的语序有点怪异，按照满语的正常语序，应该将这两个词的顺序颠倒一下，作 gūwa gurun。如果原来的顺序无误，那么，也有可能选词有误，即 gūwa 和 gurun 分别属于前后语句的末尾和起首之词，表示"……的人，其他……"之意，编纂辞书时，误作一个词组了。无论如何，其 gurun 一词，对应于解释句的 niyalma（人）是正确的。这说明乾隆时代的满语中，gurun 一词也有"人"的意义。

2. gurun 意为"人们"，与 niyalma sa / niyalmasa（人的复数形式）所表示的意义相同。例如：天命六年（1621）三月二十三日，金国咨行蒙古额驸恩格德尔，内称：birai dergi niqan gurun be gemu daχabubi uju fusiχabi: sunja tatan i beise meni meni gurun be saiqan bekileme hendu …… birai dergi gurun gemu uju fusibi mini daχabuχa gurun be suwe ainu ɢaimbi…… mini efulehe gurun be ɢaiχa de: muse juwe gurun ehe oci ai sain: birai dergi gurun ujui funiyehe be fusire unde sere: birabe doore kiobe efulehe bisere: tuweri juhe jafaχa manggi birai bajargi gurun be dailambi: juhe jafara ongɢolo sunja tatan i beise niqan be dailaki seci birai dergi gurun be dailacina（招降河东汉人，皆已剃发。五部诸贝勒妥善严饬各自之人……河东之人皆已剃发，成为我所属之人，你们为何要取？……取我所破之人，咱们两国交恶，有什么好？据说河东之人尚未剃发，已毁坏渡河之桥。冬天结冰后，将征伐河彼岸之人。结冰之前，五部诸贝勒若想征伐汉人，就征伐河东之

---

① 乾隆《御制五体清文鉴》卷18《人部九·尔我类二》，第2572页。
② 乾隆《御制增订清文鉴》卷18《人部九·尔我类二》，乾隆《钦定四库全书》本，第51页b。

人吧）。① 此段文字中，gurun 一词先后出现 9 次，除 muse juwe gurun（咱们两国）中表示"国"的意思外，其余均表示"人们"之意。其中，birai dergi niqan gurun（河东汉人）指居住在辽河以东的所有汉人，meni meni gurun（各自之人）指喀尔喀蒙古五部贝勒所属之人，mini daχabuχa gurun（我招降的人）、mini efulehe gurun（我所破之人）均指辽河以东被金国征服的汉人，birai bajargi gurun（河彼岸之人）指辽河以东未被征服的汉人。在这里，所有表示"人们"之意的 gurun 都被用作复数集合名词。在这个意义上，该词所表达的意义等同于名词的复数形式。譬如，在《张字档》内，有一处修改，原文为 niqasa be（将汉人们），后墨笔涂之，在其左边另书 birai dergi niqan gūrumbe（将河东汉人）。② niqasa（汉人们）是名词 niqan（汉人）的复数形式，附加成分 -sa 表示复数意义。在这里，它所表示的意义显然等同于 niqan gurun（所有汉人）。

3. gurun 意为"民"，与 irgen（民）是等义词。例如：癸丑年（1613）三月，清太祖训其子曰：sini neneme mutuχa emu emede banjiχa aχun deo juwe jui de sunjata mingɢan boo gurun：jaquta tanggu adun：emte tūmen yan menggun：jaqunjuta ejehe būhe：mini χaji sarɢan de banjiχa geren jūsede gurun ejehe ai jaqabe gemu qomso būhe qai（先于你成长的同母所生兄弟二人，各给民五千家、畜群八百、银一万两、敕书八十，于我爱妻所生诸子，将民人、敕书一应之物，都少给了啊）。③ 再如：天命六年（1621）闰二月二十八日，英明汗说：χan i sain de gurun：gurun i sain de χan qai：beilei sain de jušen：jušen i sain de beile qai：gurun i joboχo be χan sara：jušen i joboχo be beile sara：oci jušen irgen joboχo uilehe seme qoro aquqai（汗善则民善，民善则汗善也。贝勒善则女真善，女真善则贝勒善也。汗知民之劳苦，贝勒知女真之劳苦，则女真与民劳苦而无怨恨也）。④ 又如：天命六年十月二十五日，清太祖颁发文书，内称：te jušen

---

① 《张字档》，冯明珠主编：《满文原档》第 2 册，第 55—58 页。
② 《张字档》，冯明珠主编：《满文原档》第 2 册，第 348 页。
③ 《荒字档》，冯明珠主编：《满文原档》第 1 册，第 33 页。
④ 《张字档》，冯明珠主编：《满文原档》第 2 册，第 28 页。

niqan gemu emu χan i gurun oχobiqai（现在女真、汉人都已成为同一个汗的民啊），而同年十一月二十二日颁发文书，内称：jušen niqan gemu χan i irgen oχobi（女真、汉人都已成为汗的民）。① 以上例句中，gurun 一词绝没有"国家"的意思，将其与女真并举且与 irgen（民）等同来看，gurun 指的是当时金国的各族之人，其词义类似于现代汉语中国民、公民、民众、群众、大众、平民、百姓、黎民等词所表达的意义。

4. gurun 意为"国、国家"或"部、部落"。在这个意义上，古今之见可能有所差异。古人所谓"国、国家"，按照现代国家概念，也许称不上"国、国家"，只能视为"部、部落"，或理解为部落国家。例如：天命六年二月，mongGoi jarut gurun i jonggon beilei mongGo orin ninggun boiGon：jaqunju angGala niyalma juse sarGan ulχa Gajime uqame Gusin de isinjiχa（蒙古扎鲁特部钟嫩贝勒之蒙古二十六户，八十口人，带妻孥牲畜逃来，于三十日到来）。② 按扎鲁特为蒙古族所属部落之一，但当时女真人认为它是一个国家，因此用 gurun 而未用 aiman（部、部落）一词。再如：天命六年三月二十三日，金国咨行蒙古额驸恩格德尔之文内称：muse juwe amba gurun dain oci：χairaqa（n）banjire amba doro efujeci ai sain：sunja tatan i qalqai beise muse juwe gurun ……（咱们两大国若交战，颇为可惜。生存大计若颓废，有什么好？喀尔喀五部贝勒咱们两国……）。③ 此句中 gurun 一词，从金国的角度，译为"国、国家"，应该无可非议。但从喀尔喀蒙古的角度来看，似乎译为"部、部落"更合适，因为当时喀尔喀只是蒙古族的部落之一，并没有建立国家。只是当时的女真人认为是一个国家，遂与自己的金国相提并举。

至于"朝、朝代"，也是一个古今认识差异问题。前文所见诸多 niqan gurun（汉人国），按其实质和汉语习惯，有些亦可译为"明朝"，如 niqan gūrun i wanli χan（汉人国的万历汗）就可译为"明朝的万历帝"。这在很大程度上是语言习惯和不同语言之间的转换问题（包括满

---

① 《张字档》，冯明珠主编：《满文原档》第 2 册，第 220、259 页。
② 《张字档》，冯明珠主编：《满文原档》第 2 册，第 5 页。
③ 《张字档》，冯明珠主编：《满文原档》第 2 册，第 55—58 页。

语 χan 一词，或音译为"汗"，或意译为"帝"），当然也有史观因素。

从《满文原档》记载来看，满语的 gurun 也是一个常用词，内涵丰富多彩。据粗略统计，在《荒字档》里，gūrun 出现 129 次，gurun 出现 44 次，两种书写形式合计 173 次。在《张字档》里，没有 gūrun，而 gurun 出现 186 次。从其词义来看，或可释为国、朝，或可释为部落，或可释为人（们）。就其使用情况而言，各种义项交叉出现，混合应用，并无明显时代顺序。

现在回过头来看清太宗更改族称的谕旨，其中 musei gurun 之言先后出现两次，汉语意为"咱们的人"，包括满洲人、哈达人、乌拉人、叶赫人、辉发人。他认为，无知之人称之为女真，是张冠李戴，不可取。因此，所有人都要称呼满洲原名，不许再称女真，否则治罪。在这里，改的是族称，即改女真为满洲，并不牵涉国号。如将 gurun 解释为"国"，包括满洲国、哈达国、乌拉国、叶赫国、辉发国，那么，谁将这些国统称为女真？明朝人没有，在明朝人看来，女真是个族群的概念，其中包括建州女真、海西女真和野人女真。从史料记载来看，女真人自己都认同女真族，并以族称国，即以女真为金国的代称，如前所述。实际上，当时建州女真人建立的只有金国，并不存在所谓女真国。在更改族称的次年，改国号"金"为"大清"。因此，天聪九年（1635）十月十三日清太宗所改的是族称，而不是国号，该谕旨中的 gurun 一词，只能理解为"人"，不能解释为"国"。

清太宗既改族称，manju（满洲）便从一个部落名称上升为族称，取代了原来的 jušen（女真）之称。此外，一些历史文献中的 jušen（女真）族称，也被改为 manju（满洲），如《满文原档》记载天聪元年正月至十二月政务的《天字档》第 80 页中，涂抹原文 jūšen emu nirui sunjata uksin（女真披甲每牛录各五名），改为 manju cooha emu minggan（满洲兵一千名）。涂抹原文 jūšen jūwete amban（女真大臣各二员）中的前后二词，在 jušen（女真）的左边增补 manjui amban（满洲大臣）。涂抹原文 jūšen emu nirui emte（女真每牛录各一名），改为 manju cooχa ilan tangḡū（满洲兵三百）。涂抹原文 jūšen i duin amban（女真大臣四员），改为 manju

（满洲）。① 当然，改 aisin（金）为 manju（满洲）者亦多，比如《天字档》第 4、62、84、85、252 页都有这种涂改之处，盖以族称国的习惯使然。

综上所述，manju（满洲）一词在成为族称以前，是女真族所属部落的名称，天聪九年（1635）十月十三日清太宗更改族称后，manju（满洲）取代 jušen（女真），成为该共同体的新名称。在清太祖、太宗时期，其国号先袭用金朝之号，称为 aisin gurun（金国），后于天聪十年（1636）四月十一日清太宗改国号为 daicing（大清），因此，manju（满洲）始终没有成为国号，所谓"其国定号满洲""国号满洲"等都是不可信的。但值得注意的是，女真（满洲）人以及蒙古人都有以族称、部名指称国家的习惯，因此，所谓 manju gurun（满洲国）这样的称谓，有关文献中并不鲜见。这只是当时的习惯称呼之一，并非正式国号。至于 manju（满洲）部名何时产生，有何含义，《满文原档》未有记载，中外学界众说纷纭，迄今未有共识，留待以后另行探讨。

（原文刊载于《清史研究》2020 年第 3 期）

---

① 《天字档》，冯明珠主编：《满文原档》第 6 册，第 80 页。

满语词语语义变化分析举例

江 桥[*]

我们在阅读与翻译满文文献的过程中，常常会碰到词语语义不确切的问题，给文本的准确释读造成一定的困难。一些关键性词语所含多种义项的互不相干或意义相近，令译者难作定夺。如"buren"一词，从"海螺"到"画角"，两种完全不同的物体何以共用一词，它们之间有何关联，本文试作探讨，冀有助于满语词语的语义分析。

一 语料

buren 在早期满文文献中的语用状况如下[②]：

1. 万历四十三年十二月……tere hoton i niyalma dahara seme hendume, tulergi cooha be isabume hoton de dosimbume, ilan inenggi isabufi jai daharakū ojoro jakade, ninggun gūsai cooha uksin etufi gūsa dasafi gala jafafi buren burdeme……

2. 天命三年四月……neneme efuleme wajiha niyalma, gūsai ejen de alanju, tehereme ba ba i niyalma gemu efuleme wajiha manggi, gūsai ejen bu-

---

[*] 江桥（1957— ），北京人，中国社会科学院民族学与人类学研究所研究员。

[②] 出自中国第一历史档案馆藏"满文老档"，下同。有关此文献的介绍，详见赵志强、江桥《〈无圈点档〉及乾隆朝钞本补絮》，《历史档案》1996年第3期。

ren burdehe manggi, ba ba i niyalma geren gemu sasa dosi seme bithe wasimbuha;

3. 天命四年七月 tiyei ling ni hecen i duin jugūn i arbun i dulimbai leose de tafambufi tebuhe, jai inenggi ihan honin wafi amba sarin sarilame, tungken tūme laba bileri fulgiyeme buren burdeme……

4. 天命四年八月 orin emu i dobori dulire de, abka tulhušefi juwe ilan jergi seberšeme majige agafi ihan erin de galaka, tere dobori yehe i karun i niyalma, dergi hoton de dobon dulin de dain jimbi seme alanafi, orin juwe i cimari isinaci, dergi hoton i niyalma buren burdefi tulergi jase hecen be waliyafi……dergi hoton be kara cooha tuwara duin beile tere hoton de tutaha, wargi hoton de afara cooha šun tucime isinaci, wargi hoton i niyalma dain jimbi seme dobon dulin de donjifi buren burdefi tulergi amba hoton i coohai niyalma juse hehesi be gemu dorgi alin i hoton de bargiyame dosimbufi……coohai niyalma hoton i dukai tule buren burdeme kaicame sureme ilihabi. tulergi amba hoton i coohai niyalma juse hehesi be gemu dorgi alin i hoton de bargiyame dosimbufi, coohai niyalma hoton i dukai tule buren burdeme kaicame sureme ilihabi.

5. 天命八年四月 han i bithe, ice uyun de wasimbuha, han i duka de hecen i duka de suwayan tu tukiyehe de, hergen bisire niyalma gemu han i duka de isanju, sarin sarilara aika gisun hūlara hendure medege bi, fulgiyan tu tukiyehe de ikiri buren burdehe de, dain coohai medege bi.

从上可见，在天聪朝以前的一段时间内，无论是军中作战鸣响"buren"，抑或仪仗祭典吹奏"buren"，均记为"buren burdembi"。比照记载同期史事的汉文文献，对应之字有"号""角""螺"等，归列如下[①]:

[①] 天聪元年以前有汉文"实录"三种，这里列出了与"满文老档"记述相同内容的资料。需要说明的是，有些"满文老档"中的记载在汉文"实录"中没有相对应的内容，反之亦然。

◆◆◆ 中华文化认同视域下的满学研究

表1

序号	时间	满文①	武皇帝实录②	高皇帝实录③
1	万历十二年正月	buren	张号待敌	鸣角集众
2	万历四十三年十一月	buren	吹螺布兵	布阵鸣螺
3	天命三年四月	buren	吹螺	鸣螺、听螺声
4	天命四年三月	buren	吹螺	鸣螺
5	天命四年八月	buren	吹螺呐喊	鸣角鼓噪
6	天命八年五月	buren	吹螺	鸣角

至天聪元年起，出现了"monggo buren""yehere buren""ihan buren""šanyan buren"等名目，相应的动词也略有变化。

1. 天聪元年正月 tere juwe elcin be beise de acabure de, juwe galai coohai ambasa faidame ilifi, monggo buren fulgiyeme hengkileme acabufi, jai ceni amata de acabuha……

2. 天聪元年六月 ginjeo hecen i baru emgeri poo sindafi, yehere buren, monggo buren, ihan buren burdehe manggi, julesi katarame emu jergi kaicaha……

3. 天聪五年九月 ini mujilen de acabume ainu wambi seme tafulaha, amba cooha gidaha doroi tu sisifi buren burdeme han, beise, coohai ambasa, abka de ilan jergi niyakūrafi uyun jergi hengkilehe……

4. 天聪十年正月 han, ice ninggun de, mahang'ala fucihi de baitalahangge, emu menggun i manda, sabingga futa, kurdun, šu ilha, sara, turun, tampin, šanyan buren, nimaha, kurdun boobai……

5. 崇德元年五月 enduringge han gūlmahūn erinde, hanciki be hairandara

---

① 取自"满文老档"，参见辽宁省档案馆编《满洲实录》，辽宁教育出版社2012年影印本。
② 《太祖武皇帝实录》，编纂始于天聪七年（1633），成书于崇德元年（1636）。初名为《太祖太后实录》。顺治朝重修时更名为《太祖武皇帝实录》。
③ 《太祖高皇帝实录》，康熙年间重修，雍正十二年（1734）又重修，乾隆四年（1739）告成，成为定本。

duka be tucifi, amba faidan faidafi, laba, bileri fulgiyeme, buren burdeme, tangse de ilan jergi niyakūrafi uyun jergi hengkilehe……tereci tangse i tule genere bayarai jakūn tu be juleri faidafi, yehere buren, monggo buren burdeme, abka de ilan jergi niyakūrafi uyun jergi hengkilehe……

6. 崇德元年七月 ilan jergi niyakūrafi uyun jergi hengkilehe, tuttu hengkilere doro wajiha manggi, urgun i doroi amba sarin sarilaha, gurun i ejen fujin i juleri faidarangge……lo emu juru, tungken emu juru, ihan buren juwe, dzeng juwe, jang tungken juwe……

7. 崇德元年八月 enduringge han cooha genere wang sa, beile se, beise se, ambasa be gaifi, meihe erinde hanciki be hairandara duka be tucifi, yehere buren, monggo buren burdeme, tangse de ilan jergi niyakūrafi uyun jergi hengkilehe, tangse i tule jakūn tu faidafi, ineku buren burdeme emu jergi niyakūrafi ilan jergi hengkilehe……

8. 崇德元年九月 beise se ambasa be acafi teksileme faidafi jakūn tu be juleri sisifi, monggo buren yehere buren burdeme, laba bileri fulgiyeme, abka de ilan jergi niyakūrafi uyun jergi hengkilehe……

9. 崇德元年十月 cooha genehe hošoi mergen cin wang, hošoi erke cin wang, doroi beile se, gūsai beise se, geren ambasa be acafi teksileme faidafi, jakūn tu be juleri sisifi, monggo buren yehere buren burdeme, laba bileri fulgiyeme, abka de ilan jergi niyakūrafi uyun jergi hengkilehe……

10. 崇德元年十月 tereci enduringge han, cooha genehe wang sa, beile se, beise se, ambasa be gaifi, tangse de genefi monggo buren, yehere buren burdeme, laba bileri fulgiyeme, ilan jergi niyakūrafi uyun jergi hengkilefi……

11. 崇德元年十二月 enduringge han faidan faidafi, meihe erinde hanciki be hairandara duka be tucifi, laba bileri fulgiyeme, yehere buren, monggo buren burdeme, tangse de ilan jergi niyakūrafi uyun jergi hengkilehe, jai tangse i tule jakūn tu sisifi, ineku laba bileri fulgiyeme, yehere buren, monggo buren burdeme, abka de ilan jergi niyakūrafi uyun jergi hengkilefi juraka……

与汉文文献对照归列如下：

表2

序号	时间	用字	清太宗实录
1	天聪元年五月	角	上至锦州向城举纛鸣角。跃马而前
2	天聪三年十一月	角	自遵化来援。鸣角击鼓。驻深林内
3	天聪七年九月	角	杀败敌兵。又吹角当先
4	天聪八年五月	角	谒堂子。列八纛鸣角奏乐
5	天聪八年八月	螺	以出师礼。竖八纛宰八牛吹螺鸣角
6	天聪八年十月	螺	谓敖塔云。有兵至。当吹螺收兵
7	天聪九年五月	画角	臣等。命列旗纛。鸣画角鼓吹以进
8	天聪九年八月	角	谒堂子鸣角奏乐。拜天
9	天聪九年九月	螺	至御营南冈所筑坛上。设黄案焚香。吹螺掌号
10	天聪十年四月	画角	画角四、篴二、笙二架
11	崇德元年八月	螺	出抚近门。谒堂子。吹螺掌号
12	崇德元年九月	螺	以次排列立八纛吹螺掌号。拜天
13	崇德元年十月	螺	立八纛。吹螺掌号拜天
14	崇德元年十二月	螺	上出抚近门。设卤簿。吹螺奏乐。谒堂子

很明显，这期间的汉文用字没有了"号"却出现了"画角"。而"满文老档"中的最大变化是与汉文"角""螺"对应的常常不再只是"buren"一种（军/礼）乐器，而是两种以上的乐器。如：天聪元年六月，ginjeo hecen i baru emgeri poo sindafi, yehere buren, monggo buren, ihan buren burdehe manggi, julesi katarame emu jergi kaicaha……换言之，这时汉文"实录"中的"螺""角"已成为一组乐器的统称。

二 语义分析

康熙朝《御制清文鉴》是清代第一部，也是唯一一部官修大型单语分类词典。其中对"buren"的释义如下[①]：

[①] 汉译为笔者所加，下同。相关研究参见江桥《康熙〈御制清文鉴〉研究》，北京燕山出版社2001年版。

①buren——muke de banjimbi, notho mangga, dube ergi šulihun。［海水里生活外壳坚硬的（生物）］。［鳞甲部，海鱼类］；

②buren——cooha gidara cooha bargiyara de temgetuleme fulgiyere jaka be buren sembi。（军队破阵、收队时规定吹的东西叫作 buren）［武功部，军器类］。

从释义内容可见，①是对物体性状的描述；②是对该物件在军中的用途做出解释。此为满文单语词典，并未给出上述两条对应的汉语语义。但对照上文所引"满文老档"及对历史事实的分析可见，该词典对"海螺"的释义是很准确的。只是从今人的角度看，似乎缺失了对于出征、凯旋时祭旗、祭堂子用途的描述。对此，一个可能的解释是：在编者看来，这种用途是海螺的一种常识用法。

康熙二十二年（1684）修成的《大清全书》，是清代第一部私人编修的满汉双语词典。① 其中"buren"的释义为：大号头。喇叭。（例句）"ihan buren"：大号头。（笔者注：大号头应为大号。头字或为方言尾音或为刊印之误。）

该书作者沈启亮，汉人，自述生平喜好满文，退伍后"游学京师，业馆于镶黄旗下，幸就教于满洲诸儒，于兹数载，粗识其意"②。也就是说，作为一个汉人，在他个人学习、接触到的满语环境中，buren 的汉语词义是指称：大号；喇叭。

雍正二年版《清文汇书》："buren——海螺蛳壳催兵收兵吹者，即 buren burdembi 也。"

乾隆朝《御制增订清文鉴》增加了词目的汉义，相关内容如下：

①buren 海螺——muke de banjimbi, notho mangga, dube ergi šulihun.③

②buren 画角——cooha dosire cooha bargiyara, bata gidara de temgetuleme fulgiyere jaka be buren sembi.④

---

① 相关研究参见季永海《〈大清全书〉研究》，《满语研究》1990 年第 2 期。
② 季永海：《〈大清全书〉研究》，《满语研究》1990 年第 2 期。
③ 乾隆《御制增订清文鉴》卷 32《鳞甲部·海鱼类》，乾隆三十六年武英殿刻本。
④ 乾隆《御制增订清文鉴》卷 9《武功部二·军器类七》，乾隆三十六年武英殿刻本。

与康熙朝《御制清文鉴》相比，其中第一义项释义与《御制清文鉴》完全相同，增加了词目的汉义——海螺。第二义项释义做了一些调整，但不影响整体的意思，词目的汉义并非"海螺"，而为"画角"，值得商榷。

综上三部清代双语词典，"buren"的汉译给出了四种不同的形式，它们在汉语中表示的是四种不同的物体。

表3

满文	汉文	序号	出处
满文 buren	大号（头）	1	《大清全书》
	喇叭	2	《大清全书》
	海螺	3	《御制增订清文鉴》《清文汇书》
	画角	4	《御制增订清文鉴》

与"buren"相关的词及其解释如下：

①ihan buren 号筒——teišun i tūhe fulgiyere ergi narhūn, fejergi meyen muwa, jilgan lurgin tucirengge be, ihan buren sembi.（《御制清文鉴》《御制增订清文鉴》）

ihan buren——铜牛腿号角头与喇叭相配。（《清文总汇》）

②monggo buren 蒙古角——dulimbade moo, ujan de teišun sindame, laba i adali umesi golmin ningge be, monggo buren sembi.（《御制清文鉴》《御制增订清文鉴》）

monggo buren——喇嘛号筒即喇叭类甚长者。木号中间木两头铜即喇嘛号。（《清文总汇》）

③gocingga buren 画角——moo araha sihan golmin sunja jušuru funcembi. dulimba majige muwakan šugilefi nirufi, angga ergi de amhūlan be dosimbufi fulgiyerengge be gocingga buren sembi.（《御制增订清文鉴》）

gocingga buren——画角乃漆画的木桶中腰微粗口边安哨子吹者。（《清文总汇》）

④amba buren 大铜角——ihan buren be geli amba buren sembi.（《御制

增订清文鉴》)

amba buren——大号。大铜角旧又曰 ihan buren 号筒。(《清文总汇》)

⑤ajige buren 小铜角——buleri be geli ajige buren sembi.（《御制增订清文鉴》)

ajige buren——小号。小铜角即是 buleri 喇叭也。(《清文总汇》)

上述五种乐器从形制看，均为管状，器身无孔。吹奏方式，均为竖吹。其用途主要在军事及各种祭祀、庆典仪式两个方面。这些均与海螺的形制、吹奏方式及在清初的主要用途相同，"buren"的含义已经超出原本的范畴。从上下位关系看：buren 为上位词，其余五词为下位词。从语义场的角度看，该词群的核心义素为：管状，器身无孔的吹奏乐器；从认知语言学的角度看，buren 为原型词；从心理语言学的角度看，buren 是该词群的语言意识核心词。

由此，我们可以推测这组词的构词理据：根据乐器的外形和吹奏的方式，是从海螺发展而来。从认知模式上看，满文"buren（海螺）"是该组词的原型词。

如果从汉语的认知模式上看，笔者认为与该组词对应的原型词是"角"。理由是："我国古代所有喇叭类型的气鸣乐器都统称角。"①

随着时间的推移，满语"buren（海螺）"一词从最初的特指一种乐器，逐步成为构成某一类乐器名称的一个组成成分。从汉语的角度看"角"恰恰与"buren"具有同样的语义特征。因此，在译者的心理词典中"buren"与"角"具有对等的意义。这或许可以解释表2中海螺的用法理据（下文详述）。

同理，我们可以推测，到康熙年间，在具体的言语环境中，一个汉人的满语学习者在听到满人用 buren 指称（统称）大号、喇叭，随即记录了下来。这或许就是《大清全书》中"大号""喇叭"的由来。

从理论上讲，《御制增订清文鉴》中"buren"的"画角"义项，应该是 gocingga buren（画角）产生前，buren 在特定语境中的一种临时用法。

---

① 周和明、铁梅主编：《中国民族乐器考》，辽宁民族出版社2013年版，第85页。

三 "画角"的出现

在本文表2中，共出现了两处"画角"。

1. 天聪九年五月丙子记："于四月二十日大军渡河，二十八日抵察哈尔。汗子额尔克孔果尔额哲国人所驻托里图地方。天雾昏黑，额哲国中无备，臣等恐其惊觉，按兵不动。遣叶赫国金台石贝勒之孙南楮，及其族叔祖阿什达尔汉并哈尔松阿、代衮同往。令先见其姊苏泰太后。及子额哲告以满洲诸贝勒奉上命统大军来招尔等秋毫不犯。南楮等急驰至苏泰太后营。呼人出语之曰：尔福金苏泰太后之亲弟南楮至矣，可进语福金。苏泰太后闻之大惊，遂令其从者旧叶赫人觇之还报。苏泰太后恸哭而出，与其弟抱见。遂令其子额哲率寨桑出迎我军。于是臣等命列旗纛，鸣画角鼓吹以进。"（《清太宗实录》）

对应的满文为"……tongken dume〔tūme〕, buren burdeme, laba bileri fulgiyeme……"①

另有《满文内国史院档》天聪九年五月二十七日（丙子）之相同记述："……tongken dume〔tūme〕, buren burdeme, laba bileri fulgiyeme……"

相互佐证，"击鼓、鸣螺、吹奏喇叭唢呐"，应准确无误。

2. 天聪十年四月（崇德元年四月）。崇德元年改元建立清朝，四月皇太极登基，仿明朝礼仪，定御前仪仗所用乐器为："锣二、鼓二、画角四、箫二、笙二架、架鼓四、横笛二、龙头横笛二、檀板二、大鼓二、小铜钹四、小铜锣二、大铜锣四、云锣二、锁呐四。"（《清太宗实录》）

其中"画角四"满文为"……ihan buren duin……"②

仿明朝礼仪，御前用画角，以"ihan buren"代之，亦在理中。

"gocingga buren"一词在实际的言语环境中出现的时间很可能在乾隆以前。gocingga源自满语动词gocimbi（其次义项之一：紧围）。其派生词

---

① 中国第一历史档案馆藏《内阁满文太宗实录》，利用片3。
② 中国第一历史档案馆藏《内阁满文太宗实录》，利用片4。

有：gocika bayara（亲军）；gocika hiya（御前侍卫）；gocika amban（御前大臣）；goci angga mukšan 仪仗；等等。因此，以"gocingga buren"对应"画角"，既表达了"御前"之义，亦符合"buren"延展为组合一类吹奏乐器之总称的范式。当然，历史无法改写，"buren"在特定时间、特定范围、特指某物的用法已被记录，"buren（画角）"不仅出现在乾隆朝《御制增订清文鉴》中，且影响至今。①

四 余论

从"buren"及其词群的实际使用和词义演变来看，天聪元年（1627）之前在《太祖武皇帝实录》中共出现7处，其中6处译为"螺"，恰当适宜。天聪元年以后，在表示军令时，仍应用"螺"。如为两种以上军乐可用"螺号"。同理，在出征或凯旋祭旗或祭堂子时，单用仍应译为"螺"；两种以上乐器，译为"吹螺奏乐"较宜。

综上可见，"buren"最初为一专有名词，汉译"海螺"。在"满文老档"天命十一年（1626）以前的记载中，清楚地证明了这一点。从天聪元年（1627）以后，随着"ihan buren" "monggo buren"等以"buren"为中心词的新词（组）出现与使用，"buren"的词义指称范围亦随之扩大。由个别到一般是人类认识客观世界的普遍规律，人类早期认识客观事物总是从身边的个别事物开始，并且每事每物都予以专名。随着人类的认识从个别向一般发展，物名也由专名发展出类名。从词义与概念的关系角度看，表现为词义由指称下位概念经过引申兼指上位概念。在"buren"词义的演变和发展过程中，"大号""喇叭""画角"均为其在特定历史时点的一种特殊语用形式。因此，在释读满文文献时，不同民族特有的心理认知与思维模式的异同，特别是它们对词义演变的影响，是需要我们特别注意的。

（原文刊载于《满语研究》2015年第1期）

---

① 胡增益主编：《新满汉大辞典》，新疆人民出版社1994年版，第116页"buren"条。

满语拟声拟态词结构及理据性研究

晓 春[*]

拟声拟态词是通过摹拟各种声音的方式构成的一类词,英语把这一类词称之为"onomatopoeia""onomatopoetic word"或"imitative word"。《英华大辞典》将"imitative"定义为"模仿的、比较的、仿造的、表现出某一模型或原样的某些特点的"。它又可分为"拟声的"和"拟态的"两类。[①]"onomatopoeia"也可分为"phonomimes"和"phainomimes",即"拟声词"和"拟态词"。[②]日语把这类词分为"拟声词"和"拟态词"。《广辞苑》将"拟声词"解释为"摹仿事物的音响、声音而作的词语"[③]。将"拟态词"解释为"用语言来表达视觉、触觉等听觉以外的感觉印象的词"[④]。汉语没有拟声词和拟态词之分,把拟声词叫作"象声词"或"摹声词"。定义为"人们对自然界不表示具体意义,也不表示感叹和呼唤应答的纯粹的声音加以摹拟,就成为拟声词"[⑤]。

学界把满语的这类词叫作"摹拟词"或"拟声拟态词"。《满语语法》定义为"表示摹拟人或事的各种声音或形态的词"[⑥]。笔者曾发表论

---

[*] 晓春(1973—),内蒙古兴安盟科尔沁右翼中旗人,北京市社会科学院满学研究所副研究员。
[①] 郑易里:《英华大辞典》,生活·读书·新知三联书店1956年版,第618页。
[②] 实际上英语一般不分拟声词和拟态词,都说"onomatopoeia"或"imitative word"。
[③] [日]新村出:《广辞苑》,岩波书店2016年版,第680页。
[④] [日]新村出:《广辞苑》,岩波书店2016年版,第684页。
[⑤] 邵敬敏:《拟声词初探》,《语言教学与研究》1981年第4期。
[⑥] 季永海:《满语语法》,中央民族大学出版社2012年版,第237页。

文开始使用"拟声拟态词"这个术语。"拟声拟态词"这个术语不仅符合语言学界的惯例,而更体现这类词的本质特点。因为拟声拟态词里有些词专门表示声音;有些词表示行为、状态;有些词既表示声音,也表示行为、状态等。拟声拟态词是日常生活、文学作品中使用频率较高,具有丰富的艺术表现力的一种词汇。满语的拟声拟态词非常丰富,据古今大词典有400多个拟声拟态词,但很少学者对其展开研究,目前对拟声拟态词的研究仅有寥寥数篇。本文试图讨论满语拟声拟态词的结构和理据性特点。

一 拟声拟态词的分类

拟声拟态词可以按不同标准来分类,如模拟对象、结构形式、语音性质等。但无论以什么标准来划分都避免不了会遇到划分界限模糊问题。如某一个拟声拟态词可以表示不同对象的声音和状态,或同一种声音和状态也用不同拟声拟态词来表达等相互交叉现象。根据表达对象来划分为表示声音的拟声拟态词和表示动作状态的拟声拟态词。

(一) 表示声音的拟声拟态词

自然界的声音各种各样,有人和动物发出来的声音,也有物质碰撞所出的声音。根据满语拟声拟态词所表示的声音的发出者,可以分为摹拟人发出声音的拟声拟态词、摹拟动物发出声音的拟声拟态词、摹拟物体发出声音的拟声拟态词、摹拟自然界的声音的拟声拟态词四种。

1. 摹拟人发出声音的拟声拟态词

cucu caca:形容悄悄说话声。

gūlu gala:形容私下里小声说话。

kaka kiki:形容众人嬉笑的声音。

miyar miyar:形容幼儿哭的声音。

ek tak:形容责骂声。

kohong kohong:形容连续咳嗽声。

kakūr：形容咬牙声。

2. 摹拟动物发出声音的拟声拟态词

gon gan：形容天鹅等鸣叫声。

gugu gugu：形容斑鸠叫的声音。

gūli gali：形容很多黄鹂鸣叫的声音。

jang jing：形容鸟雀相寻声。

giyab giyab：形容哈巴狗汪汪叫的声音。

yang ing：形容蚊子和苍蝇飞的声音。

3. 摹拟物体发出声音的拟声拟态词

katak kitik：高处坠落诸物声。

cang cing：形容金属或玉石撞击声。

holor halar：许多铃的响声，玱玱。

kas kis：喀嚓喀嚓，指冰裂或折木声。

kūtu kata：指步履声。

pes pas：啪啪；噗突噗突：指拍打软物或皮缎等年久糟朽后的撕破声。

katur kitur：嘎嘣嘎嘣，嚼硬脆物之声。

4. 摹拟自然界声音的拟声拟态词

kunggur kanggar：形容轰隆、轰鸣；响亮的雷声。

hūwalar：形容哗啦啦水流声。

yor：形容细水长流的声音。

busu busu：形容细雨蒙蒙的样子。

pici paca：形容风吹草木响声。

（二）表示动作状态的拟声拟态词

拟声拟态词不仅表示声音，也表示动作状态、性质特点。根据满语拟声拟态词所表示的动作状态的对象，可以分为摹拟人的动作状态的拟声拟态词、摹拟动物的动作状态的拟声拟态词、摹拟物体性质状态的拟声拟态词三种。

1. 摹拟人的动作状态的拟声拟态词

    fodor：形容怒气冲冲的样子。

    tete tata：形容轻佻、轻浮无定的样子。

    hing：形容诚恳的样子。

    kafur kafur：形容动作利落，手脚利索的样子。

    hūmbur：形容出大汗的样子。

2. 摹拟动物的动作状态的拟声拟态词

    šak sik：形容马很强壮的样子。

    fusur：形容（马）跑得平稳的样子。

    serben sarban：形容众虫齐动的样子。

    debe daba：形容（蛆等）成团蠕动的样子。

    fiyak：形容马畜等惊闪、东躲西闪的样子。

3. 摹拟物体性质状态的拟声拟态词

    kes：形容山崖陡峭的样子。

    kete kata：形容零零碎碎的样子。

    keleng kalang：形容松松懈懈、松松垮垮的样子。

    fik：形容茂密、稠密的样子。

    putur：形容疙疙瘩瘩不平的样子。

二　拟声拟态词音节结构

自然界中的声音状态有的简单富有规律，有的复杂且多变化，根据不同情形语言表达方法也不同的，这种特点不仅语音上有表现，语法结构上也有所表现，通常多音节拟声拟态词表示较复杂的声音状态。根据满语拟声拟态词的音节结构特点，可以分为单一式、重叠式、谐音式和对偶式四种。以下 V 表示元音；C 表示辅音；$\underline{V}$ 表示元音变异；$\underline{C}$ 表示辅音变异；$\boxed{V}$ 表示元音的增音；$\boxed{C}$ 表示辅音的增音。

（一）单一式

1. 单音节

满语的单音节拟声拟态词较多，构词结构多种。其中，一个辅音和一个元音结合构成的 CV 型拟声拟态词占多数，其他类型的拟声拟态词的数量相对少。

V 型：以单一元音构成的单一式拟声拟态词。例如：

a：惊惧声。

u：哭声。

e：轻视声。

VV 型：以双元音构成的单一式拟声拟态词。例如：

ei：哭声。

VC 型：单元音后面接缀"r""k""ng"等辅音构成的单一式拟声拟态词。例如：

ang：驼驴叫声。

ar：叫喊声。

ek：厌烦声。

or：虎吼叫声或恶心呕吐声。

ung：苍蝇叫声。

CV 型：一个辅音和一个元音结合构成的单一式拟声拟态词。例如：

ha：哈冻声。

gu：鸡叫声。

CVV 型：CV 型拟声拟态词后接缀"i""o"等元音构成的单一式拟声拟态词。例如：

gai：呐喊声。

hoo：狂风声。

wai：很疲倦的样子。

CVC 型：CV 型拟声拟态词后接缀"r""ng""s""ng"等辅音构成的单一式拟声拟态词。例如：

tab：水点声。

war：虾蟆叫声。

kub：啪嗒、咕咚的声音。

gar：大声答应声。

2. 双音节

比起单音节拟声拟态词，满语的双音节拟声拟态词的数量较少，表示相对复杂的声音。其中，CVCVC 型拟声拟态词的数量较多，CVCCVC 型的拟声拟态词比较少。

CVCVC 型：辅音和元音结合的两个音节后面接缀"b""r""ng"等辅音的单一式拟声拟态词。例如：

giyab：哈巴狗叫声。

kiyar：生鹰叫声。

pocong：物落水声。

CVCCVC 型：辅音和元音结合的两个音节均由三个音构成的单一式拟声拟态词。例如：

kanggūr：墙倒声。

konggor：倒水声。

3. 三音节

满语的三音节构成的拟声拟态词非常少见，只有 CVCVCVC 型这一种。例如：

hūwasar：干枯草木声。

hūwalar：涉水声。

piyatar：嘴快状。

（二）重叠式

所谓的"重叠式"是拟声拟态词重叠使用的形式。满语的单音节拟声拟态词和双音节拟声拟态词基本上都可以重叠使用。

1. 单音节

V－V 型：单一元音构成的拟声拟态词的重叠式。例如：

u u：哭泣声。

i i：哭泣声、耻笑声。

a a：随口答应声。

VV – VV 型：双元音（元音+元音）构成的拟声拟态词的重叠式。例如：

ei ei：哭声。

CV – CV 型：辅音和元音（辅音+元音）构成的拟声拟态词的重叠式。例如：

ha ha：笑声。

CVV – CVV 型：一个辅音和两个元音（辅音+元音+元音）构成的拟声拟态词的重叠式。例如：

hoo hoo：形容威武的样子。

CVC – CVC 型：两个辅音和一个元音（辅音+元音+辅音）构成的拟声拟态词的重叠式。例如：

kas kas：剪布声。

wang wang：狗叫声。

tang ting：打铁声。

另外，在语言活动中有些拟声拟态词有连续多次重叠的情况，例如：

gūgū gūgū：鸡叫声。

2. 双音节

满语的双音节重叠式拟声拟态词有两种。

CVCVC – CVCVC 型：辅音和元音结合（辅音+元音+辅音+元音+辅音）构成的双音节拟声拟态词的重叠式。例如：

giyar giyar：猴叫声。

kalar kalar：金属物碰撞声。

miyar miyar：乳儿哭声。

CVCCVC – CVCCVC 型：辅音和元音结合（辅音+元音+辅音+辅音+元音+辅音）构成的双音节拟声拟态词的重叠式。例如：

yanggar yanggar：泱泱。

满语拟声拟态词结构及理据性研究

（三）谐音式

谐音式是重叠式的一种，以语音交替的方式重叠的拟声拟态词叫作谐音式拟声拟态词。满语的谐音式拟声拟态词数量较多，语音交替方式也相对复杂一些。以下分为三个部分来阐述满语的谐音式拟声拟态词的种类。

1. 单音节

（1）元音交替式：满语拟声拟态词有元音交替方式重叠的谐音式。

V – V 型：一个元音音节构成的拟声拟态词以语音交替方式重叠的谐音式。例如：

o a：小儿学话声。

CV – CV 型：一个辅音和元音结合（辅音＋元音）构成的拟声拟态词以元音交替方式重叠的谐音式。例如：

ho ha：叹声。

ko ka：喉堵声。

šu ša：小声说话的样子。

le la：众人往来的样子。

lo la：无意中忽然遇见的样子。

CV – CV 型：一个辅音和元音结合（辅音＋元音）构成的拟声拟态词以元音和辅音同时交替方式重叠的谐音式。例如：

kū ca：形容互相撕打的声音。

he fa：砍伐檀木声。

VC – VC 型：一个元音和辅音结合（元音＋辅音）构成的拟声拟态词以元音交替方式重叠的谐音式。例如：

or ir：诵经声。

CVV – CVV 型：一个辅音和两个元音结合（辅音＋元音＋元音）构成的拟声拟态词以元音交替方式重叠的谐音式。例如：

hoo hio：慷慨、豪爽的样子。

CVC – CVC 型：两个辅音和一个元音结合（辅音＋元音＋辅音）构

85

成的拟声拟态词以元音交替方式重叠的谐音式。例如：

ger gar：相争声。

her har：喉转声。

tung tang：钟鼓齐鸣声。

šung šang：睡着出气声。

gūr gar：群鸟飞鸣声。

（2）辅音交替式：满语拟声拟态词有辅音交替方式重叠的谐音式。

CVC - C̲VC 型：两个辅音和一个元音结合（辅音+元音+辅音）构成的拟声拟态词以辅音和元音交替方式重叠的谐音式。例如：

sir šar：树叶草梢声。

kung cang：鼓锣声。

gar mir：扯得粉碎、四分五裂。

2. 双音节

满语的双音节拟声拟态词通常以元音交替的方式重叠。

CVCV - CV̲CV̲ 型：辅音和元音结合（辅音+元音+辅音+元音）构成的双音节拟声拟态词以两个元音同时交替方式重叠的谐音式。例如：

hoso hasa：抖纸声。

kata kiti：踏硬地声。

jiji jaja：鸟叫声。

gūlu gala：粗声粗气地说话的声音。

pici paca：踏泥水发出的声音。

debe daba：（蛆等）成团蠕动的样子。

dudu dada：小孩学话的声音。

cucu caca：悄悄说话声。

CVCV - CV̲CV 型：辅音和元音结合（辅音+元音+辅音+元音）构成的双音节拟声拟态词以单一元音交替方式重叠的谐音式。例如：

gūli gali：指黄鹂等的鸣叫声。

CVCV - C̲VCV 型：辅音和元音结合（辅音+元音+辅音+元音）构成的双音节拟声拟态词以单一辅音交替方式重叠的谐音式。例如：

lata jata：碌碌无能的、怠惰的样子。

CVCVC – C̲V̲C̲V̲C 型：辅音和元音结合（辅音＋元音＋辅音＋元音＋辅音）构成的双音节拟声拟态词以两个元音同时交替方式重叠的谐音式。例如：

kacar kicir：碎石上行走声。

picik pacak：走烂泥声。

picir pacar：物体碎而多的样子。

potor patar：扑棱扑棱，指群鸟齐飞的声音。

CVCVC – C̲V̲CVC 型：辅音和元音结合（辅音＋元音＋辅音＋元音＋辅音）构成的双音节拟声拟态词以第一个音节的辅音和元音同时交替方式重叠的谐音式。例如：

buran taran：分散，溃散，乱奔。

CVCCV – C̲V̲CCV̲ 型：辅音和元音结合（辅音＋元音＋辅音＋辅音＋元音）构成的双音节拟声拟态词以两个元音同时交替方式重叠的谐音式。例如：

pekte pakta：形容慌张的样子，彷徨不知所措的样子。猝然；彷徨；愣怔。

dakda dikdi：跛倚之状。

lekde lakda：形容衣物等破烂下垂的样子。

likdi lakda：滴里嘟噜，指瓜果等下垂之貌。

CVCCVC – C̲V̲CCVC 型：辅音和元音结合（辅音＋元音＋辅音＋辅音＋元音＋辅音）构成的双音节拟声拟态词以第一元音交替方式重叠的谐音式。例如：

burgin bargin：纷纭；乱纷纷；侄偬。

CVCCVC – C̲V̲CC̲V̲C 型：辅音和元音结合（辅音＋元音＋辅音＋辅音＋元音＋辅音）构成的双音节拟声拟态词以两个元音同时交替方式重叠的谐音式。例如：

porpon parpan：痛哭流涕、涕泪纵横、涕泪交流的样子。

purpun parpan：①水中淹形。②涕泪交流状。

sumbur sambar：（破烂衣服等）滴里耷拉地、滴里嘟噜地。

šungšun šangšan：摹拟说话鼻音重的样子。

3. 三音节

CVCVCV – C̲VCVCV 型：辅音和元音结合（辅音＋元音＋辅音＋元音＋辅音＋元音）构成的三音节拟声拟态词以第一音节的辅音交替方式重叠的谐音式。例如：

kakari fakari：众人大笑。

CVCVCV – C̲V̲C̲VCV 型：辅音和元音结合（辅音＋元音＋辅音＋元音＋辅音＋元音）构成的三音节拟声拟态词以第一音节的辅音和前两个音节的元音同时交替方式重叠的谐音式。例如：

šušuri mašari：烦琐。

（四）对偶式

所谓的"对偶式"也是重叠式的一种，拟声拟态词重叠使用时，有些音脱落或增加。"对偶式"的类型也比较复杂。

1. 语音脱落的对偶式

（1）单音节

CV V̄ – CV̄ 型：一个辅音两个元音结合（辅音＋元音＋元音）构成的拟声拟态词重叠使用时，有时候最后一个元音脱落。例如：

šeo še：刮风声。

C̄ VC – V̄C 型：两个辅音和一个元音结合（辅音＋元音＋辅音）构成的拟声拟态词重叠使用时，有时候第一个辅音脱落并元音交替。例如：

yang ing：蚊子和苍蝇飞的声音。

war ir：呱呱，指群蛙声。

（2）双音节

CV C̄V̄ C – CVC 型：辅音和元音结合（辅音＋元音＋辅音＋元音＋辅音）构成的拟声拟态词重叠使用时，有时候第二个辅音和元音同时脱落。例如：

miyang ming：羊叫声。

fiyak fik：躲躲闪闪、闪烁的样子。

miyar mir：许多小孩哭的声音。

piyas pis：啐唾沫（表示鄙视）的声音。

šuwak sik：形容一齐鞭打的声音。

2. 语音增加的对偶式

CVC – CV CV C 型：辅音和元音结合（辅音＋元音＋辅音）构成的拟声拟态词重叠使用时，有时候中间增加一个音节。例如：

bing biyang：箫管唢呐声。

sar siyar：心口跳动。

sir siyar：淅沥淅沥，指轻微的风声、雨声、落叶声等。

lar liyar：黏黏糊糊的；稠乎乎的。

lir liyar：黏；很黏；黏糊糊。

CVC – CV CV C 型：辅音和元音结合（辅音＋元音＋辅音）构成的拟声拟态词重叠使用时，有时候不仅元音发生音变，而其后增加一个音节。例如：

hung hiyong：海潮声。

CVC – CV CV C 型：辅音和元音结合（辅音＋元音＋辅音）构成的拟声拟态词重叠使用时，有时候不仅起首辅音和元音发生音变，而其后增加一个音节。例如：

gar miyar：哇里哇啦。

VCV – C VCV 型：辅音和元音结合（辅音＋元音＋辅音）构成的拟声拟态词重叠使用时，有时候词首增加一个辅音，而且元音发生音变。例如：

ulu wala：话不明白状。

CVCCVC – CV CV CCVC 型：辅音和元音结合（辅音＋元音＋辅音＋辅音＋元音＋辅音）构成的拟声拟态词重叠使用时，有时候第一音节中间增加一个音节。例如：

89

firfin fiyarfin：涕泪交流；痛哭流涕。

从以上的分析看，满语拟声拟态词的音节结构虽然复杂，但有一定的规律。

三　满语拟声拟态词理据性

任意性问题从柏拉图和亚里士多德时代开始就一直是哲学界和语文学界的一个颇具争议的问题。第一次对语言符号任意性进行深入系统的阐释，并使语言符号理论臻于成熟完善的人是瑞士语言学家索绪尔。关于语言符号"任意性"是索绪尔对语言符号本质特征的规定，在此基础上索绪尔建立了他符号学理论。任意性原则支配着索绪尔整个语言符号学研究，是其他语言符号问题得以展开的基础。[①]

随着认知语言学的兴起，语言的相似性问题引起学界的热议。研究发现语言结构与人的经验结构之间许多相似关系。"非任意性"也是语言的一种属性，语言符号既是任意性，又具有理据性。洪堡特在1836年出版的《论人类语言结构的差异及其对人类精神发展的影响》一书中就对语言相似性作出了精辟的论述。洪堡特指出："语言结构的规律与自然界的规律相似，语言通过其结构激发人的最高级、最合乎人性的（menschlichste）力量投入活动，从而帮助了人深入认识自然界的形式特征。"[②] 19世纪末，皮尔斯提出了符号三分法。他把符号分为相似符（icon）、指示符（index）和象征符（symbol）三类。三类符号对应三种指称关系，其中一种就是象似性关系。相似性符号借助于对象的相似性和共同特征来指称，表达形式和其内容的实际特征的关系很紧密。拟声拟态词是相似性特征最鲜明的词类。但理性意义毕竟是拟声拟态词的首要特征和中心义素，人们不过是通过一种语音修饰使一些拟声的音响形象色彩更为强

[①]　卢德平：《符号任意性理论的历史来源：从惠特尼到索绪尔》，《外语学刊》2014年第1期。
[②]　[德]洪堡特：《论人类语言结构的差异及其对人类精神发展的影响》，姚小平译，商务印书馆2002年版，第74页。

化罢了，这些少数事实并不能否定拟声拟态词作为语言符号的资格。①

索绪尔指出："至于真正的拟声拟态词（像 glouglou'火鸡的叫声或液体由瓶口流出的声音'，tic-tac'滴答'等），不仅为数甚少，而且它们的选择在某种程度上已经就是任意的，因为它们只是某一些声音的近似的，而且有一半已经是约定俗成的模仿。此外，它们一旦被引进语言，就或多或少要卷入其他的词所经受的语言演变，形态演变等等的旋涡（试比较 pigeon'鸽子'，来自民间拉丁语的 pipio，后者是由一个拟声拟态词派生的）：这显然可以证明，它们已经丧失了原有的某些特征，披上了一般语言符号的不可争论的特征。"② 同时他也认为"它们源出于象征，有一部分是可以争论的"③。从这句话来看，索绪尔并没有断言所有的拟声拟态词的能指和所指之间的关系是绝对关联的。索绪尔在《第三次普通语言学教程》中谈到拟声拟态词的能指和所指之间关系时，明确地指出"这儿的确有内在的关联"④。从这点可以看出，索绪尔承认拟声拟态词的相似性特征。

满语拟声拟态词的相似性特征主要表现在起首音和收尾音上。从起首音的特点来看，以"l"音起首的拟声拟态词表示缓慢、邋遢、黏稠的状态，如："labta labta"（破烂衣服滴里耷拉的样子）、"lata jata"（迟钝的，懒惰的）、"lar"（黏稠的）、"lekde lakda"（形容衣物等破烂下垂的样子）、"lete lata"（邋遢）、"leder"（迟缓地）、"liyar（形容稀黏的样子）"、"lir liyar"（黏；很黏；黏糊糊）、"lokdo lakda"（形容肥胖人跑不动的样子）、"lolo"（庸庸碌碌）、"luktu lakda"（滴里耷拉的）、"lu-dur"（稀物变得黏糊的样子）、"lur"（浓稠的）等。

以辅音"p"起首的满语拟声拟态词通常描述爆炸、破裂、硬物坠落的较强声音和鸟类忽然起飞声。如："po cok"（物落水声）、"patak"

---

① 郭莉：《拟声拟态词符号的像似性和任意性》，《桂林市教育学院学报》2001 年第 2 期。
② ［瑞士］索绪尔：《普通语言学教程》，高名凯译，商务印书馆 1999 年版，第 110 页。
③ ［瑞士］索绪尔：《普通语言学教程》，高名凯译，商务印书馆 1999 年版，第 111 页。
④ ［瑞士］索绪尔：《第三次普通语言学教程》，屠友祥译，上海人民出版社 2007 年版，第 87 页。

（哐当：硬物坠地声）、"pes pes"（东西被撕破或扯断的声音）、"per par"（扑棱扑棱：形容飞禽、昆虫等起飞时扇翅声）、"pulu pala"（噗隆噗隆：指重物落水声）、"pak"（小爆竹响的声音）、"pos pos"（呼出气或喷出气的声音）、"potor patar"（扑棱扑棱：指群鸟齐飞的声音）、"pur"（噗：鹌鹑等忽飞声，鸟突然飞起的声音）等。

以辅音"m"起首的满语拟声拟态词通常描述牛、羊等动物的叫声和幼儿的哭声。如："mung mang"（牛吼鹿鸣声）、"miyang ming"（狍鹿羊羔叫声）"miyar miyar"（乳儿哭声）等。

以辅音"k"起首的满语拟声拟态词通常描述硬物碰撞的声音以及殷勤、满意等人的心理状态。如："kanggir kinggir"（叮叮当当；丁零丁零；铿铿锵锵）、"kakūng kikūng"（辘辘地、嘎吱嘎吱；重车重担之响声）、"katak kitik"（硬物撞击的声音）、"kalang killing"（钢铁相碰声或配饰相撞的声音）等。

从收尾音的特点来看，以小舌音"r"为收尾的拟声拟态词一般表示颤动、震动或者连续发生的声音等。如："or ir"（诵经声）、"šor"（下雨声）、"katar"（掐锁声）、"for"（纺车声）、"her har"（喉啭声）、"fotor"（水滚声）、"kotor"（鸡飞声）、"gar gir"（群鹅啼声）、"šor šar"（大风雨声）等。

以鼻音"ng"为收尾的拟声拟态词通常表示尾声较长、厚重的声音、强烈的碰撞声或穿透力比较强的声音。如："yang ing"（苍蝇飞声）、"cang cang"（钟声）、"tung tung"（鼓声）、"bing biyang"（箫管唢呐声）、"šung šang"（睡着出气声）、"bung bung"（吹海螺声）等。

以舌根音"k"为收尾的拟声拟态词表示尾声较短促的声音。如："ak"（乍惊声）、"kayak"（干木折声）、"tak tik"（砍木声）、"picik pacak"（走烂泥声）、"fak fik"（果落声）、"tok tok"（连敲门声）等。

以"s"为收尾的拟声拟态词表示一种断裂、撕裂、碎的声音。如："kas kas"（剪布声）、"pes pas"（马蹄磕绊声）、"kūwas kis"（割谷声）、"kes"（东西一下子被砍断或切断的声音）等。

以"b"为收尾的拟声拟态词表示虽然力度很大，但声音不是很响亮的情况。如："tab"（水点声）、"giyab"（哈巴狗叫声）、"kab"（狗等嘴唇开合的声音，吧嗒）、"keb"（形容亲热的样子）、"gib"（形容耳朵被震得听不见声音的样子）。

以元音收尾的拟声拟态词多数表示人发出来的声音，还有少量的表示动物的声音等。如："ei ei"（哭声）、"ho ha"（叹声）、"ko ka"（喉堵声）、"o a"（小儿学话声）、"a"（惊怕声）、"je ja"（众工作声）、"ha"（哈冻声）、"jiji jaja"（鸟叫声）等。

不难看出，满语的拟声拟态词的起首音和词尾音均与所表示的声音的状态、强弱程度有直接关系。

语言是一种符号系统，它是由许许多多符号单位组织而成的一个系统。和其他的符号一样，语言符号也是由能指和所指结合而成的。符号的能指和所指的关系是不可论证的，简单地说就语言符号音与义结合是任意的。但是拟声拟态词的音和义之间的关系与非拟声拟态词相比，更紧密一些。拟声拟态词是摹拟人和事物的各种声音、状态所构造的词。因此，不同语言里也会有音义相同或相近的拟声拟态词。索绪尔[1]、萨丕尔[2]等语言学家普遍认为拟声拟态词不是语言的主要成分，但他们并不否认拟声拟态词的语言符号的特征。以"语音象征论"为理论依据，说明普通语言学上所说的语音象征的定义和语言学上的地位和意义，得出了拟声拟态词具有任意性的语言性质，也同时具有相似性的语言性质这样的结论。

（原文刊载于《满语研究》2015 年第 1 期）

---

[1] [瑞士]索绪尔：《普通语言学教程》，高名凯译，商务印书馆1999年版，第104—105页。

[2] [美]爱德华·萨丕尔：《语言论》，陆卓元译，商务印书馆2000年版，第4—7页。

《乌布西奔妈妈》满语文本及其文学价值

戴光宇[*]

《乌布西奔妈妈》是世居乌苏里江流域的满族诸氏族世代传唱的一部萨满史诗，20世纪70年代由满族学者富育光先生在东海女真后裔鲁连坤老人处记录后译注整理，经过三十年的努力，2007年年底作为吉林人民出版社《满族口头遗产传统说部丛书》第一批十部中的一部出版面世。

《乌布西奔妈妈》堪称东北地区民族民间文学中的光辉典范。如果一个人有意探索满族民间的文学宝库，追寻满族及其先民的精神源泉，触摸东海女真人乃至于满族这个民族的心路历程，这部史诗都可以当之无愧地作为首选读物来读。长诗共分十章，各章主要内容如下：

《引曲》及《头歌》，古雅优美的语言概括了乌布西奔妈妈的功绩和后世对她的纪念。

《创世歌》用浪漫主义的手法讲述了东海形成和滨海诸部落的起源神话，同时提到了东海各部扰攘纷争的历史，为乌布西奔妈妈的出世作了铺垫。

《哑女的歌》从东海众神的体系引出乌布西奔妈妈的非凡身世、来人间的目的以及她出世的卵生神话。

《古德玛发的歌》讲乌布西奔妈妈初降人寰所遭受的苦难——作为

---

[*] 戴光宇（1977— ），辽宁锦州人，北京市社会科学院满学研究所助理研究员。

炖鱼皮的哑女不为罕王古德所容，被黄獐子部解救，两次粉碎古德罕的阴谋并迫使其悔过自新，最终当上乌布林部落的萨满，同时大体交代了东海各部落的地理分布及世系。

《女海魔们战舞歌》讲乌布西奔妈妈治理乌布林部落有方，又恢复了常人的嗓音，被东海各部推举为盟主，诗中借乌布西奔妈妈之口传诵了善恶诸神的体系，后一部分以编年的体例讲述了她恩威兼施，一统海疆，并制定历法，移风易俗，终于使安宁降临东海各部的过程。

《找啊，找太阳神的歌》讲乌布西奔妈妈派心爱男侍琪尔扬考一行远航寻找太阳升起的圣地，遇海盗失事葬身远海安班岛，乌布西奔妈妈在举行十日谢海大祭，又以一百九十九天造征船十五艘之后亲自出海营救，遇火山热流第一次东征以失败告终。

《德里给奥姆女神迎回乌布西奔——乌布林海祭葬歌》讲海外漂来野人带来东海传说中可以引导船只平安航行的天落宝石，然野人执意回归故土，乌布西奔妈妈于是造船请野人为向导，出海寻找太阳神居所。航程中，野人不慎将神石掉落海中，东征船队被绿岛海鬼俘获，幸得神风解救，逃回乌布林。乌布西奔妈妈为部族操劳成疾，仍送别族众出海远航。途中遇风暴都尔根女萨满被海涛卷走，船队漂到窝尔浑岛。在岛民的帮助下，东征船队航行至千岛群岛，遇火山硫烟险境退回。乌布西奔妈妈决定亲自出海远航寻找太阳之宫，行至北海冰原区，甚至见到了白熊，最后病逝海上，遗体运回乌布林，族人为她举行了隆重的海葬。

《德烟阿林不息的鲸鼓声》讲述众徒为纪念乌布西奔妈妈，将她的事迹用图画文字刻写在德烟阿林的洞窟中，代代传唱不息。沧海桑田，世事变迁，乌布西奔妈妈的精神永远为后世所怀念。

《尾歌》是《引曲》的重复。

下面笔者想谈谈这部史诗中满语文本的文学价值。

《乌布西奔妈妈》史诗不同的部分分别以满、汉两种语言记录下来，其中满语文本主要由三个部分组成：1. 富育光先生等学者1984年在珲春县板石乡何玉霖萨满处得到汉字标音满语口语"唱妈妈"手抄件中的引曲及头歌（前半部分）；2. 富先生以满文字母记录鲁老以满语口语讲述的《头歌》、《创世歌》（部分）、《哑女的歌》（部分）、《古德玛发的歌》（部分）、《女海魔们战舞歌》（部分）；3. 富先生以汉字标音记录鲁老以满语口语讲述的《创世歌》、《乌布林海祭葬歌》（部分）。除此之外，存在于汉语文本中的满语及其他语言的词汇也是本文的研究所涉及的对象。

史诗里用满语记录的部分多是其中最文雅、最脍炙人口、最具抒情色彩的部分，故而具有很高的文学价值。从某种意义上来说，《乌布西奔妈妈》满语文本本身对于已了解全诗内容的人来说又是一个提纲，可以自成一体。首先来谈谈它的审美价值。

众所周知，自古居住在黑龙江流域的许多民族都有着发达的叙事传统。最著名的如达斡尔族有乌春，鄂伦春族有摩苏昆，赫哲族有伊玛堪，东部蒙古族有乌力格尔，阿伊努人有尤卡尔（yukara）等。相比之下，满族的乌勒本（说部）中多数则更像汉族的评书，散体的、说的成分占大多数，诗体的、可唱的成分却较少见。《乌布西奔妈妈》满语名字叫 sihete alin dunggu umesiben mama i golmin ucun（锡霍特山洞窟乌布西奔妈妈长歌），就是因为整个说部是以诗体的形式出现的，可诵可唱，且在描写、抒情等方面辞藻丰富，意境优美，大加铺陈，酣畅淋漓，的确不是我们通常所见到的满族"悠孩子调"甚至清代宫廷祭祀歌曲所能比拟的。在2007年底十余部满族说部公之于世以前，许多人觉得满族没有什么像样的民间文学，而这种情况似乎又同这个民族悠久的历史、发达的文明很不相称，而当人们一下见到这么多优秀的说部被整理出版之后，甚至不大敢相信自己的眼睛，以致有些人怀疑这些是否真的是民间的东西。但如果我们把它放在黑龙江流域和太平洋诸民族的叙事背景中来分析的话，说部的产生就不但是容易理解，也是顺理成章的了。

以前更多探讨的是满汉、满蒙民族文学之间的关系，而往往忽略了满族和亚洲大陆东部以及太平洋诸民族的联系。这些民族古代一般称为东夷，共同的沿海生活造就了他们之中彼此存在联系的许多文化因素，但由于居住地域闭塞，往往还有大海相隔，亚洲东部近海地区的许多民族语言之间差异很大。

表 1 以语言中最具代表性的数词为例，让我们看一看亚洲东部沿海地区民族语言之间的差异有多么大（在此一并列出维吾尔语和蒙古语数词以作对比，印度尼西亚语简称印尼语，属于南岛语系，数词同其他南岛语相差不大）：

尽管从东北亚到东南亚，除满、韩、日和南岛语系的某些民族外，这里的民族多数都不大，且分属于几个不同的语系，但他们居住的地域，在地理环境上或多或少都具有一些相似性，山地、森林、江河、海洋、岛屿、火山、东方大海上的太阳，使这一地区的自然景观变得瑰丽雄奇，神秘莫测，怎能不引起先民们的无限遐思？而那寂寞严酷的生存环境、诡谲多变的气候条件，又怎能不让先民们对造物的伟力产生十分的敬畏？环太平洋地带，是世界著名的火山活动带，这里集中了世界百分之八十五的火山和百分之八十的地震。[1] 众所周知，东北的长白山主峰白头山、济州岛的汉拿山、北海道的羊蹄山（或称"虾夷富士"）和本州岛的富士山，就分别被满族人、朝鲜族人、韩国人、阿伊努人和日本大和人奉为神山。在此之外的东南亚和人迹罕至的亚洲东北部沿海诸岛，火山分布更是密集，堪察加半岛上就有亚欧大陆最高的活火山——克留赤夫火山（到 20 世纪 80 年代末为止海拔 4750 米，在 2009 年 11 月 15 日还曾喷发过一次，喷出岩浆高达 200 米）[2]。乌布西奔妈妈东征经过的北海道、鄂霍次克海和白令海等海域，不但历来是世界著名的海产捕捞场，也是世界上景色最壮丽、资源最丰富的地区之一。[3] 北美第一、第二高峰——麦金利山（当地印第安人称为德纳里峰，是"太阳之家"的意思，海拔 6193.5 米，在阿留申群岛尽头的北面，顶端终年云雾缭绕，附近花草繁茂，景色秀丽，地近北极，夏季可在这里观赏到"白夜"[4]）和洛根山，也分别在离此不远的美国阿拉斯加和加拿大育空地区。不同的地理环境，造就了沿海居民区别于草原民族和典型的大陆农耕民族的心

---

[1] 丛淑媛、胡欣：《太平洋纵横谈》，福建人民出版社 1990 年版，第 80 页。
[2] 丛淑媛、胡欣：《太平洋纵横谈》，福建人民出版社 1990 年版，第 79 页。
[3] 丛淑媛、胡欣：《太平洋纵横谈》，福建人民出版社 1990 年版，第 103、175、179 页。
[4] 黄懋枢、于洸主编：《中外著名山川湖泊辞典》，山东友谊书社 1991 年版，第 262 页。

表1　东亚地区一些民族语言十以内数字

数目语言	一	二	三	四	五	六	七	八	九	十
维吾尔	bir	ikki	üc	töt	beš	alte	yette	sekkiz	toqquz	on
蒙古	nige	qoyar	ɣurba	dörbe	tabu	jirɣuɣ-a	doloɣ-a	naima	isu	arba
满	emu	juwe	ilan	duin	sunja	ninggun	nadan	jakūn	uyun	juwan
尼夫赫①	nar/nin	mar/mjen	čakr/tɕaqr	nuš/nɪr	toš/tʰor	ŋax/qax	ŋamk/qamk	min i s/minr	/ɲiɲben	/mxo
阿伊努②	sine/sinep	tup/tup	re (n)	inen/inep	asikne/asiknep	/iwan	/arwan	/tupesanpe	/sinepesanpe	/wan
伊特里门③	qniŋ	kasx	tʃˀoq	tʃˀaq	kuvummuk	kelvuk	etuktumuk	tʃoʔoqtumuk	tʃaʔaqtanak	tovassa
朝鲜	hana	dul	seis	neis	da ses	ie ses	il gob	ie delb	aheeb	iel
日本	hi totu	hu ta tu	mit tu	yot tu	i tut tu	mut tu	na nat tu	yat tu	ko ko no tu	to o
印尼④	satu	dua	tiga	empat	lima	enam	tujuh	delapan	sembilan	sepuluh

① 第一种方言引自［韩］姜吉云《韩国语系统论》，萤雪出版社1988年版，第442页。第二种方言自自网上视频《西伯利亚语—尼夫赫语》，网址：https://www.bilibili.com/video/av42687909/。
② http://www.raccoonbend.com/languages/ainuenglish.html 这一网址上刊布的阿伊努语—英语词汇列表，摘自Masayoshi Shibatani所著《日本的语言》一书（剑桥大学出版社1990年版）笔者汉译的英文部分，但上面只有前五个数字，后又在bilibili网站上找到了带有音频的阿伊努语语料，里面有完整的十个数字。
③ 引自网上视频《［楚科奇—堪察加语系］伊捷尔缅语》，网址：https://www.bilibili.com/video/BV1uK4y187wi/?spm_id_from=333.788.recommend_more_video.23。
④ 梁敏和编著：《印度尼西亚语三百句》，北京大学出版社2008年版，第34页。

98

《乌布西奔妈妈》满语文本及其文学价值

理素质、文化传统和文学形式,这在《乌布西奔妈妈》中有所体现。

让我们来欣赏珲春板石乡神本头歌中所用词汇、描述场面相似的两处内容,富先生译本没有过分强调细节,只求其神似,两段并为一段翻译了大意,是慎重的。笔者母语并非满语,在这里愿提出自己的一家之言,以待专家学者批评指正:

第一段:
德乌勒勒哲乌勒勒德乌咧哩哲咧
de u lele, je u le le, de u liyei li, je liyei.
德乌勒勒哲乌勒勒德乌咧哩哲咧

格勒 嘎思哈 德勒给莫德利　德勒　菲涩尅 纳木勒莫
geren gasha dergi mederi 　 dele 　fisekei namarame,
众　　鸟　　东　　海　　　上头只管溅水 争添着

焦 衣 德泊勒莫佛恩（思）卡霍春呼呼哩 莫德利 超 妞浑
gio i deberen be fusehe 　 hojo huhuri 　 mederi coo niohon,
狍子的 崽儿　把 孳生了的俏丽 乳婴　　海　潮（?）松绿

艾新朱巴刻德勒 德泊离垫妹
aisin jubki dele 　 tebeliyedembi.
金　洲　　上头　反复地扑抱

格勒莫霍迗（达）衣德勒冬库里（黑）巴出热 佛热格色
geren emu hada i dele dunggu 　 hibsu 　 ejen 　 feye gese,
各（一）个山峰的上头　洞 　 蜜蜂 　 　窝 似的

乌西哈比亚 德勒 突给衣莫德利 纽伦 布拉春 比勒泰 沃索莫
usiha biya 　 dele 　 tugi mederi 　 nioron 　 boljon 　 biretei wašame（ušame）,
星　月　　 上头　云 海　　　　虹　　浪　　极力冲闯 抓挠着

99

乌木西奔 妈妈 泊特 乌木西奔 妈妈 给苏勒勒 乌木西奔 妈妈 泊特勒渴
umesiben mama baita, umesiben mama gisurere, umesiben mama badaraka,
乌布西奔 妈妈 事 乌布西奔 妈妈（要）说的 乌布西奔 妈妈 开广了

乌木西奔 妈妈 莫勒根 乌拉布苏 乌西哈比亚 格木突给衣莫得利
umesiben mama mergen ulhisu, usiha biya gemu tugi mederi
乌布西奔 妈妈 智 慧 星 月 都 云 海
纽浑 乌朱 沃莫
niohon uju ome,
松绿 头 成着

比 尼玛哈苏呼衣 恩都哩 通肯 菲特痕 比
bi nimaha sukū i enduri tungken fitheme bi,
我 鱼 皮 的 神 鼓 弹着 有

古鲁古黑勒恩尅 依其瓦西浑 阿斯罕
gurgu giranggi ici wasihūn ashan,
兽 骨 右 下方 佩

汪勒给恩苏敏莫德里 芒滚 布勒 夫勒给热尅 布勒德恩比
urkin šumin mederi menggun buren fulgiyehei burdeme bi,
响声 深 海 银 螺 只管吹 吹海螺着 有

本段直译：
德乌勒勒，哲乌勒勒，
德乌咧哩，哲咧。
众鸟在东海海面争相俯冲溅水，
哺育狍羔的俏丽乳海潮水碧绿，
不断扑抱着金色沙洲。
群峦之上洞窟密如蜂窝，

《乌布西奔妈妈》满语文本及其文学价值

浪涛极力冲闯抓够着,
星月上空的云海长虹。
乌布西奔妈妈的事迹,
乌布西奔妈妈的英谕,
乌布西奔妈妈的开拓,
乌布西奔妈妈的智慧,
同星月尽在云海翠波之巅。
我弹着鱼皮神鼓,
兽骨做我右下方的佩饰①,
尽情地吹着轰响的深海中的银螺。

另一段:
拉布都嘎斯哈得尔给莫得里 得勒 菲色尅 那玛拉莫
labdu gasha dergi mederi dele fisekei namarame,
　多　鸟　东　海　　上头只管溅水 争添着

焦 得箔勒恩 佛申 浩吞 呼呼里莫得里 超勒昆
gio deberen fusen hoton huhuri mederi colkon、
　狍　崽儿　孳生　城　　乳婴　海　　大浪

爱新米(朱)布尅衣得勒特布利耶莫
aisin jubki dele tebeliyeme,
　金　洲　上头　拥抱着

拉布都阿林 得勒 洞古 希布苏因 佛耶 菲新
labdu alin dele dunggu hibsu ejen feye fisin,
　多　山　上头洞　蜜蜂　窝　密集

---

① 按照果尔德人的传说,戴石环能"避免喉咙的疾病,在唱歌时帮助发出洪亮的声音"。参见 [俄] С. П. 涅斯捷罗夫《早期中世纪时代阿穆尔河沿岸地区的民族》,王德厚译,载杨志军主编《东北亚考古资料译文集》第5辑,北方文物杂志社2004年版,第101页。

乌西哈 毕亚 得勒 突给衣莫德里 纽昏 布拉春 毕拉莫 否索莫
usiha biya dele tugi mederi niohon boljon bireme fosome,
星   月（在）上云 海   松绿   浪   一概 光照着

直译：
在东海海面，
群鸟争相俯冲溅水；
在佛申霍通乳海的浪涛金洲之上，
狍子拥抱着幼崽；
群山之巅的洞窟，
密密层层布满了蜂窝，
（头顶）上面星月，
普照着云海翠波。

后面的一段：
比 尼玛哈苏库衣 恩都里 通肯 菲特痕姆 比
bi nimaha sukū i enduri tungken fitheme bi,
我 鱼 皮 的 神 鼓   弹着   有

古鲁古 给浪衣 衣其衣窝西浑 阿思罕
gurgu giranggi ici i wesihun ashan,
 兽   骨 右的 珍贵 佩

乌尔肯尅音 苏敏 莫德利 蒙温布勒恩 古鲁莫 傅勒给任刻
urkingge   šumin mederi menggun buren gurume fulgiyehei
有响声的 深 海   银   螺 采挖着 只管吹着
希尔德姆 比
sireneme bi.
响声接连着有

102

《乌布西奔妈妈》满语文本及其文学价值

直译：
我弹着鱼皮神鼓，
兽骨做我右侧贵重的佩饰，
采来深海中响亮的银螺，
尽情地吹响着，回荡着。

　　笔者认为，这两段内容，文笔流畅，语言优美，有些地方一个词、一个韵脚、一个音甚至一个停顿的改变，都引起意义的区别，这不仅是为了避免单调，而且实际描写的目标也发生了转换。其中多义词（如 biretei，极力冲闯；普遍）、音近词（如"沃索莫"和"否索莫"）的运用也很巧妙，两段内容不是简单的重复。这都体现了东海人遣词造句的讲究与高明。从萨满神本与长诗全文来看，存在押头韵的情况，但不是十分严格，没有以辞害义，且有些是整个词的重复，可见作者更重视的是诗的内容——生动的情节和真挚的感情。这一目的确实成功地达到了。

　　其实，不仅在语言上，在史诗的布局谋篇上，也遵循了同样的理念。整个长诗像一部电影剧本，又像一部经过艺术加工的历史档案，结构紧凑合理，情节真实感人，虽然是萨满的传记，但并没有写得神乎其神，而是以编年为经，以事件为纬，对于人的所作所为，都用十分现实主义的手法来写，合情入理，让人觉得这些都是东海居民的生活中完全有可能发生的事情；更为可贵的是，诗中每个人物的塑造都丰满匀称，有血有肉，鲜活感人，和许多优秀的满族故事一样，体现了这个民族古朴深厚的叙事传统。这些都让人想到《金史》和《满文老档》的写作手法。尽管史诗中并不乏丰富的想象、浪漫的思维，但可以看出，东海的先民们编写这部史诗，是让后代不只是从中得到感官的享受，更重要的是学到做人的道德理念、战争渔猎的经验、自然历史的知识，体现了东海人的求实精神：想听一个动听的故事，但更想听一个真实的故事。美是为现实服务的，这大概也是女真人"纯直旧风"的一种体现吧。正如史诗

103

中说的"遇事则重人为"①"勿靠虚妄安生，诸事身体力行"②"无力的安适是死亡，无心的度日是自枯，无为的徜徉是自残，无志的前程是退灭"③。在没有书籍档案的古代，东海渔人猎人中的学者们能够编写出这样一部百科全书式的不朽著作，用图画文字刻写在锡霍特山山洞里并耳口相传至今，实在是用心良苦，更是难能可贵。

值得一提的是：亚洲东北部诸民族似自古就有视幽深的山洞为圣地的习俗。俄国人的《外贝加尔边区纪行》中就说到过涅尔琴斯克（我国称尼布楚）附近的一座山洞：

> 在阿克沙要塞西南大约一百五十俄里的地方，有一个人工挖掘的山洞，洞口几乎长满了灌木丛，洞壁上刻满了象形文字。离这个山洞不远的地方，翻涌着一股酸性矿泉水。④

下面谈谈满语文本中体现的民族文化交流。

《乌布西奔妈妈》是鲁连坤老人用东海满族的口语讲述的，富育光先生也尽可能用汉字和满文字母标注了讲述者的真实语音，板石乡神本的作者也是如此，这是十分宝贵的。按历史语言学的观点，语音的差异可以真实地反映民族的历史变迁。史诗中的满语口语也是如此。

这部史诗中记录的满语口语在语音、词汇、语法等方面都有其独具的、不同于满文书面语的特点。其中语音和词汇对民族文化交流过程的反映更为清晰。诗中的口语语音和书面满语的区别，我们可以举下面一些例子来观察（顺序为口语标音，汉义，满文书面语穆麟多夫拉丁转写）：

1. 辅音强弱交替（一般来讲，送气音强于不送气音，塞音强于擦音，清音强于浊音⑤）

---

① 鲁连坤、富育光编著：《乌布西奔妈妈》，吉林人民出版社2007年版，第150页。
② 鲁连坤、富育光编著：《乌布西奔妈妈》，吉林人民出版社2007年版，第150页。
③ 鲁连坤、富育光编著：《乌布西奔妈妈》，吉林人民出版社2007年版，第78页。
④ ［俄］瓦西里·帕尔申：《外贝加尔边区纪行》，北京第二外国语学院俄语翻译组译，商务印书馆1976年版，第65页。
⑤ 罗常培、王均：《普通语音学纲要》（修订本），商务印书馆2002年版，第94—95、185—186页。

强化：霍春、活绰，俏丽，hojo；托色（包）里，夜，dobori；德衣莫，歇息、安逸，teyeme；顿吉玛克辛，战舞，tonjin（击水赶鱼）maksin；卡洒勒库，不哀怨，gasarakū；衣其克，梳了，ijihe；普春库，彩色的，boconggo；布拉春，浪，boljon；姑勒臣①，喝勒门，蜘蛛，helmehen；非赫，牙，weihe；封齐，融化的话，weci；乌布春，乌布逊（部落名）ubušun；乌布西奔，最有本领，umesi ben；觉昆，路，jugūn；夹昆，鹰，giyahūn；扎卡，独木船，jaha；索罗阔尼亚玛，朝鲜人，solho niyalma；德里刻，东，dergi；里（黑）巴出热，蜜蜂，hibsu ejen；色陈，胸腔，cejen。

弱化：德泊离垫妹，反复地扑抱，tebeliyedembi；塔其布离、达其布离，北天星辰名，写法不清楚；扈伦，国，gurun；呼克申，朵，guksen；衣扬嘎，线力紧的，ijingga；包木得离，回家啦，boo bedere（也可理解为"家是海"boo mederi）；里（黑）巴出热，蜜蜂，hibsu ejen；色陈，胸腔，cejen；索索，coco。

2. 口腔前部的双唇、唇齿音和后部的舌根、小舌音的交替

莫勒根乌拉布苏，智慧，mergen ulhisu；梅革，脖子，meifen；哈奴浑，懒惰，banuhūn。

3. y 与 r 的交替

佛热，窝，feye。

4. l 与 n 的交替

如满文字母口语标音本将"蔫着"（layaname）写作 nayaname；尼路，是，inu。

5. 舌尖前后音的交替

沃索哈，爪，ošoho；色里，泉，šeri；苏木齐，深入，šumci；苏明额，深的，šumingge；毕牙哩色莫，刺眼着，biyarišame；颂吉勒，优雅，šunggeri；豁索，角，hošo；苏发那莫，出皱纹着，šufaname；栽力，助

---

① 按书下注解为"蜘蛛"，但满文 gurjen 为蟋蟀之义，明会同馆《女真译语》中有"促织·谷罗虫"条。

神人，jarin；则陈、泽沉，界，jecen；曹勒昆，大浪，colkon；沙里甘居，姑娘，sarganjui；珊音、沙音，好，sain；生机，血，senggi；生额，刺猬、长者、上岁数的，sengge；舍沃勒恩，思虑，seolen；波舍尔根，床，besergen。

6. 添加或脱落鼻音

能莫，流荡着，neome；达心哈，盖住了，dasiha；封齐，融化的话，weci；布冬赫，死了，budehe；又如满文字母口语标音本将"源"（sekiyen）写作 sengkiyen；珊音，好，sain；栽力，助神人、二神，jarin（此词又有麝香之意）；布勒，螺，buren；格勒，众，geren；德，高，den；沙延，白，šanyan。

7. 添加或脱落边音或颤音

佛尼勒赫，头发，funiyehe，四夷馆《女真译语》标音作"分·一里·黑"；又如满文字母口语标音本将"决胜负吧"（bolgoki）写作 bogoki；尼雅玛、尼亚玛，人，niyalma；毛尼雅，树上人，moo niyalma；色克，探子、驰驿报捷的人，serki。

8. 广义送气（舌根或小舌擦音）的脱落与添加

色色非，洒后，seshefi；喝勒门、姑勒臣，蜘蛛，helmehen；音达包色珍，狗棚车，indahūn boo sejen；勒夫曷玛克辛，熊舞，lefu maksin；托户离，铜镜，toli。

9. 鼻音与舌根或小舌音间添加不稳定的连接辅音

山塔哈、山达哈，天花，珊延衣尔哈的省称，šan（yan il）ha；南罗锦（亦称南多锦），人名，满文不知如何拼写。

10. 音节塞音收尾的脱落或与边音、颤音交替

亚克哈，豹，yarha；又如满文字母口语标音本将"蟒"（jabjan）写作 jarjan、jaljan、jabjan（此词的字母 b，在赫哲语的一些记音材料中是不发音的），将"那么"（uttu）写作 ordo、uttu。

11. 元音阴阳的交替

泊特勒渴，开广了，badaraka；班吉莫，送来着，benjime。

在《乌布西奔妈妈》史诗中对于恶神名称的记述中，前文所讲的规

律更为集中。如：

"曾吉是危宅神"——senggi（？）血；"角亢是地陷神"——giyok seme 跌得脆；"卡妞是怪鬼神"——ganio 怪；"苏栖是噎嗝神"——soksimbi 吞声哭；"都岗是瘦鬼神"——turga 瘦；"果尼是思症神"——gūnin 思；"拨其是撒癫神"——belci（hehe）痴妇；"茹薄是戏谑神"——yobo 戏谑；"哈雅是淫荡神"——hayan 淫荡；"德化是离心神"——delhembi 分别；"莫诺是瘫神"——menen 瘫；"亚顿是吼病神"——yamtun 吼病；"衣嘎是天花神"——ilha 天花；"库孙是膨闷神"——kušun 膨闷；"莫若是水痘神"——moyo 水痘；"哈它是痘毒神"——handa 痘毒；"门棍是愚傻神"——mentuhun 愚、menehun 傻子；"杨桑是唠叨神"——yangšan 小儿病、多病的、聒噪的、唠叨的；"拉齐是软瘫神"——lasihimbi 甩、悠荡；"顺郭是哭神"——songgombi 哭；"麻占是矬神"——makjan 矬子。①

上述语音变化特征中的大部分，女真语、满语其他方言中也有，但第 1 条中，一些词首辅音的强弱变化（规律有自身特点）和以元音结尾的音节其后续音节起首辅音的强化，以及第 10 条、第 11 条，看来大概是东海方言所独有的，而特征 10 在达斡尔语和朝鲜语的方言中较为常见，在鄂温克语中的读法则类似日本语的促音，满语其他的方言中有读得含糊或不发音的，但却很少见到这种将音节收尾的塞辅音与 r 或 l 相交替的现象。如：亚克哈，豹，满文为 yarha；又如满文字母口语标音本将"蟒"（jabjan）写作 jarjan、jaljan、jabjan（此词的字母 b，在赫哲语的一些记音材料中是不发音的），将"那么"（uttu）写作 ordo、uttu。可见在古代，东海窝集部由于处在朝鲜半岛和黑龙江流域的索伦诸部之间的交通要道上，它和北方通古斯诸部落以及日本海沿岸的民族都保持着较为密切的来往。应注意到，从语音规律可以看出：日本海两岸都存在着一种包含不稳定的鼻音或促音的发音习惯，即以元音（至多是鼻音）之外的音结尾的音节，其结尾是不稳定的，它常因语流的变化或方言的不同而发音、发生音变或不发音，进而达成一种音节结构的简化趋势。越是

---

① 鲁连坤、富育光编著：《乌布西奔妈妈》，吉林人民出版社 2007 年版，第 79—80 页。

靠近海洋，这样的发音习惯就越清晰，而且看来在古代滨海部落中曾存在过一种独特的文化，上述现象值得我们做进一步深入的研究。

是不是这样呢？史诗中用大量的篇幅描述了东海窝集部人同黑龙江中下游及其以东以北直至白令海沿岸民族的交流往来。那么在文学上，这些民族之间又有怎样的联系呢？让我们仅在《乌布西奔妈妈》书中粗略地找一找。该书第 16 页有这样的内容："哨啊，笛啊，琴啊，铃啊，嘹亮无比地响吧——娜耶耶，震耳无比地响吧——娜耶耶，清脆无比地响吧——娜耶耶，悠美无比地响吧，娜耶耶，娜哑，娜哑，娜耶耶，依呀，娜耶耶。"169 页又有这样的内容："风不吹，浪不涌，嘎憨都吃惊地大喊，唱起野人的海歌'乌春谣'：嘿嘿——呀呀——呦呦——呀呀——呦呦——嘿嘿——呵——哈——里——尼那耶——呵——哈——里——尼那呦——悠长豪阔的悦耳颤音，大海十里百里远都传到。"这两段诗的衬词，分别和达斡尔族、鄂温克族以及赫哲族民歌的衬词相通。

值得注意的是：关小云先生《鄂伦春族民俗中的萨满教意蕴》一文所载录鄂伦春族神歌中的衬词"特窝咧"，与《乌布西奔妈妈》中几乎每段开头都有的"德乌咧"是相通的，同样，今天流传于黑龙江满族中，描写堪察加半岛古代民族生活的史诗《恩切布库》每段也是以"德乌咧"开头。

至于这个地区民族和东北亚、东南亚更广泛地方民族文化上的联系，读者可查阅《苏联远东史》等著作。

《乌布西奔妈妈》一书第 117 页还有一句话："乌布林神坛，设在南坡上的乌尔岭峰。""乌尔"是北方通古斯语，山的意思，不知是否对应着满文的 huru 或 kuru（高阜）；富先生的两部满语口语记录稿上，还出现了"翁索-"（讲诵-，蒙古语 ongsi-意为"读"），aimak（部落，同蒙古文，与满文 aiman 同时出现在史诗中以适应修辞的需要）这样不见于满文辞典而蒙古语族语言中却存在的词，这都从一个侧面证明了古代东海人与黑龙江流域的联系。同时，满语乌布西奔长歌中情境相似但用词略有差别的两段歌词的反复咏唱，尽管不十分严格但存在着的头韵，以及对优美意境的描写与铺陈，也和蒙古、达斡尔等族的民歌具有着一些共性。

此外,《乌布西奔妈妈》还有可能与阿伊努人口承文学有相互的影响。

阿伊努人的史诗——主要讲述出身高贵的孤儿英雄向杀害父母的凶手复仇故事的"尤卡尔"里面,包含英雄波伊雅温别(Poiyaunpe)同异族人斗争的许多故事。波伊雅温别属于叫作雅温古尔的人们,是内陆或北海道的居民,而他的对手被称为雷奔古尔,即海外的人们。Mashino Chiri 认为尤卡尔是描写北海道内陆居民同穿越海洋来自亚洲大陆的入侵者之间种族战争的故事。

在东海满族的这部史诗里,乌布西奔妈妈为寻找太阳居住的圣地而进行的航海中,走得比较远的几次都是在北海道(史诗中称为"海中著名的窝尔浑岛",满语 olhon tun 即"陆地岛"之意)阿伊努向导的帮助或其经验指导下完成的,因为"乌布林人自古恋海惧海从没远离巢门"[①]。俄罗斯学者史禄国在其巨著《北方通古斯的社会组织》一书中说:"应当注意的是,无论北方,还是南方通古斯都不熟悉海洋,海洋对他们没有吸引力,他们似乎只是习惯于河流的典型大陆民族,事实上,没有一个通古斯民族集团是远东真正的海员。"但该书在这句话下面还有一个注释:"单独引用这个事实,是不能令人信服的,因为我知道,如大洋洲的某些集团发生的情况,有些滨海民族在迁移中已失去了他们曾经使用的独木舟。"[②] 应该说:东海窝集部在满—通古斯民族中是个较为特殊的部落,他们也许不是特别精通航海,但对于海洋,他们却是很熟悉的,以致被邻近的民族称为"拉门喀"或"纳门喀"[③],即海洋人家。而阿伊努人却是真正的海洋民族,他们的起源和玻利尼西亚人有关,自古就对海洋十分熟悉,经常乘船只在日本、中国、千岛群岛和堪察加等地进行贸易。[④]

---

① 鲁连坤、富育光编著:《乌布西奔妈妈》,吉林人民出版社 2007 年版,第 128 页。
② [俄] 史禄国:《北方通古斯的社会组织》,吴有刚、赵复兴、孟克译,内蒙古人民出版社 1983 年版,第 223、228 页。
③ 人类学网站,网址:http://www.renleionline.cn/。
④ 《太平洋纵横谈》,第 442 页,[美] Barbara Aoki Poisson:《日本的阿伊努人》,岳中生译,中国水利水电出版社 2005 年版,第 23 页。

从网上资料来看，阿伊努人唱述的传说有"尤卡尔"（yukara），讲述一个少年孤儿的英雄冒险历程；相对地，也有以化身成人的神为主人公的叙事诗；"kamuy yukara（神的叙事诗）"，是以动物或自然神为主人公传唱的故事。主要是动物神讲述的体验和教训，唱述者在故事的每个小段间，总是不断地插入一句"沙给嘿"。他们还有口说的故事"u e pe ke re"。因地域的不同，这种故事的叫法也不同。这些故事多是有典故的，是真实的事情，也是前人的经验教训，并非凭空编造。① 这些描述，多和《乌布西奔妈妈》的内容有相似之处，但具体情况笔者不敢妄加揣测。日本海两岸古代民族的交流并不稀少，东海窝集部居住的今俄罗斯滨海地区和阿伊努人居住的北海道更是一衣带水，据苏联学者研究，公元前第一千纪末散布到滨海边区和朝鲜半岛东北部的波尔采文化部落不仅参与了靺鞨文化的建立，也曾参与了日本列岛虾夷文化的建立。②

奥克拉德尼科夫说："日本列岛绳纹文化早期曾广泛流行桶形或截圆锥形的器物。在这上面饰有垂直篦点纹（是转动锯齿状的轮或带锯齿的贝壳刻划的）。后来，到了绳纹文化晚期，广泛流行的是以螺旋纹为基础的纹饰。这一切都是在古代古阿伊努部落和阿穆尔河流域居民之间接触的证据。不言而喻，这种情况反映了同等力量的两个文化中心的相互影响、相互作用，而决不是说明一个文化对另一个文化的压力。"③

北海道小樽市手宫洞窟内也发现了据日本学者称是"靺鞨族长墓志"的象形文字石刻。④ 这两个地区民族文学上的交流尚待有志者进一步的研究，但这种研究最好是建立在民族语言的第一手资料基础上。

最后谈谈文本中满语口语文学形式的价值。

在各地现存的满语口语中，常常存在着语法形态不完全的现象。如

---

① 踏月追风：《阿伊奴族介绍》，主要资料来源于日本阿伊努民族的官方网站。
② [苏] А. И. 克鲁沙诺夫主编：《苏联远东史》，成于众译，哈尔滨出版社1993年版，第150页。
③ [苏] А. П. 奥克拉德尼科夫：《西伯利亚的古代文化》，吉林省考古研究室1975年版，第38页。该书原名《苏联远东考古学新发现》。
④ [日] 山中顺雅：《法律家眼中的日本古代一千五百年史》，曹章祺译，中国社会科学出版社1994年版，第57页。

富裕县三家子村满语，除了少数熟悉满文的老人讲的故事外，普通群众口语里满文名词性词汇后附加的属格、宾格后置词 i（的）和 be（把）多被省略，由实义动词 ombi、bimbi 的不同形式构成的连词一般也被省略，而现在—将来时形动词词尾-ra/-re 除在否定命令式 ume……-ra/re 中出现外，多数情况下用副动词词尾-me 代替。如 bi beye gemu akdame akū.（我自个儿都不信）。有些学者认为这是濒危的满语中出现的一种混乱现象。然而，这样的情况在东海女真的史诗《乌布西奔妈妈》中也很常见。如：

wangga angga niyanggūme hono nakame akū，"咀嚼得香溢满口，永不知歇。"
  香 嘴 嚼着 还 罢休着没有

再如：

bi be（=mimbe）umlin bira dalin hada umbume，
我把（方言） 乌木林河岸峰葬着
saman fayangga giranggi umbume akū，
萨满魂骨埋葬着不

"把我放在乌布林比拉岸边岗巅，萨满灵魂骨骼不得埋葬。"

又如：

dergi mederi i šun eldengge，alin colhon orho tala daila（n）akū；
东 海 的太阳光辉的 山高峰尖 草旷野 征伐没有
dergi mederi genggiyen biya，minggan ba fajiran soksime jilgan
东 海 明 月 千 里 墙 吞声哭着声
akū bilume toktobuha.
没有抚摸着使安定了

"东海的太阳光照着，没有征杀的山岩草地；东海的明月抚慰着，没有哭泣的千里帐包。"

还有：

tese jalan be elbeme saman deheli，"她们都是盖世萨满。"
 她们世 把苦盖着萨满探花

有人会说：满语属阿尔泰语系，而按照西方语言学理论，这一语系的语言属黏着语，语法项目以"词根+词缀"的方式构成，正常的语法顺序是主宾谓，一般是必须有格助词的。笔者认为：清朝建立以前，女真人及其先世曾处在夫余、高句丽、突厥、契丹、蒙古等多个不同语系民族建立的强大政权的统治之下。即使是在金朝时期，女真人也一直是个文化上的弱势群体。在当时大多数时间里没有本民族文字的条件下，说话习惯受文化强势民族的影响乃至改造是很有可能的。如在明四夷馆《女真译语》的杂字和来文中，省略格助词和像汉语一样把宾语置于动词之后的现象很容易找到。有学者认为此乃明代四夷馆汉族官员不通女真语法，任意以女真语词汇拼凑所致。笔者认为：如果当时的女真语法真的规范到必须以"主宾谓"的顺序来说话的话，一个女真语词汇量如此丰富的汉族官员却没有这点语法常识是无法想象的。《国语》载，祭公谋父谏穆王云："夫先王之制，邦内甸服，邦外侯服，侯卫宾服，蛮夷要服，戎狄荒服；甸服者祭，宾服者享，要服者贡，荒服者王。"① 从当时划分华夷的标准可知，按照与中央王朝关系亲疏的不同，蛮夷类民族和戎狄类民族所应受的待遇也不一样。从历史记载来看，在我国古代大多数的时间里，被划归为蛮夷的女真人先世同中原王朝一般都保持着臣属或朝贡的关系，它对中央的依附程度要较戎狄等民族为大，因而受到中原文明的影响也就更深刻、更久远。我们如果深入研究满语语法，就会发现其黏着性远不如蒙古语和突厥语强，附加成分相对于词的主干独立性要大一些。从永乐四夷馆《华夷译语》来看，当时女真语中的汉语借词占相当比例，而同一时代的蒙古语中，汉语借词的数量却微乎其微。而且从来文的内容来看，当时女真人对汉族和中央政府的认同意识是很强的。由此看来，《女真译语》中类似汉语的说话习惯不像是无意中犯的错误，倒像是女真人为了让自己的语言向强势文化靠拢所做的一种变通。

到了后来满文创制时，蒙古文作为官方文字在女真上层人士中已行

---

① 《国语》卷1《周语上》，古诗文网，https：//so.gushiwen.cn/guwen/book_104.aspx。

《乌布西奔妈妈》满语文本及其文学价值

用了 150 年①，从最早的满文文献《满文老档》中，就可以看出蒙古文的影响要深刻一些。在当今满语口语已告濒危的情况下，出现了这部活生生的以满语口语的语法、词汇和语音记录的史诗稿本，真是弥足珍贵，使得我们有望解释在满语口语调查中所遇到的一系列特殊现象，同时也使得我们窥见了满语口语深厚历史文化积淀之一斑。

俗话说："不识字的老汉没错音。"所使用的口语虽然往往是无意识的，却简洁、自由，更真实地记录着一个民族所走过的风雨历程，反映着语言历史发展的自然状态。这让笔者想起了郭沫若同志对中国古文的一段论述："中国的头号古文，并不用之乎也者。殷周的青铜器铭文，可不用说，就以《尚书》中比较靠得住的几篇如《召诰》、《洛诰》、《酒诰》、《康诰》、《无逸》、《君奭》等，那里面虽然偶用之字，但乎也者实在找不出来。之乎也者之略露头角，是在春秋末年，而其大出风头则在秦汉以后。那个时期在中国的文学史上乃至文化史上，实在是一个革命的时期。能够通古音的人，他会知道之乎也者的古音和现在的口语，相差并不多远。例如也字古音读如呀，知道这个古音去读古文，有好些还是和白话文差不多，例于'天之高也，星辰之远也'，其实也就是'天的高呀，星辰的远呀'。这有之乎也者的二号古文在春秋到战国当时是很摩登的东西，先秦诸子就是这种文体的创始者。他们是使没有之乎也者的头号古文，和当时的口语接近了。晓得这一段历史，也就可以了解屈原何以是革命诗人。"② 这一论述，同样适合于满语。有清一代，满文被用来处理无数的军国大事，翻译大量的汉文著作。《乌布西奔妈妈》满语记录稿中很多地方可以明显地看出汉语的讲话习惯，更有许多译为满语的汉语成语和词组。如：

niohon mederi nimalan usin，（沧海桑田）
松绿　　海　　桑　　田

---

① 《明英宗实录》正统九年二月甲午，汉程网·国学宝典，网址：http://guoxue.ht-tpcn.com/html/book/CQUYRNPW/ILMEILAZAZ.shtml。

② 郭沫若：《革命诗人屈原》，《郭沫若全集·文学编》第 19 卷，人民文学出版社 1992 年版，第 49 页。

šun biya elden temšembi.（日月争辉）

太阳月亮光　　争

sabingga elden jerkišeme gerišefi,（祥光闪耀）

祥　　光　耀眼争光 闪烁后

nimanggi takdame beikuwen eljeme,（傲雪凌寒）

雪　　傲慢着　　冷　抗争着

jalafun saniyabure golmin ergen jalgan,（延年益寿）

寿　　使延伸　　长　生命　寿命

necin tala yabume gese.（如履平川）

平　旷野 走着　似的

gungge den jalan dasifi,（功高盖世）

功　　高　世　盖后

niyalma alin niyalma mederi,（人山人海）

人　　山　人　　　海

uju be tebeliyefi singgeri gese ukame,（抱头鼠窜）

头把　抱后　　　鼠　似的 逃着

talman burubume tugi milaraka.（雾散云开）

雾　消失无影着 云　大开了

šun elden giltaršame gabtašafi,（阳光灿烂）

太阳光　　放光着　持续射后

halhūn yase muke fuhešere fuhešefi,（热泪滚滚）

热　　泪水　　滚　滚后

abkai untuhun（天空）, efime sarašame,（嬉游）

天　空　　　　嬉戏着　游玩着

jalan be elbeme（盖世）, nokcishon kangtaršame.（激昂）

世　把苦盖着　　　　　激越　高昂着

由于这部史诗广泛地吸收了汉族文化的精华，又将满族的精神表达得恰到好处，甚至，我们还可以这样说：既有精深的汉语文底蕴，又有

114

质朴的满族精神，二者很好地结合，这样的文学才是真正的满族文学。

　　从史诗原文中还可以看出：《乌布西奔妈妈》的作者和讲述者，不但有着深厚的汉语文功底，满语文水平也并不在前者之下。史诗中大量用于细致入微地描写各种各样的场景与动作的满语词，都是一般的档案和文学作品里所见不到的高级词汇，其中有些词通常大概只有在字典里才能看到。笔者认为，《乌布西奔妈妈》完全可以作为一部优秀的教材来培养研究满族语言文化的高级人才。

　　这部史诗的价值和满族这个民族的文化底蕴及其在历史上所起的作用是相称的。《乌布西奔妈妈》是东海人口传心授的光辉典籍，是满族用自己的语言写的满族的东西，对满族语言文学的研究具有重大价值和深远意义。东海民间的学者们和富先生以自己的行动为满族语言文学的传承与研究作出了重要贡献。

（原文刊载于《民族文学研究》2009年第1期）

清代百官谥字分析

王美珏*

在传统中国社会，帝王、后妃、高级官员及在社会上具有相当影响的人物去世后，统治者会依据此人生前品行、业绩，给予其一个称谓——或是褒奖，或是怜悯，或是贬斥。此即为谥号。[①] 与谥号相关的一套给谥规定与法则，即为谥法。从西周至清代，谥法走出了一条由发生至发展、再至兴盛、终至没落的历史轨迹：初起于先秦、废兴于秦汉、变革于魏晋、兴盛于唐宋、严苛于明清。[②] 谥法的制度化运作，使得一个个符合王朝需求的谥号应运而生，并在社会上发挥着不容小觑的善恶教化功能。

满人以非汉民族身份入主中原，在承袭明代谥法的基础上形成了独具特色的清代谥法。从人数上来看，满汉官员是最大得谥群体。清代统治者明令："一品官以上应否予谥，请旨定夺"[③]，将给谥准线由明代"三品得谥"[④] 上调至一品；同治初年，"两宫优礼大臣，凡阶一品者，悉予谥"[⑤]，

---

* 王美珏（1988— ），山西长治人，北京市社会科学院满学研究所助理研究员。

① 谥号具有避讳逝者生前名讳的作用，亦被称作"易名典"或"更名典"。

② 对于谥法在不同历史时期的发展情形，学界有不同认知。吴静渊先生认为其始于对祖先原始性的崇敬，殷周时进一步发展，春秋战国时"已不是什么新出现的新事物，而是濒于死亡的旧制度"（吴静渊：《谥法探源》，《中华文史论丛》1979 年第 3 辑）。汪受宽先生则认为"先秦不过是谥法的初起时期，其真正的发展在汉晋，兴盛在唐宋，没落在明清"（汪受宽：《谥法研究》，上海古籍出版社 1995 年版，第 17 页）。本文认可汪受宽先生的观点。

③ （清）高宗敕撰：《清朝通志》卷 53《谥略六》，商务印书馆 1935 年影印本，第 7059 页。

④ （清）龙文彬：《明会要》卷 19《礼十四·谥法上》，中华书局 1956 年标点本，第 309 页。

⑤ （清）鲍康：《皇朝谥法考》卷 3，载张爱芳、贾贵荣编《历代名人谥号谥法文献辑刊》，北京图书馆出版社 2004 年影印本，第 4 册，第 51 页。

得谥官员更是大幅增加。自古以来，谥号尤其是官员谥号，绝非一二汉字的简单排列组合，而是统治者对谥主一生美丑善恶的高度浓缩，可谓字字珠玑。唐人王彦威曾慨叹："古之圣王立谥法者，所以彰善恶，垂劝诫。使一字之褒，赏逾绂冕；一言之贬，辱过朝市。此有国之典礼，陛下劝惩之大柄也。"①

数量庞大的历朝官谥，自然引起了学者的注意。汪受宽先生曾在《谥法研究》中专章探讨"百官谥法"，就历朝历代官谥的类型、字数、美丑等予以较宽泛的阐述。②对于更加具象的清代官谥，潘洪钢、王亦炜等学者先后谈及官谥类型多样、晚清官谥宽泛等内容③，推动了相关研究走向深入。但从总体上看，学界对清代官谥的关注依然较少，尚未触及官谥中最为关键的部分——谥字的界定与使用。有鉴于此，本文将着力探讨清代百官谥字问题，围绕谥法层面的"规制"与"实践"进行互动式分析，揭示清代官谥所蕴含的深刻政治、文化内涵。

一 清代谥法典制——《鸿称通用》

清以前，各王朝谥字、谥义虽有不同程度的增删，但皆以《逸周书·谥法解》④为蓝本。此书开篇即言："惟三月既生魄，周公旦、太师望相嗣王发，既赋宪受胪于牧之野，将葬，乃制作谥"⑤，故又名《周公制谥》。作为产生最早且最具影响的谥法著作，其由三部分组成："小序"（成书缘由）、"谥字解释"（谥字、谥义）与"释训"（晋以前学者所作诠释之词）。

---

① （后晋）刘昫等：《旧唐书》卷156《于頔传》，中华书局1975年标点本，第4132页。
② 汪受宽：《谥法研究》，上海古籍出版社1995年版，第120—167页。
③ 学界对清代官谥的探讨，有潘洪钢《清代谥法中的特谥、追谥和夺谥》，《中南民族大学学报》（人文社会科学版）2005年第2期；潘洪钢《论清代谥法》，《文史哲》2007年第2期；王亦炜《晚清官员谥号研究》，硕士学位论文，河北师范大学，2010年。
④ 《逸周书·谥法解》出现于先秦时期，是中国古代产生最早的谥法著作。它在后世得到广泛流传，具有非常强大的影响力。
⑤ （唐）张守节：《史记正义·谥法解》，《史记》，中华书局1959年标点本，第10册，第18页。

行至清代，统治者对《谥法解》进一步予以修改与完善，并将谥字、谥义著于册，名曰《鸿称通用》（又名《内阁鸿称册》）。其遂成为清代谥法典制。关于此书，有两处需要言明：

一是成书年代。考清代五朝会典，嘉庆朝会典最先录有《鸿称通用》，可知其至迟嘉庆年间已有定本。清中期梁章钜、吴振棫等在《浪迹丛谈》《养吉斋丛录》中先后谈及"鸿称册"，亦可印证上述说法。当然，这只是目前最保守的认知，《鸿称通用》可能早就被统治者创制、使用。①

二是汉、满谥并行。中国第一历史档案馆藏有《鸿称通用》（amba tukiyen de uheri baitalara bithe）手抄本，内容为"满汉合璧"。实际上，在皇室、宗室以及满臣赐谥中，清廷会先行确定汉谥，并命内阁官员将其译作满文，这也成为清代谥法不同于前代的鲜明特色。具体到本文所关注的官员群体，汉臣只有汉谥，满臣则是汉、满谥并行，但官方文献只录其汉谥。

本文采用光绪朝会典中所录《鸿称通用》版本。② 其有上、中、下三册：上册有列圣庙号、列圣尊谥与列后尊谥；中册有妃嫔谥、王谥；下册有群臣谥。根据文章需要，现仅将群臣谥字摘出，亦将对应满谥译出，并列表如下：

表1　　　　　　　　清代官谥汉、满谥字对照表

汉谥字	满谥字	汉谥字	满谥字	汉谥字	满谥字
忠	tondo	庄	tub	僖	olhošon
孝	hiyoošungga	端	tab	平	necin
纯	gulu	恪	gingguji	贞	jekdun

---

① 清谥取法于明谥，但《鸿称通用》中所录谥字"义""仁""敦"等并不见于明代谥法典制——《通用谥义》，实则上述谥字早于顺、康、雍时期便大量使用。据此，《鸿称通用》成书年代似可往前追溯，但仍需确切史料证实。

② （清）昆冈等：《钦定大清会典（光绪朝）》，《续修四库全书》，上海古籍出版社2002年影印本，史部，第794册，第36—39页。

续表

汉谥字	满谥字	汉谥字	满谥字	汉谥字	满谥字
诚	unenggi	钦	kobton	确	kionggun
文	Šu	穆	cibsonggo	质	gungmin
献	fengkin	厚	jiramin	洁	gingge
成	Šanggan	安	elhe	思	gūnigan
宪	temgetulehe	泰	hafun	慎	olhoba
宣	gehungge	敦	jirun	密	kimcikū
昭	genggitungga	裕	elgiyen	定	tokton
明	genggiyen	良	nomhon	直	sijirhūn
哲	sultungga	康	nelhe	义	jurgangga
度	funiyangga	惠	fulehun	勤	kicebe
武	horonggo	和	hūwaliyasun	襄	faŠŠangga
烈	lingge	顺	ijishūn	景	ambalinggū
勇	baturu	温	nemgiyen	敏	ulhisu
壮	mangga	正	tob	理	giyangga
刚	mangga	肃	fafungga	通	hafuka
果	kengse	简	kemungge	达	Šuwefun
威	horon	靖	necihiyen	荣	dengge
恒	tomohonggo	清	bolgo	隐	Šomishūn
毅	kiyangkiyan	介	hican	愍	gosicungga
恭	gungnecuke	节	jalangga	懿	fujurungga
敬	ginggun	悫	hingsengge		

上述七十一个谥字，谥义各有不同，即使同一谥字也存在多种理解，如"忠"谥既有"肫诚翊赞"之意，又有"危身奉上"之意；"恭"谥有"敬慎事上""爱民弟长""执事坚固""尊贤敬让""既过能改"等意。清政府会统筹谥字、谥义与谥主生平，力求达到"闻谥知行"的目的。

值得注意的是，清代官员虽有文武之分与满汉之别，但统治者并不会按其职守以及出身来挑选谥字,而是另有两道标尺——先行考虑其是否首字谥"文",再行考虑其事功大小。这与明代官谥在文、武方面指向明显可谓是大有不同。① 对于清代官谥这种给谥特点,以及在具体赐谥中倾向于将某些谥字与某类人群(如帝师、大学士、武功卓著者等)结合,乃至于发展成为约定俗成的常例,都值得进行全面而系统的讨论。

二 首字谥"文"

清以前,"文"谥②从出现到盛行有一个漫长的过程——初时其仅为众多美谥之一,多予谥文治天下、博闻多见之人;唐宋以后文人地位被刻意抬升,"文"谥也一跃成为官员尤其是文官所看重的一等美谥。时至明朝,"文"谥又开始在官员内部有了第一次较为明确的身份界定。

> 洪武初,罢丞相不设,用翰林史官备顾问,或为殿阁学士。岁久,积资浸登三孤八座,一切章奏出其拟旨,于是阁臣权若真相。而"相"非翰林不得入,"文"非翰院不得谥矣。③

翰林出身者异军突起,直接促使明代"文"谥出现"予官不予人"的新现象。④ 对此,时人议论颇多,如"文臣之谥'文',其所取义甚广,非仅仅词章之谓也,奈何以官私之"⑤。

---

① 明朝文、武职守泾渭分明,而清朝文、武职守较为模糊,如归于文官一类的地方督抚往往兼有守卫城池职能,军兴之际亦多文臣挂帅出征。受此影响,清代官谥在文、武指向方面也就不甚清晰。
② 即指谥号中带有"文"字。"文"谥常见有两种情形:一是单谥"文";二是二字谥中首字谥"文"。清代官谥皆为二字谥。
③ (明)张孚敬:《太师张文忠公集·序》,《四库全书存目丛书》,齐鲁书社1997年影印本,集部,第77册,第7页。
④ 此间尚有翰林出身不谥"文"与非翰林出身而谥"文"的例证,如正统年间翰林侍讲刘球,谥作"忠愍",并非谥"文";正德年间南京户部尚书王鸿儒,非翰林出身,却被谥作"文庄"等。但上述都无法扭转明代翰林官员谥"文"的大趋势。
⑤ (明)鲍应鳌:《明臣谥考·序》,《景印文渊阁四库全书》,台湾商务印书馆2008年影印本,史部,第651册,第418页。

为翰林官员赐"文"谥,被清王朝完全承袭下来。只是,清统治者在此基础上又添一类人员,即官至大学士者,亦可谥"文"。《清史稿》载:"大学士及翰林授职者,始得谥'文'。"① 据此,清代官员只要满足其一,不论其出身满、汉,日后职任文、武,其谥号首字即固定为"文"。因清代官谥为二字谥,余一字便由内阁学士依其生平暂拟四字,交付清帝最终裁定。纵观清代一千二百余例臣谥,首字谥"文"者几占1/3,不可谓不多矣。

在清代"文"谥中,又以"文正""文忠""文襄""文端""文肃""文恭"六谥为尊。而"文正"一谥,又属最尚。其中,"正"取"守道不移""心无偏曲"之意。司马光曾言:"文正是谥之极美,无以复加。"② 清代阁臣在恭拟官员谥字时,"唯'文正'则不敢拟,出自特恩"③。有清一代,官员得"文正"者,仅有八例:康熙朝汤斌,乾隆朝刘统勋,嘉庆朝朱珪,道光朝曹振镛,咸丰朝杜受田,同治朝曾国藩,光绪朝李鸿藻,宣统朝孙家鼐。

汤斌(1627—1687),字孔伯,清初理学大师,是汉人入仕清廷的先行者。康熙二十六年(1687)卒,乾隆元年(1736)追谥"文正",乃清代首例谥"文正"者。

朱珪(1731—1807),字石君,仕宦乾嘉两朝,曾为嘉庆帝师。嘉庆十一年十二月卒,嘉庆帝降旨曰:

> 朱珪立朝五十余年……犹忆伊官翰林时,皇考特简为朕师傅……启沃良多。揆诸谥法,实足以当正字而无愧。无庸俟内阁拟请,著即赐谥文正。④

---

① 赵尔巽等:《清史稿》卷93《礼志十二》,中华书局1977年标点本,第2720页。
② (宋)司马光:《司马光奏议》卷1《论夏令公谥状》(皇祐四年七月十三日),山西人民出版社1986年标点本,第7页。
③ 赵尔巽等:《清史稿》卷93《礼志十二》,中华书局1977年标点本,第2721页。
④ 《清仁宗实录》卷172,嘉庆十一年十二月己卯条,中华书局1986年影印本,第3册,第242页。

此后，诸帝相沿成习，多将"文正"赐予"帝师"，其后曹振镛、杜受田、李鸿藻、孙家鼐等皆是如此。

曾国藩（1811—1872），字伯涵，晚清中兴四大名臣之首。其创立湘军，是与太平军作战的中流砥柱，清帝视为"股肱心膂之臣"，并赞其"学问纯粹，器识宏深，秉性忠诚，持躬清正"。① 曾国藩谥"文正"，当之无愧。

在"文"谥中，仅次于"文正"者，即"文忠"。所谓"忠"，取"肫诚翊赞""危身奉上"之意。在中国古代礼法中，忠君与孝亲是并行不悖的至德之举。而清代谥"文忠"者，仅有十一例：康熙朝索尼，乾隆朝傅恒，咸丰朝林则徐、周天爵，同治朝胡林翼、沈兆霖、骆秉章，光绪朝承顺、文祥、李鸿章、荣禄。以李鸿章为例，其以翰林出身，因创立淮军显名。不仅有着"戡平发捻"的赫赫军功，且"办理交涉"，"辑和中外"②，被慈禧太后与光绪皇帝视作"柱石重臣"③。即以"忠君"论之，恐无人能出其右。

至于"文襄"，亦属重者。所谓"襄"，取"辟地有德""甲胄有劳""因事有功"之意。顾名思义，"文襄"以军功为衡量。即如《清史稿》所言："唯武功未成者，不得拟用'襄'字。"④ 清代享此殊荣者计有十四例：康熙朝洪承畴、图海、靳辅、李之芳、华显，乾隆朝黄廷桂、兆惠、舒赫德，嘉庆朝福康安、勒保，道光朝明亮、长龄，光绪朝左宗棠，宣统朝张之洞。以左宗棠为例，在海防与塞防的论辩中，坚决主张加强西北塞防。此后，率军入陕甘，"剿平发逆及回捻各匪，懋建勋劳"。未几，大军直入新疆，收复伊犁，"肃清边圉，底定回疆"，居功至伟。⑤

此外，"文端""文肃""文恭"亦是美谥。所谓"端"，取"守礼

---

① 《清穆宗实录》卷328，同治十一年二月丙寅条，第7册，第347页。
② 《清德宗实录》卷487，光绪二十七年九月己丑条，第7册，第445页。
③ 《清德宗实录》卷488，光绪二十七年十月乙未条，第7册，第450页。
④ 赵尔巽等：《清史稿》卷93《礼志十二》，中华书局1977年标点本，第2721页。
⑤ 《清德宗实录》卷214，光绪十一年八月乙酉条，第3册，第1008—1009页。

执义"之意,多为信守礼教的儒家学者所得,计有四十一例。如:顺治朝高尔俨、乾隆朝鄂尔泰、同治朝祁寯藻等。所谓"肃",取"执心决断""身正人服"之意,多为刚正不阿之人所得,计有十二例。如:康熙朝范文程、乾隆朝英廉、光绪朝沈葆桢等。所谓"恭",取"敬慎事上""爱民弟长""执事坚固""尊贤敬让""既过能改"诸意,多为事上以恭的臣子所得,计有二十四例。如:雍正朝王顼龄、乾隆朝嵇璜、咸丰朝李星沅等。

清代官谥中,"文恪""文贞""文简""文定""文敏""文节""文穆""文和""文靖""文勤"等都十分常见,此不赘言。当然,清代也存在部分翰林、大学士不谥"文"、非翰林与大学士而谥"文"的特例,只是比重极小。如雍正朝何世璂,康熙四十八年(1709)中进士,寻授翰林院庶吉士,雍正七年(1729)去世后获谥"端简";咸丰朝周天爵,既非翰林,亦非大学士,咸丰三年(1853)去世后获谥"文忠"。

三 考行定谥

《谥法解》言:"谥者,行之迹也。……是以大行受大名,细行受细名。"[①] 可见,官员行迹是统治者决定给谥与否以及给谥善恶的最高标尺。具体到清朝,康熙帝多次言及"官箴"——清、慎、勤,并以此训诫官员。[②] 清廷在赐谥百官时,也多以此三类为参照。此外,阵亡、殉节一类官员十分特殊,尤受统治者怜悯与推崇。故而,清代考行定谥应从上述四个方面展开。

(一) 清廉类

清代,凡在清廉方面较为突出的官员,势必受到帝王大肆褒赞。然

---

① (唐)张守节:《史记正义·谥法解》,《史记》,第10册,第18页。
② "王士禛《古夫于亭杂录》:'上尝御书清、慎、勤三大字,刻石赐内外诸臣。案此三字,吕本中《官箴》中语也。'是数百年后尚蒙圣天子采择其说,训示百官,则所言中理可知也。"(清)永瑢、纪昀撰:《钦定四库全书总目》,《景印文渊阁四库全书》,史部,第661—662册。

囿于谥法规定，并非所有清官都可获谥，如康熙朝施世纶，有"施青天"之美誉，但因官不及谥，故未有谥字。现仅择数例，以观清官谥字使用。

于成龙，字北溟，历知县、知府、巡抚等职。其平生"秉刚正之性，苦节自厉，始终不渝"。康熙二十三年（1684）卒于任，清帝予谥"清端"，并赞其为"天下廉吏第一"①。

徐宗干，字树人，历知县、按察使、巡抚等职。同治五年（1866）卒，时任闽浙总督左宗棠上奏："宗干循良著闻，居官廉惠得民，所至有声"②，清朝遂予优恤，赐谥"清惠"。

上述仅是得谥清官中的翘楚，尚有福建巡抚陈瑸（谥"清端"）、盛京将军都兴阿（谥"清悫"）等人。大体来看，以清正廉洁著称的官员，谥号中通常有"清"字。考《鸿称通用》，"清"有"洁己奉法"之意，可谓以"清"谥独予"清官"矣。清代计有三十余例首字谥"清"者，概为清廉突出之人。此外，"端""恪""惠""献""悫"等谥字同样适用于该类官员，并多为第二谥字，与"清"谥相配出现。

（二）谨慎类

受儒家影响，世人颇为看重慎言、慎行、慎独、慎微。清代对"慎"之重视，在谥法层面也多有体现。首先，与此相关的谥字较多，现将《鸿称通用》中有关谥字及谥义列出：

敬慎事上曰恭；

夙夜儆戒曰敬，小心恭事曰敬；

履正志和曰庄；

守礼执义曰端；

敬其官次曰恪，温恭朝夕曰恪；

---

① 赵尔巽等：《清史稿》卷277《于成龙传》，中华书局1977年标点本，第10087页。
② 赵尔巽等：《清史稿》卷426《徐宗干传》，中华书局1977年标点本，第12249页。

守道不移曰正，心无偏曲曰正；

身正人服曰肃；

平易不訾曰简；

小心畏忌曰僖，恭慎无过曰僖；

治而无眚曰平；

夙夜敬畏曰慎，小心克勤曰慎；

纯行不爽曰定。

上述谥字主要是从奉上、克己两方面展开，即奉上需恭慎、克己当谨慎。其中，"恭""敬""端""恪""僖""慎"六字使用频率最高，而"庄""正""肃""简""平""定"等字次之。清代，"慎"谥人数众多，此处仅择两例，予以说明：

遏必隆，钮祜禄氏，满洲镶黄旗人。顺治十八年（1661），受命担任辅政大臣。其间，鳌拜乱政，"遏必隆知其恶，缄默不加阻，亦不劾奏"①，康熙帝怒夺其爵，后复之。十三年（1674），遏必隆卒，康熙帝赐谥"恪僖"。

许庚身，字星叔。同、光时期，其出任军机大臣、部院尚书等职。光绪十九年（1893）病逝，清帝以其"忠勤恪慎，练达老成"，赐谥"恭慎"②。

尤须一提的是，清代没有恶谥，如遏必隆一般在谨言慎行方面走极端者，以"恪慎"为谥，不免暗含一丝贬义。

（三）勤勉类

此类官谥中，以使用"勤"字最为明显。据《鸿称通用》，"勤"谥有"能修其官""宣劳中外""夙夜匪懈"之意。考诸史料，清代共有百余例"勤"谥官员，现择数例，稍示分析：

---

① 赵尔巽等：《清史稿》卷249《遏必隆传》，中华书局1977年标点本，第9680页。
② 《清德宗实录》卷331，光绪十九年十二月庚戌条，第5册，第242—243页。

岳钟琪,字东美。历康、雍、乾三朝,在平定西藏、招抚青海、平定大小金川等役中立有大功。终清世,"汉大臣拜大将军,满洲士卒隶麾下受节制,钟琪一人而已",乾隆帝称其为"三朝武臣巨擘"①。乾隆十九年(1754)卒,获谥"襄勤"。

陈鹏年,字沧洲。其任河道总督时,"止宿河堧,寝食俱废",实心为国,治河有方。雍正元年(1723)卒于任,清帝称其"真鞠躬尽瘁、死而后已之臣",赐谥"恪勤"②。

一般而言,"勤"谥多予尚书、侍郎、督抚等官,是对其勤勉办事、辛劳付出的认可。而清代河道总督、漕运总督凡有谥号,亦多带"勤"字,如黎世序谥"襄勤"、栗毓美谥"恭勤"等。

除却"勤"字,"钦""泰""康""惠""顺""靖"等谥字,亦可归为"勤"类。其义如下:

寅恭奉职曰钦;
临政无慢曰泰;
安民抚民曰康;
兴利裕民曰惠;
慈仁体民曰顺;
柔德安众曰靖。

以上谥字,重在体现官员爱民、体民、抚民与安民。因勤政、爱民本为一体,故上述谥字同样适用于勤勉类官员。只是,"钦""泰""康""顺"在官谥中较少使用,而"惠""靖"则十分常见。

(四)阵亡、殉节类

每逢内忧外患之际,清代臣僚中多有阵亡、殉节之士。对于他们的

---

① 赵尔巽等:《清史稿》卷296《岳钟琪传》,中华书局1977年标点本,第10377页。
② 赵尔巽等:《清史稿》卷277《陈鹏年传》,中华书局1977年标点本,第10095页。

"杀身成仁"之举，清官方多予以正面肯定与褒奖。

1. 阵亡

有清一代，大小军事活动频繁，因阵亡而赐谥的记载充盈史册，其中同治朝尤多。《鸿称通用》中，此类谥字及谥义有：

> 武而不遂曰壮，胜敌克乱曰壮，履征杀伐曰壮，死于原野曰壮；
> 有功安民曰烈；
> 致果杀敌曰毅，强而能断曰毅；
> 肫诚翊赞曰忠，危身奉上曰忠；
> 胜敌壮志曰勇，见义必为曰勇；
> 刚强直理曰武，辟土斥境曰武，折冲御侮曰武，刚强以顺曰武；
> 强义果敢曰刚，追补前过曰刚，威武不屈曰刚。

在阵亡类谥字中，最为频繁使用的是"壮"。其中，"忠壮"一谥实乃高频词。如刘松山，同治九年（1870）率军进攻马五寨，"策马督攻甚急。忽寨中飞子洞中左胁，受伤甚重，即时阵亡。"清廷特颁恩旨："刘松山著照提督阵亡例从优议恤，加恩予谥。"未几，谥曰"忠壮"①。

此外，"勇烈""刚毅"等官谥，亦是阵亡类美谥。同治年间得谥"勇烈"者，有浙江总兵官熊建益，湖北总兵官张树珊，河南提督陈振邦等。同治年间得谥"刚毅"者，有河南总兵官巴扬阿，江西游击毕金科，福建道员徐晓峰等。

2. 殉节

国破家亡之时，每多殉节之人。他们因不愿苟且偷生，遂以自杀的决绝方式表明忠君气节，故朝廷亦以美谥相赐。

清前期，出于政治考量，顺治帝、乾隆帝曾对明季殉节诸臣进行追谥。如乾隆四十一年（1776），为明季殉节的一千七百余人赐谥②，并将

---

① 《清穆宗实录》卷276，同治九年二月辛丑条，第6册，第826页。
② 乾隆帝将此一盛举载于史册，名曰《胜朝殉节诸臣录》。

谥典定为"专谥"与"通谥"两类："其生平大节卓然，又艰贞自靖者，宜特予褒崇，按名定谥"；"其平时无甚表见，而慷慨致命，则汇入通谥之例"。① 其中，绝大多数赐谥"忠烈""忠节"与"节愍""烈愍"。可以说，"忠""烈""节""愍"四字，代表着清王朝对"殉节"义举的基本态度：

> 肫诚翊赞曰忠，危身奉上曰忠；
>
> 有功安民曰烈；
>
> 好廉自克曰节，谨行制度曰节，艰危莫夺曰节；
>
> 使民悲伤曰愍。

咸、同以后，殉节之臣更是前仆后继。即以庚子国变为例，未随扈"西狩"的臣僚，竟有不少以身殉节：户部尚书崇绮，殉节于保定莲池书院，谥曰"文节"②；将军延茂，"自焚尽节"，谥曰"忠恪"；国子监祭酒熙元，"仰药殉难"，谥曰"文贞"③；等等。

考《鸿称通用》："清白守节曰贞，不隐无曲曰贞；不污不义曰洁。"所谓"清白守节"，"不污不义"，用于上述殉节诸人，可谓至为允当。

以选取谥字、谥义为核心的清代官谥蕴含着极为深刻的政治、文化内涵。从政治上讲，清代官谥是对封建统治的有力维护，是对皇权政治的有力维护，"是几千年来传统政治思维的凝聚"④。其中，清统治者上调官谥给谥资格，特别是强化对官员谥"文"的身份界定以及《鸿称通用》中群臣谥字排序等，都体现出清代官谥具备"别尊卑"的深层含义。这也是为了将清代谥主生前的身份等级，借助谥法进一步延续至身后。儒家大肆宣扬的"事死如事生"观念在其间发挥了重大作用。进而言之，清帝在此间所表现出的淋漓尽致的专权色彩，如操控给谥权、裁

---

① 《清高宗实录》卷1002，乾隆四十一年二月庚戌条，第13册，第417页。
② 《清德宗实录》卷468，光绪二十六年八月壬午条，第7册，第144—145页。
③ 《清德宗实录》卷473，光绪二十六年九月壬辰条，第7册，第225页。
④ 刘泽华、侯东阳：《论帝王尊号的政治文化意义》，《学术月刊》1993年第11期。

定谥字等,无疑是清代皇权政治在谥法层面的集中映射。

从文化上讲,清代官谥具有"惩恶劝善"之功效。它在对死者进行褒贬定性的同时,亦是对生者的一种来自封建礼法的全面洗礼。宋人程颐曾剖析道:"古人君子之相其君,而能致天下于大治者,无他术,善恶明而劝惩之道至焉尔。劝得其道,而天下乐为善;惩得其道,而天下惧为恶,二者为政之大权也。然行之必始于朝廷,而至要莫先于谥法。"① 清代虽然取消恶谥②,但通过对谥字、谥义的巧妙选取,亦可达到突出并宣扬某种行迹,从而引导社会风尚的目的。③ 如清统治者将"襄"谥赋予武功大成者,将"壮""烈""忠"等谥赋予阵亡殉节者等,即是此番用意。当一个个独立的清代官员谥号在历史长河中慢慢地汇聚,我们就会清晰地发现:清政府始终在借助官谥倡导并传递这样一种政治理念——官员、百姓应当忠君爱国、廉洁奉公、勤勉有为,等等,而这恰是清帝治官临民的本初思想。

[原文刊载于《内蒙古大学学报》(哲学社会科学版)2018年第4期]

---

① (明)胡广等纂修:《性理大全》卷67《治道二》,《景印文渊阁四库全书》,史部,第711册,第455页。

② 此规沿袭自明代谥法。明仁宗在为内通政使贺银赐谥时,指出:给予贺银恶谥,极易引起众人非议,还不如不给谥。此后,明官方摒弃恶谥。受此影响,清代亦无一例恶谥。其实,明人对于取消恶谥举措,颇有微词。如张志淳痛呼:"今专美而无恶,岂人皆善,而恶谥无所于加?抑亦恶不复despite,而谥者专以掠美也?"参见(清)龙文彬《明会要》卷20《礼十五·杂录》,中华书局1956年标点本,第338页。

③ 清统治者还会通过禁谥(不予谥)、夺谥(取消官员谥号)等方式,来表达对官员行迹的否定与抨击,同样会在官场及社会上产生警示作用。

满洲赫舍里氏"巴克什"家族与清初政治文化

常越男[*]

满洲"八著姓"为瓜尔佳（gūwalgiya hala）、钮祜禄（niohuru hala）、舒穆禄（sumuru hala）、赫舍里（heseri hala）、他塔喇（tatara hala）、觉罗（gioro hala）、佟佳（tunggiya hala）、纳喇（nara hala）八个姓氏。他们是后金社会一个颇具影响的特殊群体，成为满洲新贵、辽左望族，在清初军事、政治、文化等方面发挥了重要的作用。其中瓜尔佳氏等七姓多以军功显赫著称，而都英额地方赫舍里氏独以对后金、清初的文化建设作出卓越贡献闻名。

一 赫舍里氏的"巴克什"家族

关于赫舍里氏的来源，有以地为姓、金元旧姓两种说法。《八旗满洲氏族通谱》（以下简称《通谱》）记载："赫舍里，原系河名，因以为姓。"[①] 在这里，赫舍里氏被认为是以地（河流名）为姓。乾隆时期，改译辽金元三史译名，成《辽金元三史国语解》。《钦定金史语解》卷七记载："赫舍哩，卷二作'纥石烈'，卷一百十九作'克石烈'，并从八旗

---

[*] 常越男（1979— ），山东荣成人，北京市社会科学院满学研究所研究员，历任满学研究所副所长（2010—2018）、所长（2018年至今）。

① （清）弘昼、鄂尔泰等：《八旗满洲氏族通谱》卷9《赫舍里氏》，辽沈书社1989年影印本，第146页下栏。

姓氏通谱改正。"①《钦定元史语解》卷3记载:"赫舍哩,卷一作'纥石烈',卷一百二十二作'乞石烈',今并从八旗姓氏通谱改正。"② 由此可知,金代有姓"纥石烈"或"克石烈",而元代有部落"纥石烈"或"乞石烈"。清代满洲赫舍里氏与金代旧姓"纥石烈"极有渊源,且与元代的纥石烈部有关联。《清朝通志》记载:"赫舍哩,本金部名,见金史,以部为氏。"③

满洲赫舍里氏,"散处于都英额、和多穆哈连、斋谷、哈达、叶赫、辉发及各地方"④。其中,都英额地方(今辽宁省抚顺市境)、和多穆哈连地方(今地待考)、斋谷地方(今地待考)、哈达地方(今辽宁省开原市境)、叶赫地方(今吉林省梨树县境)、辉发地方(今吉林省辉南县境)六处是赫舍里氏的主要分布区域。此外,赫舍里氏还散布于黑龙江穆理哈村、乌喇(今吉林省永吉县境)等52处地方,"凡五十八派"⑤,以都英额地方的赫舍里氏最为显要。《通谱》记载的传主("应立传"之人)有三人,分别是硕色巴克什、希福巴克什、额尔德尼巴克什,此三人皆国初来归(努尔哈赤建立政权前后),隶满洲正黄旗。

赫舍里氏作为满洲大姓,有清一代,涌现出一些重要的家族、人物。诸如,后金、清初时期的硕色、希福、额尔德尼,康熙时期的索尼、索额图等,皆对清朝政治文化产生过重要影响,成为清初著名的"巴克什"家族。

(一) 希福家族

关于希福家族的族源,《通谱》中有详细的记载。该家族先祖穆瑚禄,人称穆瑚禄都督,世居都英额地方。穆瑚禄都督有八子,"长曰瑚

---

① 《钦定金史语解》卷7《姓氏》,《四库全书》本。
② 《钦定元史语解》卷3《部族》,《四库全书》本。
③ 《清朝通志》卷2《氏族略二》,浙江古籍出版社2000年影印本,第6764页。
④ (清)弘昼、鄂尔泰等:《八旗满洲氏族通谱》卷9《赫舍里氏》,辽沈书社1989年影印本,第146页下栏。
⑤ (清)纪昀等:《钦定八旗通志》卷55《氏族志二·八旗满洲谱系一》,吉林文史出版社2002年标点本,第2册,第1031页。

新布禄,次曰丹楚,三曰达柱,四曰岱音布禄,五曰阿音布禄,六曰拖灵阿,七曰特赫讷,八曰噶尔柱费扬古"①。穆瑚禄的第七子特赫讷,生子瑚什穆巴颜(为第三子)。瑚什穆巴颜又生二子,为硕色、希福。以穆瑚禄都督为该家族第一世,繁衍至希福兄弟,为该家族第四世。因始祖穆瑚禄都督有八子,《通谱》中,分成不同支系记载该家族的后人,涉及穆瑚禄都督的长子、次子、第五子、第六子、第七子、第八子,他们分布于都英额、和多穆哈连两处地方,其中尤以第七子特赫讷支最为显著,希福即为特赫讷之孙。

七房特赫讷支,以四世希福、硕色、五世索尼、帅颜保、六世索额图最为有名。

第四世:以希福、硕色为代表人物。

希福,赫舍里氏,世居都英额,此后迁往哈达。建州女真征服哈达部之后,希福随其兄硕色率所部来归。希福精通满、汉、蒙古文字,得到努尔哈赤的信任,"文字之任,一以委之"②。因为语言优势,希福曾多次出使蒙古诸部,并被赐号"巴克什"(baksi,满文,儒者,先生)。

天聪二年(1628),太宗征察哈尔,派希福前往科尔沁征兵,希福经过两次的努力,终于征得科尔沁兵。天聪年间,他还参与伐明、攻大凌河等战役。崇德年间,他先后担任内国史院承政、内弘文院大学士。希福"以文学事上"③,参与中央机务,此外,他经常出使察哈尔、喀尔喀、科尔沁诸部,在当地编制户口,颁行法律等,推动清朝对蒙古地区的统治。顺治年间,希福因与多尔衮党谭泰有过节,被处分。世祖亲政后,仍任内弘文院大学士,并授议政大臣。希福主持翻译辽、金、元三史,并担任《太宗实录》总裁官。顺治九年(1652),卒,赠太保,谥文简。

硕色,为希福之兄,国初与其弟一起来归,因"兼通满汉及蒙古

---

① (清)弘昼、鄂尔泰等:《八旗满洲氏族通谱》卷9《赫舍里氏》,辽沈书社1989年影印本,第146页下栏。
② 《清史列传》卷4《希福传》,中华书局1987年标点本,第1册,第189页。
③ 《清史稿》卷232《希福传》,中华书局1977年标点本,第31册,第9348页。

文字"①，被努尔哈赤赐名"巴克什"，命在文馆行走。

第五世：以索尼、帅颜保等为代表人物，他们属希福的子侄辈。

索尼，硕色之子，希福之侄，国初随其父、叔来归，被授为一等侍卫。索尼"少承家学，兼通满、汉、蒙古文，在文馆办事"②，亦赐号"巴克什"。天命年间，曾随征界藩、栋夔。天聪年间，曾攻锦州、赴宁远，并说服科尔沁部出兵。天聪三年（1629），他随贝勒豪格入关，与明军作战，"跃马驰入，斩杀甚众，拔豪格破围出"③。此后，从围大凌河，从征察哈尔、大同等处。圣祖即位，索尼与苏克萨哈、遏必隆、鳌拜被任命为辅政大臣，辅佐幼主。四辅政时期，鳌拜专权，索尼虽不附鳌拜，但因年老多病而无法与之抗衡。康熙六年（1667）四月，圣祖指示吏部："辅政大臣伯索尼、在太祖高皇帝时，授为内秘书院，黾勉效力。在太宗文皇帝时，任以内外大事，悉能果断殚厥忠诚。及太宗文皇帝宾天时，重念皇祖恩遇，坚持忠贞之心，不惜性命，克勤皇家。在世祖章皇帝时，亦任以内外大事，竭尽纯笃。世祖章皇帝宾天时，以其勋旧大臣，夙秉忠贞，堪受重托，遗诏俾令辅政，恪遵顾命，毕殚忠忱，夙夜靖共，厥职茂焉。"④ 晋索尼为一等公。六月，索尼卒，谥文忠。

帅颜保，为希福次子。康熙初年，因其父希福的功劳，超授为内国史院学士，此后历任吏部侍郎、漕运总督、工部尚书、礼部尚书等。帅颜保在漕运总督任内，屡有建疏，反映民间疾苦，弹劾不良官吏。三藩之乱发生后，帅颜保先后率师出兵江西、湖南等地，镇守南昌。康熙十八年（1679）三月，"招降吴三桂部将五十余、兵万余"⑤。

此外，据《通谱》记载，希福还有二子，分别是长子奇他特（奇塔

---

① （清）弘昼、鄂尔泰等：《八旗满洲氏族通谱》卷9《赫舍里氏》，辽沈书社1989年影印本，第146页下栏。
② （清）鄂尔泰等修：《八旗通志》卷147《索尼传》，东北师范大学出版社1985年标点本，第6册，第378页。
③ 《清史稿》卷249《索尼传》，中华书局1977年标点本，第32册，第9672页。
④ 《清圣祖实录》卷21，康熙六年四月癸酉条，中华书局1986年影印本，第1册，第301页。
⑤ 《清史稿》卷232《希福传附子帅颜保传》，中华书局1977年标点本，第31册，第9349页。

特)、第三子威赫。其中奇他特袭希福之职，威赫曾任二等侍卫。

第六世：以索额图为代表人物，为希福的孙辈、侄孙辈。其中，尤以希福的侄孙辈事迹较为突出。

索额图，为索尼第三子[①]、硕色之孙、希福之侄孙。康熙年间，鳌拜专权。索额图协助圣祖擒鳌拜有功，受到重用。他历任国史院大学士、保和殿大学士、领侍卫内大臣等，还曾列议政大臣，担任《世祖章皇帝实录》、重修《太宗文皇帝实录》的总裁官。索额图权势日盛，与明珠两人"同柄朝政，互植私党，贪侈倾朝右"[②]，造成不良的政治影响。康熙二十八年（1689），索额图作为清朝与沙俄谈判的代表，与沙俄签订了《中俄尼布楚条约》，清朝在领土上做了让步。此后，他参加了清军攻打噶尔丹的战役。康熙四十年（1701）九月，以老乞休。后因趋奉太子允礽，暗结党羽，协助其潜谋大事，怂恿太子服御俱用黄色，被圣祖发觉。康熙四十二年（1703），交宗人府拘禁，后死于禁所，被冠以"本朝第一罪人"。

此外，索尼诸子中，以长子、五子、六子较为有名。噶布拉（噶布喇），为索尼长子、硕色之孙，官至领侍卫内大臣。其女为圣祖的孝诚仁皇后，生皇二子允礽。另一女为圣祖的平妃。康熙十三年（1674），噶布拉被封为一等公，世袭罔替。心裕，为索尼第五子，袭一等伯，曾任领侍卫内大臣。希福的直系孙辈中，赫奕曾任工部尚书、内务府总管；佛保曾任郎中。

第七世及以后：希福家族七世以后，即希福曾孙辈之后，鲜有显著人物。希福曾孙嵩寿，为雍正元年（1723）进士。[③] 雍、乾时期，历任

[①] 《清史稿》中，有关索额图，有两处不同的记载。《索尼传》中提道："（索尼）第三子索额图，自有传。"见《清史稿》卷249《索尼传》，第31册，第9676页。而《索额图传》中提道："索额图，赫舍里氏，满洲正黄旗人，索尼第二子。"见《清史稿》卷269《索额图传》，第33册，9989页。以上两处记载中，一说索额图为索尼第二子，一说索额图为索尼第三子。而《清史列传》卷8《索额图传》中提到，索额图为"内大臣一等公索尼第三子"。此处，取《清史列传》之说。

[②] 《清史稿》卷269《索额图传》，中华书局1977年标点本，第33册，第9990页。

[③] 《清史稿》卷232《希福传附曾孙嵩寿传》，中华书局1977年标点本，第31册，第9349页。

编修、侍读、内阁学士、礼部侍郎等，曾参与册封安南国王黎维祎、颁诏朝鲜等事件。此外，希福曾孙图南曾任郎中，慧中任给事中，肇敏任翰林院侍讲。

据《通谱》统计，希福一族中，担任三品以上大员的有18人，分别是：硕色之子索尼（内大臣，从一品）；硕色孙噶布喇（领侍卫内大臣，正一品）、索额图（领侍卫内大臣，正一品）、心裕（领侍卫内大臣，正一品）、科尔坤（头等侍卫，正三品）；硕色曾孙常泰（领侍卫内大臣，正一品）、法尔萨（散秩大臣，从二品）、灵德（散秩大臣，从二品）、葛尔芬（詹事府詹事，正三品）、硕色元孙哲尔肯（头等侍卫，正三品）、察代（参领，正二品）；希福（内弘文院大学士，正一品）；希福次子帅颜保（礼部尚书，从一品）；希福孙赫弈（工部尚书，从一品）；希福曾孙嵩寿（任大理寺卿，正三品）；额尔德尼（副将，从二品）；额尔德尼之子萨哈连（冠军使、正三品）；额尔德尼孙萨哈达（头等侍卫，正三品）。其中，一品大员有8人，分别是硕色之子索尼、硕色之孙噶布喇、索额图、心裕、硕色曾孙常泰、希福巴克什、希福次子帅颜保、希福之孙赫弈，职位包括领侍卫内大臣、内弘文院大学士、尚书等。可见，该支系在清前期的政治生活中发挥了较为重要的作用。

（二）额尔德尼家族

额尔德尼，原姓纳喇氏，奉太宗谕旨改入大学士希福族中，并赐姓赫舍里氏。额尔德尼天性聪敏，精通满、汉、蒙古文字，随征蒙古各部落时，他"能因其土俗、语言、文字，传宣诏令，招纳降附，著有劳绩"[①]，亦赐号"巴克什"。额尔德尼对满文的创立有很大贡献。后因私藏东珠被处死。

额尔德尼家族人丁不旺，再加上他本身得罪之故，该支并未得到发展。其子萨哈连，官至銮仪卫冠军使。其孙萨哈达曾任头等侍卫、侍卫班领，曾孙伊灵阿曾任通政使司知事，曾孙满丕曾任笔帖式，元孙兴山

[①] 《清史列传》卷4《额尔德尼传》，中华书局1987年标点本，第1册，第186页。

曾任护军校。

"巴克什"家族成员以文学起家，在后金、清初任职于文馆、内三院、内阁、翰林院等文化机构，对清初政治文化建设作出了卓越的贡献。乾隆以前，该家族直系、旁系在朝担任三品以上官员总计42人。他们能文能武，很多成员参加了各种战争，包括入关之前征界藩、栋鄂，攻锦州，围大凌河，征察哈尔、大同、山东等处的战役。顺治年间，他们又投身于大规模的民族征服战争，足迹遍布山西、河南、江南、江西、湖广、福建、贵州、云南等处。康熙年间，他们又参加了平定三藩之乱、征伐噶尔丹等重大战役，立有不少的战功。

二　都英额地方赫舍里氏的文化建树

后金、清初的满洲赫舍里氏，涌现出重要的文化世家，致力于朝廷的政治文化建设事业，卓有建树。

后金草创之初，文化相对落后，随着军事战略部署的实施，统治者逐步体会到发展文化事业对政权稳定的作用。太祖时期，涌现出一批被赐号"巴克什"的文臣。所谓"巴克什"，"亦作榜式，亦作把什，乃清语文儒谙悉事体之称"[①]，"犹汉人言'文儒'云"[②]。这一时期巴克什的执掌没有明确分工，主要负责文职性工作。《满洲实录》《清太祖实录》中出现的巴克什有额尔德尼、希福、库尔缠、阿林察4人。据《通谱》记载，被赐号为"巴克什"的有硕色、希福、额尔德尼、索尼、大海（达海）、刚林、额素勒勒、阿敦、萨穆哈、罗奇、雅哈、锡哈、德特讷13人。[③]

天聪三年（1629），设立"文馆"，职掌翻译典籍，记注本朝政事。以满洲学识渊博的儒臣分成两班，轮流入值。命"巴克什达海，同笔帖

[①]（清）福格：《听雨丛谈》，中华书局1997年标点本，第180页。
[②]（清）鄂尔泰等修：《八旗通志》卷236《儒林传》，东北师范大学出版社1985年标点本，第8册，第5323页。
[③]《通谱》中出现的"巴克什"，其赐号时间并不是都在太祖时期。

式刚林、苏开、顾尔马浑、托布戚等四人,翻译汉字书籍。巴克什库尔缠,同笔帖式吴巴什、查素喀、胡球、詹霸等四人,记注本朝政事,以昭信史"①。"巴克什"们成为太宗得力的助手。巴克什职能的明确,也说明满洲贵族已经开始意识到加强国家文化建设的必要性。

为后金和清初文化建设作出贡献的大臣,朝廷赐号"巴克什"②。都英额地方赫舍里氏希福家族中就有四位,分别是硕色、希福、额尔德尼、索尼。一个家族出了四位著名的"巴克什",使得希福家族成为颇具影响的满洲文化世家。硕色和希福兄弟二人兼通满汉及蒙古文字,被赐号巴克什,职司文案。硕色之子索尼兼通满、汉、蒙古文字,命在文馆办事,赐号巴克什。还有一名被赐号巴克什的额尔德尼,是满文的主要创立者之一,他被赐姓赫舍里氏,反映出太宗对赫舍里氏在文化方面成就的肯定。

赫舍里氏希福家族参与后金和清初的文化建设,主要在以下几个方面。

其一,创立满文,为后金文化的发展奠定基础。

创立文字,是后金、清初文化建设的首要任务,努尔哈赤起兵初期,文书往来使用蒙古文,殊属不便,亟须本民族自己的文字。

赫舍里氏希福家族中的额尔德尼是满文创立的重要功臣。万历二十七年(1599),努尔哈赤召集巴克什额尔德尼和扎尔固齐噶盖,商讨创立满文的事宜。额尔德尼、噶盖辞以夙习蒙古文字,未易更制。太祖说:"汉人读汉文,凡习汉文与未习汉字者,皆知之。蒙古人读蒙古文,虽未习蒙古字者,亦皆知之。今我国之语,必译为蒙古语读之。则未习蒙

---

① 《清太宗实录》卷5,天聪三年四月丙戌条,第70页。
② 天命年间,"巴克什"有两种情况,一种是赐号"巴克什"的,一种是对普通文臣的称呼。如天命六年(1621)七月,汗在十一下达的文书:"钟堆、博布黑、萨哈连、吴巴泰、雅兴噶、阔贝、扎海、洪岱,选为这八旗的师付(傅)的八'巴克什'。对在你们之下的徒弟和入学的儿童们,能认真地教书,使之通文理,这就是功。"参见《满文老档》(太祖朝)卷24,《清初史料丛刊》第1种,辽宁大学历史系1978年版,第2分册,第40页。在这里,"巴克什"就是普通的文臣。天聪五年(1631)七月,上谕曰:"文臣称巴克什者俱停止,称为笔帖式。如本赐名巴克什者,仍其名。"参见《清太宗实录》卷9,天聪五年七月庚辰条。至此,普通文臣不再称为"巴克什"。

古语者，不能知也。如何以我国之语制字为难，反以习他国之语为易耶。"额尔德尼、噶盖请求明示更制之法。太祖又说："无难也。但以蒙古字合我国之语音，联缀成句，即可因文见义矣。"① 于是额尔德尼等人"将蒙古字编辑连写，制成国语，创立满文，颁行国中。满文传布自此始。今所用满文数字连成一字者，皆额尔德尼巴克什与噶盖扎尔固齐拟制，奉太祖钦定，俾国人习之者也。于是一切制诏、章书、文书，行于国中者，不复用蒙古文字"②。

需要指出的是，额尔德尼对满文的创立之功要高于噶盖。据《清史列传》记载："会噶盖以事伏法，额尔德尼遵上指授，独任拟制，奏上裁定颁行。国书传布自此始。"③

初创的满文没有圈点，后人称之为"无圈点满文"或"老满文"。老满文推行三十三年，发挥了巨大作用。其后，达海等人对满文进行改造，增加十二字头，称为"新满文"。满文的创立，是满洲文化建设发展的里程碑。之后，后金设立八旗学校，令八旗子弟学习满文。太祖称赞额尔德尼等人曰："国家兴盛之时，额尔德尼巴克什、达海巴克什相机应运而生。二人精通文义，乃一国仅有之贤人也。"④ 额尔德尼谢世之后，太宗称赞他是"一代杰出"，世祖又赐谥号"文成"。

除额尔德尼之外，赫舍里氏希福的满文水平也很高，是将满文推广使用的推动者之一。

其二，编纂史书、运用满文记录政事、翻译经典。

天聪十年（1636）三月，后金改文馆为内三院，即内国史院、内秘书院、内弘文院，分任职掌。其中内国史院主管本朝史书的修纂工作，包括"记注皇上起居诏令，收藏御制文字。凡皇上用兵行政事宜，编纂史书，撰拟郊天告庙祝文及升殿宣读庆贺表文，纂修历代祖宗实录，撰

---

① 《清太祖实录》卷3，己亥年二月辛亥条，第44页。
② （清）鄂尔泰等修：《八旗通志》卷236《儒林传上·额尔德尼巴克什》，东北师范大学出版社1985年标点本，第8册，第5327页。
③ 《清史列传》卷4《额尔德尼传》，中华书局1987年标点本，第1册，第187页。
④ 广禄、李学智译：《清太祖朝老满文原档》，"中央研究院"历史语言研究所1970年版，第1册，第51页。

拟圹志文，编纂一切机密文移及各官章奏掌记官员升降文册，撰拟功臣母妻诰命，印文追赠诸贝勒册文。凡六部所办事宜可入史册者，选择记载。一应邻国远方往来书札，俱编为史册。"① 赫舍里氏希福作为内国史院大学士，统率满、汉、蒙古文官，主持修史。其中，《清太祖武皇帝实录》是代表性史书，它是后金、清政权修纂的第一部史学典籍。通过实录的修纂，宣扬政权的合法性、正统性。

希福主持参与《清太祖武皇帝实录》的修纂，作为满洲大臣的代表，发挥了重要作用。崇德元年（1636），实录修成，太宗御崇政殿，举行了盛大的仪式，内国史院大学士刚林捧满字，希福捧蒙古字，罗绣锦捧汉字，率修纂满洲、蒙古、汉人笔帖式等上表进呈。上表曰："内国史院大学士希福、刚林，率内院满洲蒙古汉人官员，稽首顿首。谨奏于宽温仁圣皇帝陛下臣等钦奉上谕，纂修太祖承天广运圣德神功肇纪立极仁孝武皇帝实录，谨以满洲、蒙古、汉字编译成书。繇此丰功懋绩，彪炳丹青，懿行嘉谟，昭垂奕叶，仰慰继述之思，大启纂承之烈，臣等不胜欢忭，恭进以闻。"② 太宗赏赐修史大臣，其中以希福、刚林的赏赐最多，各赐雕鞍良马一匹、银五十两。

除参与修史之外，额尔德尼、希福等人还用满文记注政事，将汉文典籍翻译成满文，充分发挥了满文在政治、文化方面的作用。天命年间，额尔德尼、达海等人利用满文记载政事，形成老满文档册，乾隆时期重抄而成《满文老档》，记述了自明万历三十五年至清崇德元年（1607—1636）三十年间的历史。

崇德年间，太宗命希福"将辽金元三史，芟削繁冗，惟取其善足为法，恶足为戒，及征伐畋猎之事，译以满语缮写成书"③。崇德元年（1636）五月至崇德四年（1639）六月，希福用了三年的时间将辽金元三史翻译成满文。顺治元年（1644），该译本被进呈给世祖，世祖深加奖赏，命赐希福鞍马一匹、银四十两。

---

① 《清太宗实录》卷28，天聪十年三月辛亥条，第355—356页。
② 《清太宗实录》卷32，崇德元年十一月乙卯条，第405页。
③ 《清世祖实录》卷3，顺治元年三月甲寅条，第48页。

希福在翻译的《辽史》《金史》《元史》中，详录对君主治国有益的史事，给统治者提供借鉴。在上疏中，他提道："窃稽史册所载，得失之故最详，治乱之机甚隐，此惟圣人知之，余皆不知也。是以人君政治之得失，儒者比尽书无遗，意欲敬慎于今；而垂法于后也。自古帝王所行之事，备载史策，阅数千载，传至今兹，亦云久矣。然事虽已往，可以诏今；人虽云亡，足以镜世。故语云：'善者吾师，不善者亦吾师也。'由来嬗继之圣王，未有不法此而行者也。辽、金虽未混一，而辽已得天下之半，金亦得天下之大半，至元则混一寰区，奄有天下，其法令政教，亦有可观者焉。"① 以史为鉴，推崇儒家道德，打造圣王仁君，是希福翻译辽金元三史的目的。在当时满洲统治者汉语程度不高的历史时期内，用满文翻译汉文经典，无疑为满洲高层决策者提供了有益的借鉴。希福借助翻译史书，向统治者传达着一种政治信念与政治文化。

希福历仕三朝，以文学而受器重，通过修史、译书，对清初文化建设作出重要贡献。世祖赞其"历事三朝，忘身奉国，天下大计，实多匡裨"②。希福之后，该家族的很多成员参与清初几部重要典籍的编纂。侄孙索额图，于康熙八年（1669）八月，被授国史院大学士，九月，被任命为《世祖章皇帝实录》的总裁官。九年（1670）十月，改保和殿大学士，继续主持修纂。十一年（1672）七月，《世祖章皇帝实录》修成，索额图加太子太傅。康熙十二年（1673）七月，圣祖命重修《太宗文皇帝实录》，索额图、李霨、杜立德、冯溥等人为总裁官。希福次子帅颜保在内阁学士任内，教习庶吉士，还担任《世祖章皇帝实录》的副总裁官。

希福家族几代人，作为主要修纂者，陆续参加了《满文老档》《太祖武皇帝实录》《太宗文皇帝实录》《世祖章皇帝实录》的编写修纂，对

---

① （清）鄂尔泰等修：《八旗通志》卷147《名臣列传七·希福巴克什》，东北师范大学出版社1985年标点本，第6册，第3783页。
② （清）盛昱：《雪屐寻碑录》卷1《内翰林弘文院大学士赠太保谥文简希福碑》，顺治十一年八月初八日立，《辽海丛书》，辽沈书社1985年影印本，第5册，第2871页。

清初修史作出重要贡献。同时,希福对汉文史书、经典的翻译、解读,也卓有成就。

其三,利用语言优势,促进满洲与汉、蒙古文化的沟通融合。

促进不同文化间的交流与融合,对后金、清初统治者统一全国的战略很重要。希福等人将汉文典籍翻译成满文,是对汉文化的学习,适当吸收汉文化,以促进本民族文化的发展。希福还带头奏请实行科举考试。崇德六年(1641)六月,内三院大学士范文程、希福、刚林等奏请"于满、汉、蒙古内考取生员举人"①。实行科举考试,是清初文化建设中非常有意义的举措。希福还对清初的礼制建设,提出了很多建议。《清太宗实录》中,多处记载太宗向希福咨询礼仪方面的事情。

硕色、希福、额尔德尼、索尼等人,皆能娴熟地掌握蒙文。凭借语言上的优势,他们游走于后金与漠南蒙古之间。以希福为例,天命四年(1619),太祖派希福等五人携带书信和誓词与漠南喀尔喀五部会盟。天聪二年(1628),太宗先后两次派希福前往科尔沁蒙古,绥服土谢图额附奥巴,随后又派索尼前往说服。"希福虽以文学事上,官内院,管机务,然常出使察哈尔、喀尔喀、科尔沁诸部,编户口,置牛录,颁法律,亭平狱讼。时或诣军前宣示机宜,相度形势,核诸将战阀,行赏,谕上德意于诸降人。每还奏,未尝不称旨也。"②顺治九年(1652),世祖奖励希福"当蒙古杀戮掠夺之时,捐躯奔走,御命驰驱,往来看视"③,加授为一等阿思哈尼哈番。

再如,额尔德尼,"每从上征讨蒙古诸部,能因其土俗、语言、文字,传宣诏令,招纳降附,著有劳绩"④。天聪八年(1634),额尔德尼奉命迎察哈尔归附之众。他利用蒙文,进行协调,成功接收了察哈尔部众五千户二万口。又如,索尼,天聪二年(1628),继其叔希福之后,

---

① 《清太宗实录》卷56,崇德六年六月辛亥条,第751页。
② 《清史稿》卷232《希福传》,中华书局1977年标点本,第31册,第9348页。
③ (清)鄂尔泰等修:《八旗通志》卷147《名臣列传七·希福巴克什》,东北师范大学出版社1985年标点本,第6册,第3783页。
④ 《清史列传》卷4《额尔德尼传》,中华书局1987年标点本,第1册,第186页。

前往绥服科尔沁蒙古土谢图额附奥巴，"责以大义，奥巴叩首悔罪，愿入朝"①。索尼还曾任吏部启心郎，负责消除满汉大臣间的语言隔阂，加强满汉间的交流沟通。

赫舍里氏希福家族成员，多次出使蒙古，最终协助后金完成了对蒙古的征服。在文化上，亦对满、蒙、汉文化的调和作出了贡献。康熙时期，该家族六世索额图作为清朝与俄国签订《尼布楚条约》的主要代表，成功签订条约，以额尔古纳河、格尔必齐河定为中俄边界。这是不同国家之间的一种政治和文化的交锋，索额图于其中的调解之功，也是不可抹杀的。

希福、硕色、额尔德尼等主要活动在后金及清初。雍正年间，修《八旗通志·儒林传》的时候，将希福、额尔德尼作为后金时期儒臣的代表。"我太祖高皇帝肇兴帝业，特制国书以教臣民，清、汉文并行于中外。上古作者之圣，继天立极之盛，复见于近日矣。至述者之明，有助于制作定世之大者，当时名臣大海巴克什、额尔德尼巴克什等，并能仰承太祖圣意，助制文字。嗣是四书、五经，以次演译。东连兀集，西被流沙，自古声教不及之地，莫不知有二帝三王之书。而希福巴克什等，删译辽、金、元三史，法前王，师近代，制作大备。盖儒术至是益昌，无远弗届，亦无微弗著，岂非帝王之盛事哉。"② 由此可见，希福、额尔德尼在文化方面的贡献之大。

此后赫舍里家族子孙中，亦不乏以文学优长者。很多子孙任职于文化色彩浓厚的职能部门。其中，希福之侄索尼曾任职于内秘书院。希福次子帅颜保，康熙初年，超授为内国史院学士。希福侄孙索额图，康熙年间历任国史院大学士、保和殿大学士。

除此之外，希福曾孙嵩寿、肇敏较为著名。嵩寿，进士出身，主要活动在乾隆前中期。雍正十二年（1734），任翰林院编修，担任日讲起居注官。十三年（1735），任翰林院侍讲，在南书房行走。乾隆初年，

---

① 《清史稿》卷249《索尼传》，中华书局1977年标点本，第32册，第9672页。
② （清）鄂尔泰等修：《八旗通志》卷236《儒林传》，东北师范大学出版社1985年标点本，第8册，第5323页。

嵩寿以翰林院侍读先后出任陕西学政、安徽学政，负责地方科举及州县录取童生等工作。乾隆十三年（1748），任内阁学士，先后任地方乡试考官、翻译会试考官等。十七年（1749），充经筵讲官。肇敏，曾担任翰林院侍讲。

希福的子孙也有很多担任低品的笔帖式，负责翻译、记录档案等工作，例如硕色的曾孙马哈达、元孙灵柱、明伦（候补）、希福的曾孙中海、玉海等人。该家族其他支系中，也有很多任职于内阁。例如，五房阿音布禄支，阿音布禄的九世孙赫泰，乾隆初年任内阁侍读；永泰、宁泰任内阁中书。六房拖灵阿支，拖灵阿的五世孙众神保，曾任内阁侍读学士。这些成员虽然官位品级高低不同，但他们皆继承了希福、硕色、额尔德尼等几位著名的巴克什的文学传统。赫舍里氏的子孙还积极参加国家的科举考试。根据《通谱》《清史稿》《清史列传》的记载，清前期希福家族中二人考中进士，一位是硕色的曾孙托贤，一位是希福曾孙嵩寿。另有硕色的曾孙儌贤考中举人。

据《通谱》记载，满洲姓氏中，对国家政治文化建设有功受到表彰、谥号"文"字者计15人，其中3人是赫舍里氏，他们分别是：希福，谥"文简"；额尔德尼，谥"文成"；索尼，谥"文忠"。这也是朝廷对该家族在文化建设方面功劳的肯定。康熙十三年（1674）十二月，圣祖在册封希福家族六世噶布喇的时候，称赞噶布喇出自"勋旧世裔"，孝诚仁皇后出自"毓质名门"①，这是对该家族的高度评价。

综上所述，后金、清初的满洲赫舍里氏，尤其是希福家族，涌现出一批优秀的文化名臣，他们凭借语言、文学等优势，在绥服蒙古、创立满文、编纂典籍等方面发挥了重要作用，对清初政治文化建设功绩尤著。赫舍里氏的发展，显示了后金、清初统治者对政治文化建设的重视，也映射出满洲文化的特色与兼容性。

---

① （清）鄂尔泰等修：《八旗通志》卷147《名臣列传七·噶布喇》，东北师范大学出版社1985年标点本，第6册，第3786页。

三　余论

　　以希福为代表的"巴克什"家族，为后金、清初的政治文化建设作出了卓越贡献。其家族的成员致力于满文的创立、史书的修纂、翻译、民族文化的融合，得到了满洲统治者的肯定，从而使该家族在一定历史时期内兴盛发展。在从事文化事业、编纂、翻译史书的同时，希福等人以文学、史学的形式，为统治者传输儒家政治文化。在家族内部，亦形成一套忠君、忠主的传统。赫舍里氏希福家族的兴盛期主要在清初的天聪、崇德、顺治、康熙年间，雍、乾之后，渐趋衰落。

　　太宗一朝，希福身为满洲儒臣的代表，深受信任。希福及其侄索尼等人亦忠心事主。崇德八年（1643）八月，太宗崩，在皇位继承问题上产生了争议。太宗兄弟睿亲王多尔衮、豫亲王多铎等人皆积极奔走。太宗崩后第五日，睿亲王多尔衮召索尼，询问策立新君的问题。索尼的回答是："先帝有皇子在，必立其一。他非所知也。"[①] 索尼明确表示拥护太宗诸子继位，这也代表了深受太宗恩泽的赫舍里氏家族的观点。

　　世祖即位后，索尼与谭泰、图赖、巩阿岱、锡翰、鄂拜六人盟于三官庙，发誓要合力辅佐幼主。顺治元年（1644），都统何洛会等告发肃亲王豪格，称其言词悖妄，豪格被废为庶人。索尼因"忠贞戮力，不附肃王"[②]，忠于世祖，而被赐予鞍马。世祖年幼，由睿亲王多尔衮摄政，权倾朝野。当时誓盟的六人中，谭泰、巩阿岱、锡翰三人皆依附摄政王，而索尼仍坚决拥护幼主，并与其叔希福一起，与摄政王之党抗争。

　　希福巴克什多次批评都统谭泰衰惫，而谭泰是摄政王派系中的重要人物。希福被分拨的两处宅第距离很远，要求与谭泰更换，谭泰不允，希福派人指责谭泰："尔为都统，即为我更拨一屋，有何不可而不能？尔诚衰迈矣！"[③] 这使二人的矛盾更深。后来谭泰之弟副都统谭布拜见希

[①]《清史稿》卷249《索尼传》，中华书局1977年标点本，第32册，第9672页。
[②]《清史列传》卷6《索尼传》，中华书局1987年标点本，第1册，第361页。
[③]《清史列传》卷4《希福传》，中华书局1987年标点本，第1册，第190页。

福,希福说:"日者,大学士范文程以堂餐华侈语我,我对曰'吾侪儒臣也,非功勋大臣比,安得盛馔若此'?遂偕往启王,王以予言为然,且自咎曰:'吾过矣!'"①谭泰等人以伪传王言、诋谩大臣、构衅乱政等罪名,将希福送三法司。希福被处分,表面上是口头失误引起的,其真正原因则是"以不附睿亲王,为谭泰构罪"②。

索尼亦不依附睿亲王。当时英亲王阿济格对年幼的世祖无礼,索尼将其告发。睿亲王有议要分封诸王,索尼亦不赞成。其叔希福被谭泰构罪之后,索尼告发谭泰隐匿诏旨,谭泰被削公爵。谭泰等人又以索尼曾令仆人在禁门桥下捕鱼、在库院秣马等琐事,将索尼告发,遂被罢免。顺治五年(1648),索尼被指谋立肃亲王,被夺官抄家,安置在昭陵。

赫舍里氏希福家族与摄政王多尔衮派系的斗争,是清初旗籍矛盾的反映,也是希福家族捍卫皇权,拥护世祖的表现。顺治八年(1651),世祖亲政,将希福、索尼等人昭雪,恢复官职和世职。顺治十八年(1661),世祖崩,遗诏以索尼与苏克萨哈、遏必隆、鳌拜四人辅政。作为四辅臣之一,索尼忠心辅佐幼主玄烨。后鳌拜专权,索尼力主圣祖亲政,但终因年老而无法力挽局面,康熙六年(1667),索尼去世。《清史稿》评价索尼"忠于事主,始终一节,锡以美谥,诚无愧焉"③。

希福、索尼等人忠于君主,效力皇权,使得该家族得到圣祖的信任和眷顾。圣祖的孝诚仁皇后、平妃,皆出自该家族。孝诚仁皇后所生皇二子允礽,被立为皇太子。与皇室通婚,使得该家族获得了更多的发展。

到该家族第六世时,索额图等人早期尚能继承家族传统,忠心事主。索额图继承其父索尼的意愿,忠心侍奉年幼的圣祖。圣祖"以奕棋故,召相国索额图入谋划"④,意图铲除鳌拜。当时索额图任侍卫,他协助圣祖,秘密训练年轻的小内监练习布库(摔跤角力),待鳌拜上朝时趁其

---

① (清)李元度:《国朝先正事略》卷1《希文简公事略》,岳麓书社1991年标点本,第18页。
② (清)李元度:《国朝先正事略》卷3《索文忠公事略》,第60页。
③ 《清史稿》卷249《论》,中华书局1977年标点本,第32册,第9684页。
④ (清)昭梿:《啸亭杂录》卷1《圣祖拿鳌拜》,中华书局1997年标点本,第5页。

不备将其擒拿。擒拿鳌拜，索额图立有大功。此后他在朝权势日重，与明珠二人结党营私、互相倾轧。至此，索额图的做法已经违背了其父祖辈的初衷，将个人、家族利益凌驾于皇帝、国家之上。圣祖将其贬斥，但索额图并未就此退出。

太子允礽为索额图侄女孝诚仁皇后所生，允礽是否能顺利登基，与赫舍里家族的利益息息相关。索额图协助太子"潜谋大事"，后被拘禁，死于禁所。其诸子交由其弟心裕、法保拘禁。圣祖谕二人："若别生事端，心裕、法保当族诛！"此后，索额图二子格尔芬、阿尔吉善被诛，索额图本人更被论为"本朝第一罪人"[1]。索额图以依附皇太子、觊觎皇位而得罪，并祸及后代。自此，赫舍里氏希福家族走向衰落。

希福巴克什家族作为后金、清初显赫的文化世家，因文化贡献得到了清朝统治者的肯定。家族几代人身体力行，保持忠主、忠君的政治文化传统，家族因而得到发展。传统王朝，家与国、臣与君之间有着休戚相关的利害关系。该家族的衰落，正是皇权与世家大族之间力量失衡的反映。

［原文刊于《云南师范大学学报》（哲学社会科学版）2012年第4期］

---

[1] 《清史稿》卷269《索额图传》，中华书局1977年标点本，第33册，第9991页。

朝鲜王朝前期同女真人的交往
——基于朝鲜通过"边疆地带"开展交往的视角

王桂东[*]

历史上的朝鲜半岛诸政权均与女真人有着较为频繁的交往，元末明初之际一些女真部落从中国东北的松花江—牡丹江流域迁徙至朝鲜半岛的东北部定居，而且这些女真部落大多还接受了当时的高丽王朝以及其后建立的朝鲜王朝的招抚。但明朝建立之后东亚的政治格局发生了根本性的变化，明朝积极经营女真地区并相继设置了三百多个羁縻卫所，从而至少在名义上将大部分女真部落置于明朝的管控之下；至于高丽王朝及后继的朝鲜王朝也自觉地将明朝奉为宗主国，成为明朝在东北方的藩属。

如此，基于古代东亚世界"人臣无外交"的政治法则，作为明朝藩属国的高丽（朝鲜）与明朝羁縻卫所管控下的女真人本应该各守封疆，不可以私下交涉往来。可是事实上却并非如此，尽管双方的交涉因明朝的监视和介入而受到一定程度的抑制，但是无论是高丽（朝鲜）一方还是女真人一方都表现出同对方开展交往的极大热情。至于在双方两百多年的交往过程中，如何规避明朝的干预和遏制，朝鲜的边疆地带无疑是从中扮演了极为重要且特殊的角色。即咸吉道、平安道等朝鲜边疆地区实际上是串联起双方交往的枢纽，并且同时还是朝鲜方面对女真人开展交往的具体执行者。那么朝鲜通过本国边地的文武官员开展同女真人的

---

[*] 王桂东（1985— ），吉林长春人，北京市社会科学院满学研究所助理研究员。

交往，其背后究竟隐含着哪些深层次的政治意图？对于这一重要议题目前还尚未得到中外学人的特别关注①，笔者认为该议题极有深入研讨之必要，因为其对于窥探朝鲜与女真双方，乃至明、朝鲜、女真三方关系的实质，均有着非同一般的意义。

一 边疆地带是朝鲜与女真人开展交往的"联结枢纽"

与辽东地方作为明鲜两国交往的"联结枢纽"相类似②，在朝鲜同明朝羁縻卫所管控下的女真人展开交往的过程中，朝鲜的边疆地带即咸吉道、平安道等地方也从中充当了"联结枢纽"的角色，为双方交往的顺利进行提供了诸多的协助和保障。

当朝鲜王朝的"小中华意识"逐渐膨胀以后，便一心企图在明朝主导的东亚"天下秩序"内部再组建起一个以朝鲜为核心包含一部分臣服于它的女真人和日本人的"亚朝贡体系"。而恰恰是在这一意识的驱动下，咸吉道、平安道等边疆地方在朝鲜同女真人的交往中较好地体现了其作为"联结枢纽"的独特价值。在女真人派遣使团进入朝鲜"朝贡"的过程中，咸、平两道承担了大量的协助和保障工作，为"朝贡"行为的最终完成贡献了自身的力量。

因为明初时女真各部落普遍实力较弱，故而对邻近的朝鲜国有着很强的经济与安全上的依赖③，大小酋长纷纷来至朝鲜边境地方请求前往朝鲜王京"朝贡"。接待如此众多的女真酋长必然给朝鲜方面带来较大的经

---

① 日本学者河内良弘先生在其明代女真史研究的集大成之作《明代女真史研究》一书中虽然提到了咸吉道因接待女真"贡使"而出现驿路疲敝的情况，但是其并未深入展开讨论咸吉道在朝鲜同女真人的交往过程中所具有的重要意义（参见氏著《明代女真史の研究》，京都：同朋社1992年版，第381—384页）；此外王桂东在《明朝对于朝鲜同女真人交涉的介入和处置》（载赵志强主编《满学论丛》第7辑，辽宁民族出版社2017年版）一文中论及了明朝借助其边疆地带辽东都司介入并处置边地女真部落同朝鲜国的交往事宜。

② 《明太宗实录》卷54，永乐五年十二月甲申条。

③ 参见［韩］박정민（朴正珉）：《15 세기 후반 건주 여진 의 생존 전략——조·명 연합군의 정벌과 영향을 중심으로》，《明清史研究》（韩国），第44辑，2015 년。

济负担，所以朝鲜逐渐开始对各部酋长采取区别对待的策略。因此便有了朝鲜太宗国王在位期间的一项规定，即"自今领十余户以上者使送入外，勿许赴京，皆于吉州、镜城等处，优待还送"①，也就是对于来朝的女真酋长按其属民的多寡由东北面的边将负责筛选。②但是"十余户属民"的标准显然是不高的，到世宗国王在位时期，朝鲜不得不提高标准进而限制女真人前来王京的人数，世宗下令曰，"诸种野人，若指挥以上，则虽无定数，来者不多，其余择其可朝者上送，岁不过百人，令边将以此为恒"③。而且，边将还要负责打探来朝的女真酋长"爵秩高下、部落强弱"，并将探察结果上报给朝廷，朝廷凭此作为参考制定出接待女真人的标准。④可见，在对女真酋长进入王京"朝贡"的人员选择上，东北面的边官被朝鲜朝廷授予了专有的筛选权。

咸吉道和平安道作为女真人进入朝鲜"朝贡"的两条必经之路，究竟由哪条贡路前往朝鲜王京，朝鲜的边将从中做了大量的斡旋与协调工作。早在朝鲜太宗在位时期，兀良哈女真自吾村源洞路线来至朝鲜，东北面的边将即认为，"于伊宽源洞、朱乙温源洞、吾村源洞等三源洞，乃元朝时所通路也。今兀良哈数人……若使出入三路，则贼谋可畏，难于应变。自今由此三路者，皆以贼待之"⑤。可见，对于女真人的"贡路"问题朝鲜方面表现得较为敏感，尤其是朝鲜边将更是将其与边疆的安全加以关联。

在朝鲜世祖即位之前，朝鲜仅是对女真人开放东北面的咸吉道贡路，但是随着建州女真分批次地从图们江流域迁至远离咸吉道的婆猪江流域⑥，若再仍旧如前从咸吉道入贡朝鲜，则"道路纡远，行四十余日始达"⑦，故而其要求就近开辟平安道贡路的呼声变得日益强烈。河内良弘先生在《明

---

① 《朝鲜太宗实录》卷25，太宗十三年正月十六日丙申条。
② 按：咸吉道在正式设道之前，被称为"东北面"。
③ 《朝鲜世宗实录》卷36，世宗九年四月十八日丙子条。
④ 《朝鲜世宗实录》卷80，世宗二十年二月初一日乙卯条。
⑤ 《朝鲜太宗实录》卷26，太宗十三年七月初九日丙戌条。
⑥ 参见［日］稻葉岩吉《建州女直の原地及び遷住地》，《滿洲歷史地理》，第2卷，南滿洲鐵道株式會社，1913年。
⑦ 《朝鲜成宗实录》卷38，成宗五年正月十八日甲辰条。

代女真史研究》一书中提到，天顺二年（1458）五月，建州卫头号人物李满住之子伊澄巨来至朝鲜满浦请求前往王京"朝贡"，因伊澄巨的身份较为高贵且朝鲜方面此时也渴望同建州女真改善关系，故而最终允许伊澄巨等经满浦由平安道贡路前来王京。① 其实，河内良弘先生并没有看到更为全面的资料，伊澄巨并非是第一位经由平安道入贡朝鲜的女真酋长。据笔者掌握的资料来看，最早自平安道贡路前往王京的女真酋长是李满住的另一个儿子李豆里。据《朝鲜世祖实录》卷三"世祖二年二月壬寅条"载曰，"建州卫李满住子都万户李豆里、指挥李阿具等来献土物"②，朝鲜世祖二年是为明景泰七年，即1456年，这就比伊澄巨前去朝鲜的时间要早出两年。但是也应承认，上引史料并未明确记载李豆里究竟是经由哪条贡路来至王京的，故而河内良弘先生才会对其未加以详细探究。笔者在扩展研读相关史料的基础上，发现李豆里的确是经由平安道贡路而来。据《朝鲜世祖实录》卷十三"世祖四年七月甲辰条"载曰：

> 承政院奉旨回书平安道观察使曰，李满住子古纳哈非酋长，未可殊礼待之。其审书后合行事件措置，一依豆里、伊澄巨例接待。一，初面邑若以李满住例接待，则书状所至邑便改接待，彼人若问其故，则答云，初面邑失错待，观察使已移文覆之，故待之如此。一，若观察使已接待，则自黄海依上项改接待事通谕。③

上引史料是伊澄巨来朝后不久，李满住的又一个儿子古纳哈也欲来王京"朝贡"。朝鲜朝廷在商讨对他的接待规格时曾特意下令平安道观察使，令其"依豆里、伊澄巨例接待"。由此依稀可知，豆里来朝时亦应是平安道地方负责接待的。笔者再考诸《朝鲜成宗实录》的几则史料，其中一处记载曰，"世祖朝，童仓、李豆里虽由平安道来朝，右人等皆有名酋长，

---

① 参见［日］河内良弘《明代女真史の研究》，同朋社1992年版，第427—428页。
② 《朝鲜世祖实录》卷3，世祖二年二月初三日壬寅条。
③ 《朝鲜世祖实录》卷13，世祖四年七月十九日甲辰条。

以一时之权，待以殊礼"①；而另一处则更是明确记载，"世祖朝，李满住子李豆伊，始自平安上来"②，朝鲜语语音中"두리（Duri，豆里）""두이（Dui，豆伊）"发音极为接近，故而"李豆伊""李豆里"实乃同名异译，而李豆里即是第一个自平安道贡路前往朝鲜王京的女真酋长。

然而允许部分忠顺秩高的女真酋长经平安道入贡，仅是朝鲜方面一时的权宜之举。事实上朝鲜并不愿意向女真人开放平安道贡路。是否允许女真人经由平安道贡路往来王京，以及究竟允许哪些女真酋长经平安道入贡，这也是朝鲜掌控女真人的一种手段。只有对朝鲜表现出明显善意的女真酋长，才可能会被允许自平安道往来，以作为朝鲜方面对其忠顺行为的"恩赏"③；而对于女真人中的实力派人物，朝鲜自然不会忽视对他们的笼络，因而也会允许他们从平安道入朝。④ 至于具体允许来朝女真酋长的鉴别与筛选的职责，朝鲜国王则将其委任给平安道地方的最高军政长官。

二 朝鲜边官作为对女真人开展交往的具体执行者

咸、平二道的文武官员不仅是朝鲜同女真人开展交往的"联结枢纽"，其另一重要角色即是在双方的交往过程中，两道边官还充当着朝鲜方面的具体执行者，而且是尤为重要的执行者。朝鲜王朝前期双方的交往较为频繁，由于咸、平二道在地理上与女真人的居住区域邻近甚至是犬牙交错，故而将一部分对女真人的交涉事宜授权给相对熟悉女真情况的边地文武官员来执行，既可以提升执行效率和质量，又能够阻遏住相当一部分的女真人借机深入朝鲜腹地，这不但可以俭省对女真人的接待支出，也可以避免暴露给女真人某些重要的国家机密。故而朝鲜王朝自开国之初即重视边地

---

① 《朝鲜成宗实录》卷157，成宗十四年八月十五日乙亥条。
② 《朝鲜成宗实录》卷171，成宗十五年十月十七日辛未条。
③ 《朝鲜世祖实录》卷14，世祖四年九月初二日丙戌条。
④ 参见［韩］한성주：《세조대（1467년）조선과명의 건주여진협공에 대한 연구》，《韓日關係史研究》，제45집，2013년。

文武官员参与到对女真人的交往事宜之中。

朝鲜方面无论是出于国防还是"交邻"的目的，都对掌握女真人的情况与动向有着迫切的需要。与明朝通过辽东边将获取女真和朝鲜情报一样①，朝鲜边官作为国王与朝廷任命管理边疆地带的代表，同时又由于边地邻近女真人的活动区域且彼此联系较为密切，故而边官也受到朝廷的委派负责搜集女真人的相关情报②，从而确保朝鲜方面尽可能翔实地了解到女真人的基本情况和最新动向。

如宣德八年（1433）十月咸吉道监司赵末生驰报朝廷曰："兀狄哈入侵斡木河，杀权豆父子，管下人见杀者亦多，唯凡察、大伊等幸免，见本国人哀言曰，势难居此，愿徙庆源附近时反等处。"③这一事件即是明代女真史上极为重大的变故"斡木河之变"，事变中明朝甚为看重的建州左卫首领猛哥帖木儿本人及其多数家人，遭到杨木答兀和兀狄哈女真组成的联军的突袭而遇害，建州左卫的实力亦受到重创。由于事发在朝鲜咸吉道境内，故而咸吉道边官第一时间侦知到消息后，即将这一重大变故上报给了朝鲜朝廷。这一事件虽是女真人之间的内讧"火并"，但是其对于朝鲜的后续影响也是相当巨大的。

朝鲜边官为了能够更加及时准确地获知女真人的情报，有时还需要派遣人员潜入女真人的居住区域进行侦探，如永乐六年（1408）二月镜城兵马使就曾"遣通事张天祐如野人地面，体探事变"④。至于朝鲜朝廷计划大举出兵越境攻打女真人之时，由于是出境作战，对于地形地貌、进军线路以及对手的实力强弱都不甚清楚，故而为了达到"知己知彼，百战不殆"之目的，朝廷更是下令边官遣人越境潜入女真地区搜集更为翔实的情报。⑤正统二年（1437）六月，世宗国王曾传旨平安道都节制使曰，"其初体探之意，以国家如有征讨之举，则贼穴形势、道路险夷，不可不知"⑥，恰恰

---

① （清）张廷玉等撰：《明史》卷320《朝鲜传》，中华书局1974年标点本，第8284页。
② ［日］荷见守義：《明代遼東と朝鮮》，东京：汲古书院2014年版，第359—362页。
③ 《朝鲜世宗实录》卷62，世宗十五年十月二十九日戊寅条。
④ 《朝鲜太宗实录》卷15，太宗八年二月二十日己亥条。
⑤ 《朝鲜文宗实录》卷5，文宗元年正月初五日乙巳条。
⑥ 《朝鲜世宗实录》卷77，世宗十九年六月初九日丁卯条。

道出了朝鲜边官派人越境侦探女真人情报的深刻用意。

自朝鲜世祖国王在位期间开始，女真人寇掠朝鲜边境的事件就逐渐增多起来而且规模也日益扩大，尤其是成化年间朝鲜曾两次助兵明朝攻打建州三卫①，女真人报复朝鲜的情绪更为高涨。其后，又有一些本来与朝鲜并不相邻的女真部落迁居到朝鲜近境，甚至有的部落还秘密地潜入朝鲜境内造屋种田，非法住居下来。这些举动无疑都是朝鲜方面所不能够容许的，因此势必采取措施，而边地的文武官员身临同女真人交往的第一线，自然责无旁贷地充当着朝鲜国家意志的重要执行者之一。②

永乐十六年（1418）八月，朝鲜世宗即位不久，即有"吾郎哈四十余人寇间延郡，掳男妇十名以归，知郡事朴自俭追之，尽夺而还"③。这是见于实录记载的较早的一次女真人成规模的寇掠朝鲜边境的事件，"吾郎哈"乃"兀良哈"之同名异译，不过在这次事件中因为间延郡边官朴自俭指挥反击及时有力，所以又成功地将女真人所掳掠的人口夺回。朝鲜朝廷故而赏赐朴自俭以通训大夫之职，又"发江界、理山、熙川等州军马三百五十以备之"，同时告谕平安道边官"临机应变，以严备御"④。奉朝廷之命"守边治民"是边地文武官员的固有职责之所在，而抵御女真人的寇掠则是其尤为紧要的使命。平安道地势易攻难守，因此屡屡遭到女真人的抢掠，而平安道官军为了抵御女真人的寇掠，不免付出颇多。

此外，在朝鲜的几次大规模越境攻打女真人的战役中，平安道、咸吉道作为边防前线，相对兵强马壮，因此两道的武官大多奉命率部出征，成为朝鲜军队中当然的主力。如正统二年（1437）朝鲜出兵攻打建州女真之役中，据平安道监司驰报曰：

都节制使李蒇，月初七日，分军三道，上护军李桦领一千八百十

---

① [韩] 한성주：《세조대 (1467 년) 조선과 명의 건주여진협공에 대한 연구》，《韓日關係史研究》，제 45 집，2013 년。

② [韩] 김순남：《조선 연산군대 여진의 동향과 대책》，《韓國史研究》，제 144 집，2009 년，pp. 145–146。

③ 《朝鲜世宗实录》卷1，世宗即位年八月二十八日乙巳条。

④ 《朝鲜世宗实录》卷1，世宗即位年九月初七日甲寅条。

153

八人,向兀剌山南红拖里;大护军郑德成领一千二百三人,向兀剌山南阿闲,皆自理山越江。李蕆与闾延节制使洪师锡、江界节制使李震领四千七百七十二人,向瓮村、吾自岾、吾弥府等处,自江界越江。①

朝鲜边官除了负责抵挡女真人的寇掠之外,还要奉命阻止某些女真人非法入境,对于业已私自入境居住的女真人,在得到朝廷的授意后,边官须负责对其加以驱离出境。宣德四年(1429)二月童巾、愁州等处住兀良哈指挥伊麿疎古老、都乙昏、都乙温等因畏惧遭到兀狄哈女真的侵扰,故而请求咸吉道边官允许其迁徙至朝鲜近境。对此,咸吉道边官答复曰,"阿多老、训春等地,系是朝鲜近境,汝等其勿来住"②。所谓的朝鲜"近境",其实就是指邻近朝鲜的境外之地,这些地域根本不是朝鲜的国土,朝鲜方面为何还要阻止女真人入居该地呢?这当然是出于维护朝鲜自身安全利益的考虑,朝鲜在明清时期一直力图维系其国境的另一侧保有相当宽度的区域为无人居住的"瓯脱"地带③,作为其安全战略的缓冲区,因此断难接受女真人居住于其近境。

三 朝鲜方面的深层政治意图

通过前文的论述可知,有明一代在朝鲜同女真人的交往过程中,朝鲜边官发挥了不可或缺的重要作用。那么朝鲜方面为什么会如此突出边官在双方交往中的分量,其背后究竟隐含着哪些深层次的政治意图?这实在是值得展开细致推敲的课题。

朝鲜方面充分利用边官同女真人开展交往,当然是有着在地理空间上"近水楼台先得月"的考量。咸吉、平安两道邻近女真人的聚居地区,因此通过两道边官与女真人交往,无论是交往效率还是交往成本都容易实现

---

① 《朝鲜世宗实录》卷78,世宗十九年九月十四日辛丑条。
② 《朝鲜世宗实录》卷43,世宗十一年二月初五日辛巳条。
③ [韩]金宣旼:《雍正—乾隆年间莽牛哨事件与清朝—朝鲜国境地带》,《吉林师范大学学报》(人文社会科学版)2014年第2期。

朝鲜王朝前期同女真人的交往

最大程度上的优化。然而在笔者看来，这只是朝鲜方面最浅表层面上的意图，实际上朝鲜利用边官同女真人开展交往有着更为深层次的政治意图。

朝鲜通过边官与女真人交涉可以使其在"外交"上留有回旋余地。本文所谓的回旋余地，主要包含两个层面的内容，一是指同宗主国明朝的"外交"[①]；二是指同女真人之间的"私交"。按照古代东亚世界"人臣无外交"的政治法则[②]，作为明朝属国的朝鲜与帝国羁縻卫所管控下的女真人本应该各守封疆，是不可以私下交涉往来的。然而朝鲜出于自身国家利益的考量，并未真正遵照这一法则，而是与女真人长期保持着频繁且密切的"私交"[③]。当然朝鲜也不是完全没有顾忌，对于明朝方面可能对其发出的诘问或斥责，它也必须为自己留有回旋余地。[④] 而通过边官与女真人开展交往的方式，则为这种回旋余地的形成提供了可能。即一旦朝鲜与女真人私下交往的情形超过了明朝所能容忍的限度，明朝向朝鲜发出诘问乃至斥责之时，朝鲜还是可以凭借"本国边官私自做出，国王及朝廷不知情"这一看似不甚高明，实际上却很能帮助其蒙混过关的托词来搪塞明朝，也就是通过诿过于边官这一"弃车保帅"的做法，使得朝鲜国王能够最大限度地"置身事外"，从而免遭明朝方面的责罚，并且也为明鲜两国关系的持续稳定发展留有足够的回旋余地。

例如，"萨尔浒之役"后朝鲜光海君答复努尔哈齐的书信即是以边地官员（平安道观察使朴烨）的名义撰成的。[⑤] 万历四十七年（1619）四月备边司启于光海君曰：

今此胡书回答事，既收群议，仰禀睿裁，伏承批下，圣算所及，

---

① [韩]전세영:《명대（明代）중국의 조선관（朝鮮觀）연구——〈명사（明史）·조선열전（朝鮮列傳）〉을 중심으로》,《21세기정치학회보》, 제 21 집, 1 호, 2011 년 5 월.

② 刁书仁:《壬辰战争中日本"假道入明"与朝鲜的应对》,《外国问题研究》2017 年第 4 期。

③ [美]亨利·塞瑞斯:《永乐时期明朝与女真的关系》, 金宝丽译, 载达力扎布主编《中国边疆民族研究》第 3 辑, 中央民族大学出版社, 第 367 页。

④ 于晓光:《洪武时期明朝与朝鲜围绕女真问题的交涉初探》, 载复旦大学韩国研究中心编《韩国研究论丛》第 14 辑, 世界知识出版社 2007 年版。

⑤《朝鲜光海君日记》卷 142, 光海君十一年七月初一日壬午条。

155

无非出于忧深虑远之至，有非臣等浅见所能窥也。第其中数款，实系重难，不可不再渎天听也。圣教有曰，只令边臣措辞善答，实非约和之意。边臣所答，即是朝廷之意，早晚必挂于天下之耳目。其所措语，必须据理直说，无有回互之辞，然后可以无愧于听闻，而虏虽凶顽，亦知事理之当然矣……今宜遵奉圣教，兼采诸臣献议，令承文院善为措辞，急急下送于朴烨处，使之传给宜当。①

从中不难窥得，光海君本人并不同意以边臣的名义答复努尔哈齐，认为这样会使得努尔哈齐感到不对等，从而影响到双方"约和"大计的达成。但是备边司则执意坚持以边臣的名义撰写答书，这自然是有着"春秋义理"层面上的考量，但更重要的恐怕还是畏惧日后来自明朝方面的责问②，因为当时辽东方面已经对朝鲜"暗通"努尔哈齐表示出明显的疑虑情绪。故而为了维系明鲜两国宗藩关系的大局，备边司最终还是拗过光海君，仅是以边臣的名义致书答复努尔哈齐为首的后金一方。

然而，其后不久朝鲜和努尔哈齐"暗通"的消息还是被明朝方面获知，一时舆论哗然，明廷中以徐光启为首的大臣甚至提出了"监护朝鲜"的建议。③为此，光海君向明朝派出了以李廷龟为正使的辩诬使团，临行前李廷龟在和光海君讨论辩诬细节时曾提道，"我国之于奴贼，尚无遣使求和之事，梁谏虽送，而不过边臣所送而已"④。事实上，边臣何尝不是秉承着国王和朝廷的命令行事？李廷龟之所以提出这样的主张，无非是想通过"诿过于边臣"的手法，从而为朝鲜在对明关系的困境中

---

① 《朝鲜光海君日记》卷139，光海君十一年四月十一日甲子条。
② [韩]韓明基：《光海君代의對中國관계——後金문제를 둘러싼 對明關係을 중심으로》，《震檀學報》，第79집，1995년。
③ [韩]전세영：《명대（明代）중국의 조선관（朝鮮觀）연구——〈명사（明史）·조선열전（朝鮮列傳）〉을 중심으로》，《21세기정치학회보》，第21집，1호，2011년 5월。按：关于徐光启"监护朝鲜"的建议，可参见李红权《徐光启〈亟遣使臣监护朝鲜〉研究》，硕士学位论文，内蒙古师范大学，2006年。
④ 《朝鲜光海君日记》卷147，光海君十一年十二月二十九日戊寅条。

朝鲜王朝前期同女真人的交往

找到一个突破口。①

朝鲜半岛在历史上深受中华文明之影响，其由最初的膜拜"中华"发展为模仿"中华"，这种转变其实并不难理解，朝鲜的这种文化自觉被学术界称为"小中华"意识。而朝鲜的"小中华"意识在明代就已经有着比较典型的呈现，尤其是在其与邻近的女真人以及日本对马岛人交往时表现得最为显著，恰如世祖国王所言的那样，"野人、倭人，俱为我藩篱，俱为我臣民"②。而且在世祖朝朝鲜几乎一度建成了以自己为核心，包含一部分女真人和日本人的"亚朝贡体系"③，只是这一"亚系"被远比它更为庞大的以明朝为中心的"东亚封贡体系"的光辉所遮盖了。

朝鲜在同女真人交往时有着很多刻意模仿明朝的现象，如明朝主要通过礼部来管理女真羁縻卫所的相关事宜，朝鲜就相应地通过礼曹主管女真"来朝"酋长的朝觐、授职、赏赐、宴饮等，而且还多次命礼曹移书给女真酋长。④ 又如明朝皇帝给女真酋长的文书称"旨""诏""敕"等，而朝鲜国王给女真酋长的文书名称则相应地降了一格，称为"教"或"谕"⑤，但仍然是带有明显的不平等的色彩。当然，朝鲜在与女真人交往时模仿明朝的一个最突出的表现，即明朝是通过其边疆地带的辽东都司作为管控女真人的"联结枢纽"和"执行者"，即"以（辽东）弹丸黑子之地，引控诸胡"⑥，而朝鲜也是通过本国的边疆地带咸吉道和平安道地方作为同女真人交往的重要媒介。以上这些，无一例外都表明朝

---

① ［韩］權任溶：《明末"朝鮮監護論"에 대한朝鮮의辨誣外交——李廷龜의庚申使行을 중심으로》，《明清史研究》第 35 辑，2011 年，pp. 232 - 234；［日］鈴木開：《1620 年の朝鮮燕行使李廷龜一行の交涉活動——光海君時代における對明外交の一局面》，《東洋學報》，第 91 卷第 2 期，2009 年。
② 《朝鲜世祖实录》卷 8，世祖三年七月二十九日庚寅条。
③ ［韩］남의현（南义铉）：《15 세기 북방정세와明의 邊境政策의 再檢討——明의 대몽골 정책과 조선·여진관계를 중심으로》，《인문과학연구》，제 29 집，2011 년。
④ 《朝鲜世祖实录》卷 35，世祖十一年二月十一日戊子条。
⑤ 《朝鲜太宗实录》卷 19，太宗十年三月二十六日壬辰条。
⑥ （明）李辅等纂修：嘉靖《全辽志》卷 6《外志》，《辽海丛书》，辽沈书社 1985 年影印本，第 1 册，第 682 页。

鲜在同女真人的交往过程中具有强烈的"小中华"意识，并不断地向女真人彰显其"小中华"的形象。

向女真人彰显朝鲜的"小中华"形象，无疑是朝鲜通过边官与女真人开展交涉的另一个深层次的政治意图。也就是朝鲜国王和朝廷不直接同女真人开展交往，以免"自跌身价"，而是将交涉权下放给边地的文武官员。其深层用意是将同朝鲜交往的女真各部酋长置于与朝鲜边官同等的政治地位，使其在政治等级上相当于朝鲜国王的臣子，这样女真各部也就成为朝鲜国的"藩属"，如此也就势必大为彰显了朝鲜的"小中华"形象。弘治十一年（1498）建州三卫的酋长欲一同"入朝"朝鲜，朝鲜君臣在商议接待礼仪时，兵曹判书李季仝启曰：

> 三卫酋长南花土土老、达罕及罗吾将欲来款，此祖宗朝所无之盛事。且皆一品都督，不可容易接待，令其道监司接待，又遣宣慰使，观察使坐北壁，酋长坐东壁，于礼为便，但恐酋长等不肯坐东壁也。①

此时建州三卫的酋长均是明朝封授的一、二品武职（都督），其地位本应该和朝鲜国王分庭抗礼，但是朝鲜在商议接待礼仪时，竟提出平安道观察使坐北壁，酋长坐东壁的座次安排，其背后的政治用意也就不言自明了。而面对朝鲜的强势政策，女真酋长的表现则是"亦不敢自以官高抗衡，恐惧屈伏，久已成风"②。

余 论

基于以上的分析论述，我们应该可以对明代朝鲜与女真人交往的实质，以及明、朝鲜、女真三方之间关系的本质给出符合历史本来面

---

① 《朝鲜燕山君日记》卷31，燕山君四年十月二十六日戊子条。
② 《朝鲜世宗实录》卷124，世宗三十一年五月二十九日戊申条。

目的学理性阐释。笔者注意到以南义铉为代表的韩国学界，极力主张女真人只是为了从明朝获取生活物资才与明朝发生交往，因此并不承认女真地区是明朝的疆域。①其实这恰恰说明了南义铉等人对于古代中国的"疆域观"存在着重大误解②，在明王朝作为东亚世界"天下共主"的时代背景下，女真地区虽然与长城以南的王朝本部有着"化内""化外"之别，且以明中期奴儿干都司的撤废为界限，明朝对于女真人的管控能力前后相较有所差别；此外，相比于靠近辽东边墙分布的建州女真、海西女真而言，相对远离辽东地区的东海女真部落，其与明朝关系的密切程度也有差异。③但是自永乐、宣德以来女真各部酋长纷纷接受明朝的卫所武职头衔，故而至少在名义上女真地区属于明王朝内部的羁縻统治区域无疑。朝鲜自太祖国王取代王氏高丽之后，即奉表称臣于明朝，连"朝鲜"的国号亦是明太祖所钦赐④，但是朝鲜作为明朝的外藩属国，明朝对其内政并不给予过多干预，允其"自为声教"⑤。

顾诚先生曾经提道，"明帝国版图内少数民族居住区和同明帝国保持朝贡关系的周边国家的一个重大区别：两者在朝贡等方面有相似之处，但明帝国疆域内少数民族聚居区的官员一般由朝廷授予武职，纳入帝国官职序列，周边国家的国王有的虽需明朝皇帝认可加封，其大小官员却由本国国王依据自己的传统任用"⑥。顾先生敏锐地发现了二者在朝贡方面的差异，但是其具体阐述却有失精准。以女真和朝鲜为例，二者均向明朝朝贡，但是女真各部酋长接受了明朝授予的卫所武职官衔，从而成为明王朝内部的边疆部落；而朝鲜国王虽然需要明朝的册封认

---

① ［韩］남의현：《15 세기 북방정세와 명의 변경정책의 재검토——명몽골 정책과 · 여진관계를 중심으로》，《인문과학연구》，제 29 집，2011 년。
② 参见李大龙《多民族国家建构视野下的游牧与农耕族群互动——以明代游牧行国与王朝藩属的对峙为中心》，《云南师范大学学报》（哲学社会科学版）2016 年第 3 期。
③ ［韩］남의현：《15 세기 북방정세와 명의 변경정책의 재검토——명몽골 정책과 · 여진관계를 중심으로》，《인문과학연구》，제 29 집，2011 년。
④ 《明太祖实录》卷 223，洪武二十五年闰十二月乙酉条。
⑤ 《明太祖实录》卷 221，洪武二十五年九月庚寅条。
⑥ 顾诚：《明帝国的疆土管理体制》，《历史研究》1989 年第 3 期。

可，但是其官爵却并未纳入明朝的官职序列，至于朝鲜国内的大小官员就更毋庸提及了，事实上朝鲜国王在内政上具有相当的自主性，明朝也极少对其给予干预，故而朝鲜是明朝的外藩属国，即属于明朝境土以外的"外国"。

因此从明朝的立场上来看，朝鲜与女真交往的实质是明朝的外藩明朝与明朝的边疆部落之间发生的交往，交往双方在地位上是大致对等的。然而若是从朝鲜的立场来看，由于其"小中华"意识的膨胀，竟背着明朝将一部分业已接受明朝卫所武职的女真人纳入自己的"朝贡体系"之内，从而使得在地位上本应与其大致对等的女真一方，变成了自身的"藩属"。至于从女真的立场而言，其游走于明朝和朝鲜两股势力之间，进而追求安全与经济利益的最大化，而并不计较自身"两属"（向明、鲜两国均称臣）地位的尴尬，当然这也是弱势一方难以回避的生存法则。

但是朝鲜作为称臣于明朝的外藩属国，竟背着明朝与一部分业已接受明朝卫所武职的女真人频繁交往，依据古代东亚世界"人臣无外交"的政治法则[1]，这显然是非法的，至于将女真人纳入自己的"朝贡体系"之内，更是对明朝政治利益的侵犯。明朝对于朝鲜的这一行为也明确表示反对，如天顺年间朝鲜擅杀毛怜卫酋长浪孛儿罕，世祖国王还上奏辩称是按照朝鲜国法进行处决的。引发明英宗的极大不满，下谕驳斥道："王之依法置罪，止可行于王国，今以王国之法，罪邻境之人，得乎？"[2]明英宗的态度恰恰可以表明，明朝不可能承认朝鲜对女真诸部拥有所谓的"宗主权"，明朝的"天下共主"地位必须得到尊重。就连朝鲜君臣自己也承认，"建州卫军人，非咸吉道来往彼人之例，实与辽东、东宁卫人无异"[3]，即朝鲜君臣亦基本认同女真人为明帝国的边疆部落，对于同女真人开展交往也自知理亏，因此行事向来颇为隐秘。故而韩国学者韩成洙、南义铉等人所主张的，女真与朝鲜的"朝贡"关系同女

---

[1] 《明宣宗实录》卷65，宣德五年四月己卯条。
[2] 《明英宗实录》卷314，天顺四年四月甲戌条。
[3] 《朝鲜世宗实录》卷25，世宗六年七月初二日乙亥条。

真与明朝的朝贡关系是属于"同一性质"的双边关系①，显然是站不住脚的。

（原文刊载于《北京社会科学》2020 年第 11 期）

---

① ［韩］한성주：《조선전기女真에 대한 授職政策연구》，박사논문，강원대학교，2011 년，pp. 197 – 202；［韩］남의현：《15 세기 북방정세와明의 邊境政策의 再檢討——明몽골 정책과・여진관계를 중심으로》，《인문과학연구》，제 29 집，2011 년，p. 178。

清代东北封禁政策下的旗民交往关系

——以乾隆朝吉林珲春为例

马金柱[*]

清入关后,在东北地区分设盛京、吉林、黑龙江三将军,并广置八旗驻防,以军府建置进行统治,直到光绪年间才发生根本性变革。[①] 清代内地社会中,民人为人口主体,东北地区则不然,明清鼎革后,民人主要是以外来人口的身份出现。乾隆五年(1740)至乾隆七年(1742),清廷为加强对东北地区的管制,曾陆续出台针对民人的禁令,即所谓东北封禁政策。[②] 其核心内容有二:第一,强化准入控制,携眷者不准进入,商贾、工匠及单身佣工三项"为旗民所资藉者"[③] 准许居住,唯不得落籍定居;第二,禁止民人开垦东北荒地。这一政策延续百余年。围绕封禁政策下的东北旗民关系(核心为满汉关系)已有很多探讨,但多体现在对土地开发、管理体制等问题的考察,针对旗民交往的研究尚不多见[④],

---

[*] 马金柱(1986—),河北唐山人,北京市社会科学院满学研究所助理研究员。

[①] 赵云田:《清代东北的军府建置》,《清史研究》1992年第2期。

[②] 关于东北封禁政策的详细内容,参见《清高宗实录》卷115,乾隆五年四月甲午条;卷150,乾隆六年九月戊辰条;卷162,乾隆七年三月庚午条,中华书局1985年影印本。

[③] 光绪《钦定大清会典事例》卷158《户部七·户口·流寓异地》,《续修四库全书》,上海古籍出版社2002年影印本,第800册,第566页。

[④] 刘小萌曾撰专文回顾了中外学界有关旗民关系的研究。该文已收录成果,本文不做赘述。(参见刘小萌《海内外满汉关系史研究概述》,中国社会科学院近代史研究所政治史研究室编:《晚清政治史研究的检讨:问题与前瞻》,社会科学文献出版社2014年版,第126—166页)此外,新近成果中较具代表性的有刘小萌《清代东北流民与满汉关系》(《清史研究》2015年第4期)、刘凤云《陪都盛京:满洲入主中原后对"根本之地"的政治与文化选择》(《清史研究》2018年第2期)等。

而此问题对于客观认识封禁政策所关非浅。本文以清代地方档案保存较好的吉林珲春为例，时间上选取封禁政策最具代表性的乾隆时期，通过挖掘《珲春副都统衙门档》（以下称《珲春档》）对乾隆朝珲春乡村社会旗民交往关系进行管窥[①]，以期补充历史细节，为相关研究提供参考。

一 珲春旗人社会的形成

珲春位于珲春河与图们江交汇处附近，清人称该地"左环沧海，右带门江，外控高丽，内屏重镇"[②]，乃"吉林乌拉属地中最要之处"[③]。此地曾为女真部落聚居之所，自努尔哈赤起兵以来，这一带部民便源源不断地被编入八旗，并随军前往各处征战、驻防。清入关后，珲春归属于吉林将军属下宁古塔副都统辖境。康熙五十三年（1714），清廷于此特设八旗驻防，接受宁古塔副都统节制，专责镇守"南至海一百一十里，北至佛思恒山一百二十里宁古塔界，东至海二百八十里，西至土门江二十里朝鲜界"[④]这一区域。

初设之时，清廷设协领1员、防御2员、笔帖式2员，将珲春附近世居的库雅拉人编为3个佐领，分隶上三旗满洲旗分，设佐领3员、骁骑校3员、兵150名，并自宁古塔移驻满兵40名并入三佐领。[⑤] 其中协领为该处驻防最高长官。雍正五年（1727），珲春添设无品级教习官

---

① 目前有关清代珲春民族关系的研究主要有：韩国学者尹煜《珲春驻防奴婢阶层构成的变化》（赵志强主编：《满学论丛》第5辑，辽宁民族出版社2015年版，第139—151页）、《清末民初珲春地区旗人精英的乡村统治》（朴晟爱、顾松洁译：《满语研究》2014年第1期、第2期），王亚民《对晚清珲春乡村社会的考察》（《社会科学战线》2015年第11期）。

② 萨英额：《吉林外记》卷2《疆域形胜》，《中国方志丛书·东北地方》，成文出版社1974年影印本，第35页。

③ 中国第一历史档案馆、中国边疆史地研究中心编：《珲春副都统衙门档》，乾隆五十五年六月初一日，广西师范大学出版社2006年影印本，第18册，第184页。本文所引《珲春档》满文档案为笔者自译。括号内所注字母为拉丁字母转写。

④ 萨英额：《吉林外记》卷2《疆域形胜》，成文出版社1974年影印本，第35页。

⑤ 《珲春副都统衙门档》，光绪二十四年九月初二日，广西师范大学出版社2006年影印本，第205册，第411页。按，库雅拉又称库尔喀齐、库尔喀，乃"朝鲜附近居住满洲"。参见萨英额《吉林外记》卷3《建置沿革》，成文出版社1974年影印本，第77页。

1员①，以及副协领1员，后者于乾隆元年（1736）被裁。②乾隆十六年（1751），因"珲春地方与朝鲜国交界，仅图们江一水之隔，南面沿岸有朝鲜国大小城池十余座，东面有色隆额等十四岛屿，近海有出产人参、东珠之山川、河流，西面长白山以下出产人参、东珠之河流皆有水旱路相通"，而所设卡伦（karun，哨所之意）中"哈顺、密占二卡之间地势广阔，山川、丛林甚多，卡伦官兵不能尽查"，清廷遂定增设卡伦3处，并从三姓驻防拨满兵60名入珲春三佐领，于次年移往。③尽管如此，250名兵丁对于每年驻卡、寻踪、巡查盗贼等差较繁的珲春驻防而言，仍实不足用。故乾隆二十四年（1759）吉林将军萨喇善奏请"将打牲乌拉一千兵裁三百，吉林乌拉鸟枪营一千兵亦裁三百。此六百兵缺，于宁古塔添兵四百，珲春添兵二百，各自本处闲散、西丹内，择选年壮、骑射优长者，令其当差"，经清廷议准施行。④珲春驻防额兵由此增至450名。乾隆二十七年（1762），珲春驻防由兵丁内27名领催中，选放委官9名。⑤该处驻防建置此后稳定地保持到道光时期。

需要补充的是，乾隆初年自准噶尔投诚的厄鲁特人中，也有被清廷安置到珲春三佐领充任额外披甲（fulu uksin）者。如，据乾隆二十六年（1761）珲春协领所报呈文，是时实有食二两之厄鲁特披甲5名，食一两之厄鲁特披甲6名、闲散5名。⑥

八旗驻防的设立及发展，对塑造珲春社会结构起到了十分重要的作

---

① 《珲春副都统衙门档》，光绪二十四年九月初二日，广西师范大学出版社2006年影印本，第205册，第411页。
② 《吉林志书·吉林分巡道造送会典馆清册》，李澍田主编：《长白丛书》二集，吉林文史出版社1988年版，第38页。
③ 辽宁省档案馆编：《清代三姓副都统衙门满汉文档案选编》，乾隆十六年九月二十九日，辽宁古籍出版社1995年版，第245—248页。按，原文误将"十四岛屿"译为"十四个屯寨"，本文引用时参照相关满文档案予以更正。参见《珲春副都统衙门档》，乾隆十六年十月初三日，广西师范大学出版社2006年影印本，第3册，第8页。
④ 《珲春副都统衙门档》，乾隆二十五年四月初十日，广西师范大学出版社2006年影印本，第4册，第90—93页。
⑤ 《珲春副都统衙门档》，光绪二十四年九月初二日，广西师范大学出版社2006年影印本，第205册，第410页。
⑥ 《珲春副都统衙门档》，乾隆二十六年九月三十日，广西师范大学出版社2006年影印本，第5册，第62页。

清代东北封禁政策下的旗民交往关系

用。珲春也由此形成了一个较具代表性的满洲旗人社会。珲春旗人非如直省驻防旗人集中居于满城之中，而是散居在协领驻地珲春村及其附属屯庄所构成的生活空间。如，档案显示，乾隆二十六年（1761），珲春官兵中佐领3员、防御2员、云骑尉2员、骁骑校3员、笔帖式2员、教习官1员、兵113名居住于协领衙门附近，兵337名屯居。[①] 至乾隆四十二年（1777），三佐领官兵及其家属已共有487户，3102人。[②]

二　珲春乡村社会的有限开放

清廷针对吉林地区的封禁令颁布于乾隆六年（1741），然而史料表明，在此之前珲春已经处于封禁之中。

乾隆二年（1737）二月，珲春驻防佐领、骁骑校、委官、小领催等基层官弁一同向协领呈请："去岁允许雇人种粮，人口勉强得济。伏祈再行雇人，则兵丁不至困迫，且可养活妻儿。请将职等所呈之处，呈送上宪衙门，准令雇人。所雇之人到后，职等所属督管人等，各自严行管束，不致生事。再，俟农务俱毕，一一明白核查其籍贯、花名，解至宁古塔。"该协领遂向宁古塔副都统衙门转呈，曰："查得，仰蒙大人体恤，去岁雇人给兵丁种地，实为甚有裨益。若准雇人，恳祈发给过卡票照。"[③] 由此推知：首先，珲春在乾隆元年（1736）、二年已处于封禁状态，表现为雇民种地须由副都统以上官员批准，且民人不得自行来去，非农时不得居住；其次，乾隆元年前后珲春已经出现旗人生计问题，而雇民耕种对于应对这一问题较为有效，故又有此次申请。另据四月初八日珲春协领回复副都统衙门的呈文，副都统衙门之前通知：

[①]《珲春副都统衙门档》，乾隆二十六年九月二十八日，广西师范大学出版社2006年影印本，第5册，第59页。
[②]《珲春副都统衙门档》，乾隆四十二年三月初一日，广西师范大学出版社2006年影印本，第13册，第117页。
[③]《珲春副都统衙门档》，乾隆二年二月二十二日，广西师范大学出版社2006年影印本，第1册，第1页。

准将军衙门咨开：查得，前经将军哈达等，以吉林乌拉等处，自设州县以来，各处刁民结伙干犯法禁、输送米粮、盗挖人参，致嚷闹、诉讼、人命之事增多等因，奏准前来俱在案。三姓、珲春，皆同。三姓地方不准有一名民人，珲春地方官兵则不便雇佣民人种地。等因前来。准此，一俟文到，即将尔处官兵雇去种地之人，派委妥干官兵，严饬解来。不可使一人脱逃。

珲春协领随即照办。①

这件文书表明，珲春驻防雇人之请已获通过，却又生变故。由于将军衙门对民人进入珲春十分警惕，反对雇人，以至珲春驻防业已将人雇往后，旋被要求送回。彼时珲春封禁之严，从中即可得见。从具体案例来看，这种警惕不无道理。乾隆十三年（1748）五月，珲春巡查村屯官兵抓获的盗挖人参未遂三人中，民人董喜隆（dung si lung）此前一年即曾在珲春齐蒙吉屯（cimenggi tokso）披甲席克陶（siktao）家耕种。据该犯供述，他于乾隆十二年（1747）秋季逐人之际，将未卖出的稗子、粮食埋于席克陶处；十三年（1748）四月，伙同其他二人盗挖人参，欲将所埋粮食作为口粮。② 值得注意的是，如将本案与前事参看，供词中秋季方才逐人这一情节或可表明，董氏之前来珲耕种是在官方许可下进行。也就是说，至少在乾隆十二年，珲春驻防似仍曾获准雇民种地。

除上述情形外，珲春乡村在乾隆中期以前一直保持较为封闭的状态，不准民人居住，驻防官兵会不时巡查村屯，查缉违禁之人。如，乾隆十九年（1754）珲春协领齐格（cige）呈称："职于九月十二日到任后，即令巡查村屯。派令镶黄旗佐领阿松阿（asungga）、正白旗防御富勒呼纳（fulhūna）、正黄旗讷尔布（nerbu）佐领下委官迈松阿（maisungga）等，不时巡查。兹查，村屯无领官票刨夫。若嗣后有进来者，遇之即将参包

---

① 《珲春副都统衙门档》，乾隆二年四月初八日，广西师范大学出版社 2006 年影印本，第 1 册，第 11—12 页。

② 《珲春副都统衙门档》，乾隆十三年五月二十三日，广西师范大学出版社 2006 年影印本，第 1 册，第 348—350 页。

清代东北封禁政策下的旗民交往关系

一并称量，包面封贴印封后，将刨夫着落卡伦递解。"①

至乾隆二十四年（1759），珲春"具结安置真正耕种地亩之民人及商人，驱逐无业流民"②，正式准许民人居住。但这并不意味着清廷放松了对珲春的军事管制。次年（1760），清廷便强调，"珲春系与朝鲜交界之地，且又邻近出参之山"，因此"除将真正于珲春地方经商、种地之民人，俱令报该处记档查照外，游手闲民，一概禁止栖留。宁古塔至珲春道路，禁止无票民人通行"③。《珲春档》中所说的"经商、种地之民人"，前者常常统指商贾、工匠两个群体，后者主要指旗人所雇为己种地的民人。其中，种地民人与先前一样，他们春季由协领派兵弁自宁古塔集中雇来，秋季打场后全部编队逐回，而商人和工匠无须如此。④ 但官方对三个群体的人数都进行了限制。商贾、工匠共计57人，种地民人因时制宜，至乾隆五十五年（1790）定为以1116人为限。⑤ 日常管理方面，珲春协领每年须将此等民人之姓名、人数、籍贯，以及雇佣民人之旗人的旗佐、名字等信息造册登记并上报，且要按月核查，册上无名者立刻驱逐，此外仍要不时巡查，若有怠慢之处即会受到上级衙门申饬。乾隆四十年（1775），由于珲春地方已拿送私自逃卡的40余人和盗挖人参的5人至副都统衙门，却仍连发命案，副都统衙门右司向副都统提出：

> 观之，显系禁年历久后，该处官员懈怠不以为事，未将屯居闲民不时查看，严行驱逐。拟请将此咨札协领，令其清查珲春地方原定旗人、工匠以外之往来商贾与所雇种地民人，将彼等花名造册后，

---

① 《珲春副都统衙门档》，乾隆十九年十月十一日，广西师范大学出版社2006年影印本，第3册，第183—184页。
② 《清代三姓副都统衙门满汉文档案选编》，乾隆二十九年七月二十五日，第132页。
③ 《珲春副都统衙门档》，乾隆四十年九月初六日，广西师范大学出版社2006年影印本，第9册，第406页。
④ 参见《珲春副都统衙门档》，乾隆三十三年十月初十日，广西师范大学出版社2006年影印本，第7册，第336—338页；《珲春副都统衙门档》，乾隆五十五年六月初一日，广西师范大学出版社2006年影印本，第18册，第185—190页。
⑤ 《珲春副都统衙门档》，乾隆五十五年六月初一日，广西师范大学出版社2006年影印本，第18册，第189、192—193页。

立即报来；并仍派专员每月核查花名，将彼等之外复有之民严行查看，驱逐出界，不遗一人。协领自己亦须留意，不时巡查疑似逃出卡伦捕打海参、鱼之民人与栖居闲民，必遵原奏准前来之文，及我衙屡行禁止之处，将地方料理清净；仍专责每月查照，取具领催、官员保结，送至我衙备查。嗣后每年将春季雇去民人之花名、数目、籍贯，分晰造册，送至我衙，于秋季详核赶催解到民人之名。①

这段文字可谓将当时珲春的民人管制机制进行了充分说明，严密程度可见一斑。乾隆五十五年（1790），珲春协领又遵副都统衙门之命，于附近屯庄选充噶山达（gašan da）6 名，于居村商人中选充铺头（puseli da）3 名，"令其不时严查，除真正所雇人等外，若有潜居闲民，立即驱逐"②，进一步加强查缉力度。

总之，珲春自乾隆元年（1736）起即处于高度管制之中，后虽准许民人居住，但开放程度尚有限，是个典型的军事管制型社会。

三　珲春乡村日常生活中的旗民交往

乾隆时期的珲春乡村是一个以旗人为主体人群，带有强烈军事管制色彩的地方社会。民人进入这样一种社会环境后，与旗人在日常生活中都产生了何种关系？本节将对这一问题分为经济活动与社交活动两个层次进行讨论。

（一）经济活动

乾隆时期获准进入珲春乡村的民人，从身份上看主要包括种地民人、商贾、工匠，彼等与旗人所结成的关系，主要体现在雇佣关系和买卖

---

① 《珲春副都统衙门档》，乾隆四十年九月初六日，广西师范大学出版社 2006 年影印本，第 9 册，第 406—408 页。

② 《珲春副都统衙门档》，乾隆五十五年六月初一日，广西师范大学出版社 2006 年影印本，第 18 册，第 190—191 页。

关系。

1. 雇佣关系

雇佣关系是旗民双方在珲春乡村日常生活中最为重要的关系,它的发展甚至直接带动了该地社会经济的变革。"最初,雇佣民人是为了帮助旗人和奴婢务农。但由于珲春民人大量增加,农事几乎全部交到了民人的手中……民人的流入带来了珲春生产方式从奴隶制向小作制的转变。"①

种地民人为入居珲春民人的主体。乾隆二十五年(1760)珲春种地民人为497名,此后总体趋势逐步走高,至乾隆五十四年(1789)已达1116名之多。② 这表明随着当地农业经济的持续发展,旗人对民人劳动力的需求也在逐渐提高。而当这种需求无法得到满足时,旗人常常不顾朝廷禁令,雇佣非法前去者进行补充。如,乾隆四十二年(1777),因珲春协领衙门仅雇得200名民人,人不足用,当地旗人竟自行雇佣逃卡前去者达445名。副都统衙门查明实情后亦未深究,反将此445人纳入正数。不久,珲春再行查出202人,珲春协领请求将这些人暂留,待秋季农事结束后驱逐。副都统衙门则以当时有种地民人不得超过700名的规定,认为该协领主张殊属不合,令其立即派遣官兵驱逐。③ 从中还可得见,由于关乎生计大事,对于旗人违禁雇佣之事,主管旗员会在合理的范围内通融处理。

珲春旗人雇佣民人的方式,主要有分成租佃和支付佣金两种方式。在此各举一证说明:

(1)分成租佃。乾隆四十三年(1778),民人高启山(g'ao ci šan)与旗人辛泰(hiyentai)订立契约,自备农具租种辛泰旧地28垧,规定

---

① [韩]尹煜:《珲春驻防奴婢阶层构成的变化》,赵志强主编《满学论丛》第5辑,辽宁民族出版社2019年版,第139—151页。

② 乾隆二十五年至五十四年历年珲春种地民人人数,参见《珲春副都统衙门档》,乾隆五十五年六月初一日,广西师范大学出版社2006年影印本,第18册,第189—190页。

③ 参见《珲春副都统衙门档》,乾隆四十二年五月初四日,广西师范大学出版社2006年影印本,第11册,第102—104页;《珲春副都统衙门档》,乾隆四十二年七月初九日,广西师范大学出版社2006年影印本,第10册,第316页。

"耕得粮食均分；如若开垦新地，满六年后，与旧地一例交租"①。可见，尽管清朝官方对珲春旗人雇佣民人有多方面的限制条件，但是旗民双方仍有建立长期合作关系的可能。

（2）支付佣金。乾隆四十七年（1782），旗人穆克登额（mukdengge）以一年24—30两银的价钱雇佣数名民人。此外，穆克登额出公差后，令其所雇民人张德彰（jang de jang）办理农务，张氏又以每日3文银的价钱雇佣数名民人耘田。②这表明珲春旗民雇佣关系中还存在间接雇佣、多重雇佣的形式。

乾隆十五年（1750）珲春旗地面积为4570坰③，在旗民共同开发下，至乾隆五十四年（1789）已增至11800坰，并于次年确定每名民人耕种10坰，所雇人数不得超过1116名的原则。④应当说，尽管民人耕种东北旗地存在"民人在'典''长租''押'等形式下实际取得旗地长期使用权，以致在经济上掌控失地旗人命脉"⑤的现象，但对于旗人实际生活而言，雇民种地的风险是潜在的，益处却是实在且显而易见。乾隆六年（1741），吉林乌拉满兵3000余户中穷苦者1185户，甚穷苦者678户，生计状况堪忧。将军鄂弥达等归结为"兵丁每月食饷二两，又无米石，值屡次出征、每年两次打围，需费甚多；又扣豫借生息银两，放饷时，除抵扣外，所余无几"⑥。从制度层面讲，珲春八旗官兵亦须面临这些问题，乾隆初该处旗人出现生计问题的原因恐怕即在于此，严峻程度当与吉林乌拉相仿。雇民种地的制度化，则使珲春旗人生活得到很大改善。据估算："乾隆年间，珲春500余户旗人拥有土地11800坰，旗

---

① 《珲春副都统衙门档》，乾隆五十年四月二十二日，广西师范大学出版社2006年影印本，第13册，第480—481页。

② 参见《珲春副都统衙门档》，乾隆四十七年六月十二日，广西师范大学出版社2006年影印本，第13册，第90—99页。

③ 《珲春副都统衙门档》，乾隆十五年七月十二日，广西师范大学出版社2006年影印本，第2册，第220页。

④ 《珲春副都统衙门档》，乾隆五十五年六月初一日，广西师范大学出版社2006年影印本，第18册，第192—193页。

⑤ 刘小萌：《清代东北流民与满汉关系》，《清史研究》2015年第4期。

⑥ 《清高宗实录》卷155，乾隆六年十一月辛卯条，第2册，第1217页。

人若将 10 垧熟田作为租佃，能够有 12 两左右的收入。旗人平均每户拥有 23 垧土地，每户佃租与披甲 1 人每年所领受的俸饷相当。"① 又如，上举穆克登额一例中，该旗人于乾隆四十七年（1782）二月初二日奉差出外，六月初十日回到珲春。因无兄弟，孩子幼小，出差期间他将田事交与所雇民人张德彰经理。② 类似情形对于八旗甲兵来说应不罕见。另外，种地民人本多贫苦，受雇于旗人也可使他们生计有资。这一点亦不可忽视。简言之，清廷准许珲春旗人雇民助耕，对于旗民双方均甚有裨益。

2. 买卖关系

一般来说，旗人以披甲当差为正途。正因如此，单一、封闭的旗人社会必然难以满足旗人对于商品的客观需求。乾隆二十四年（1769）以后，清廷准许商贾、工匠进入珲春乡村居住，向该地注入商业、手工业经济元素，同时又控制规模，将人数定为 57 人。以乾隆二十六年（1771）为例，这 57 人的具体职业分布为小商 39 名、木匠 8 名、铁匠 7 名、石匠 1 名、席匠 2 名。③ 不难想象，他们的入住无疑可给旗人的生产、生活带来很大便利。

有趣的是，珲春旗民之间的买卖关系，并不只是单向地表现为旗人为买方，民人为卖方，其他情形亦有发生。如，通过普查档案中珲春商户申领票照时提交的物品细数可以发现④，他们赴宁古塔进货时常从珲春携带海参以备贩售。仅在乾隆五十一年（1786）闰七月二十日的 13 件此类档案中，13 名在珲春开杂货铺的民人申报携带海参之数量少者 24 包，多者 80 包，总计达 583 包。其中，10 人明确提到其海参为"贸易

---

① ［韩］尹煜：《珲春驻防奴婢阶层构成的变化》，赵志强主编《满学论丛》第 5 辑，辽宁民族出版社 2019 年版，第 139—151 页。
② 《珲春副都统衙门档》，乾隆四十七年六月十二日，广西师范大学出版社 2006 年影印本，第 13 册，第 99 页。
③ 《珲春副都统衙门档》，乾隆二十六年三月二十一日，广西师范大学出版社 2006 年影印本，第 4 册，第 342 页。
④ 乾隆十一年（1746），清廷定："三姓、珲春等处商人、官兵领票赴宁古塔、船厂地方购买物件，令其开明数目。"参见光绪《钦定大清会典事例》卷 627《户部八十二·参务·考成》，《续修四库全书》，第 801 册，第 743 页。

所得"①。考虑到清廷向例禁止民人在珲春沿海捕打海参，而旗人则为例所不禁。②故即便存在民人盗捕等情，珲春商户的海参也应主要来自旗人。档案中也确能见到旗人存在售卖行为的实据，堪为佐证。如，从乾隆二十三年（1758）珲春协领齐格渎职案相关供词来看，当时珲春官员每年都会派出个人亲随（gocika）捕打海参出卖。通过此项收入，该协领一年得银百两余，佐领讷尔布、阿松阿、雅毕那（yabina）与防御布恩德依（bundei）等人一年得银三四十两，防御玛岱（madai）一年得银五两。③又如，珲春旗人宁泰（ningtai）曾专门申请赴宁售卖海参与鹿茸。其中，他于乾隆十三年（1748）六月十六日申请携带的物品为海参10驮，十五年（1750）六月二十五日的申请中开列海参与鹿茸两物，但未记具体数量。④

（二）社交活动

地方经济结构中的互补性，决定了珲春旗民之间在日常生活中的接触不可避免，并为双方通过社交活动建立进一层联系创造了条件。以下试举几例：

1. 债务关系。如，乾隆四十六年（1781）元月，旗人博霍勒达（boholda）曾赊买其素识民人张启玉（jang ci ioi）卖工所得之米6斗，欠银6两，约定于三月偿还。⑤

2. 通奸关系。如，乾隆四十年四月至五月，民人沈英（šen ing）曾与旗人伊兰保（ilamboo）之婢女妲儿（dal）通奸。⑥

---

① 《珲春副都统衙门档》，乾隆五十一年闰七月二十日，广西师范大学出版社2006年影印本，第15册，第74—75、76—90页。

② 参见《珲春副都统衙门档》，乾隆二十四年七月十五日，广西师范大学出版社2006年影印本，第3册，第407—409页；《珲春副都统衙门档》，嘉庆十年二月二十二日，广西师范大学出版社2006年影印本，第23册，第90—91页。

③ 《珲春副都统衙门档》，乾隆二十四年三月二十四日，广西师范大学出版社2006年影印本，第3册，第288—289页。

④ 参见《珲春副都统衙门档》，乾隆十三年六月十六日，广西师范大学出版社2006年影印本，第1册，第378页；《珲春副都统衙门档》，乾隆十五年六月二十五日，广西师范大学出版社2006年影印本，第2册，第217—218页。

⑤ 参见《珲春副都统衙门档》，乾隆四十七年八月初六日，广西师范大学出版社2006年影印本，第13册，第160、162页。

⑥ 参见《珲春副都统衙门档》，乾隆四十年八月初七日，广西师范大学出版社2006年影印本，第9册，第372页。

3. 婚姻关系。按照乾隆二十六年（1761）以后的定例，吉林地区旗人之女与家奴之女俱不得嫁与民人，违者治罪。① 然从具体案例中仍可发现违反此例的情况。乾隆五十七年（1792）闰四月，民人刘文焕（lio wen hūwan）与民人李太贵（lii tai gui）之妻雅图（yatu）通奸，并于五月将其杀害。通过档案可知，披甲萨雍阿（sayungga）为雅图本人及其亲兄之主，且雅图遇害时年仅十九岁。② 那么应当可以确定，雅图是以家奴之女的身份于禁例出台之后嫁与民人。

4. 义父子关系。披甲多新保（dosimboo）认民人侯青山（heo cing šan）为父，又欲与民人刘春（lio cun）结为兄弟，宁古塔副都统因此认为其"品行甚属卑贱，玷辱满洲颜面"，于乾隆六十年（1795）九月要求珲春协领将此人革退并杖惩。③

以此窥知，珲春乡村社会中旗民间的交往并非仅限于经济生活之中，而是渗透到日常生活的诸多方面。需要说明的是，目前已知能够反映乾隆朝珲春旗民日常社交活动的信息，几乎都是保留在有关刑名词讼案件的档案文书之中。受制于史料来源单一加之档案散佚，如今可获得的相关信息相对有限。但通过这些档案可了解到，民人在珲春一般居于旗屯之中，甚至与旗人同院而居，有条件与旗人家庭密切接触。④ 因此有理由相信，这些个案的背后应该存在一个更具广泛性的社会现实。也就是说，在乾隆时期，珲春乡村社会中跨旗民的社交关系已并不鲜见。

---

① 《清代三姓副都统衙门满汉文档案选编》，乾隆二十九年四月十八日，第127页；《钦定户部则例》卷2《户口·奴仆》，故宫博物院编：《故宫珍本丛刊》，海南出版社2000年影印本，第284册，第59页。

② 参见《珲春副都统衙门档》，乾隆五十七年七月二十八日，广西师范大学出版社2006年影印本，第19册，第126—133页。

③ 《珲春副都统衙门档》，乾隆六十年九月十八日，广西师范大学出版社2006年影印本，第20册，第61页。

④ 例如，上举例证中，张启玉曾住在于珲春开席铺的民人韩岳（han yuwei）家，后搬至表兄冯启云（feng ci yūn）在珲春种地居所暂住；沈英受雇于珲春旗人巴彦保（bayamboo），巴彦保因自己房屋狭小，遂将沈氏安排至相邻姊母家的厢房居住，同住者还有其姊母所雇种地民人刘玉（lio ioi）。以上数人的居住状况，可以说基本代表了民人在珲春居住的几种情形。参见《珲春副都统衙门档》，乾隆四十七年八月初六日，广西师范大学出版社2006年影印本，第13册，第162—163页；《珲春副都统衙门档》，乾隆四十年八月初七日，广西师范大学出版社2006年影印本，第9册，第372、376、380页。

值得注意的是，珲春旗人的文化面貌并未因旗民交往而产生明显流变。直至道光时期，他们仍"皆熟国语，捕打海参、海菜为生，少耕作。春夏秋冬射猎无虚日，尤娴于枪"①，较好地延续着以"国语骑射"为代表的"满洲旧俗"。思之，此当缘于清廷对民人严格的管控措施，使旗人保持着在地方人口结构中的优势地位，从而保证了满文化的主体地位不被动摇。

综上析知，珲春因邻近朝鲜且左近参山，而成为清代东北封禁格局下的"禁中之禁"，但即便在厉行封禁的乾隆时期，清廷仍有条件地准许民人入住该地。清朝统治者此举无疑旨在利用旗民间在生计方式、生产技术等方面的差异补益旗人社会，然而客观上也为二者交融提供了条件。在珲春乡村日常生活中，旗民双方在经济活动中相互依赖、补充，主要表现为旗人社会提供雇佣与商品市场，民人提供劳动力及商品；在经济互惠基础上，双方开始产生更深层次的情感认同，日常交往不以民族和社会身份为限，建立了跨旗民的社交网络。珲春尚且如此，管制稍弛之处便可想而知。因此，尽管乾隆以降的东北封禁政策对民人存在多方面的限制，但也不宜就此即将其视为一种民族隔离政策，还应通过探求更多的历史细节加以审视。

（原文刊载于《历史档案》2020年第1期）

---

① 萨英额：《吉林外记》卷8《风俗》，成文出版社1974年影印本，第260页。

岔曲与北京旗人艺术

金启平[*]

岔曲是清代旗人的艺术，郑振铎先生称其为可怪的、漂亮的新体诗。溥叔明先生说岔曲"实近代俗曲之最雅者。予髫龄即深喜之，以其束缚少而变化多也。以言其词，则字句之多寡长短，押韵之或平或仄均无定式"，"以言其调，则因字而为腔，不因腔而填字"[①]。姑妄云之，岔曲类似于现代流行歌曲，所不同者因世事不同，乐理不同，生活观念以及内容或不同或有别矣。

岔曲盛行于清中期，且经久不衰，当时举凡京城人家宴聚喜庆，常邀擅此道者赓歌。由于得到了清廷的支持，那些喜爱岔曲的旗籍子弟也以此为荣，称作票友。其词亦雅亦俗，上撰自名公巨卿，逮诸文人墨客，下至衢巷之语、市井之谣，无所不涉及，无所不包容，或吉颂或闺情或世风或缀言或感怀或改古人文赋，"风花雪月之词，登山临水之作蔚然并兴"[②]。岔曲有小岔、中岔、长岔，少则几十字，又称六八句脆唱，多则数百字，也有千余字的岔曲。每首均不留作者姓名，但绝大多数岔曲或雅驯或真挚或奇俊，既不知费去了多少文人心血，传递和积淀了当时文化上的情结和关怀，又体现了北方民族的粗豪、自然和洒落，往者流行岔曲之多有比之"树叶之谚"[③]。

---

[*] 金启平（1947— ），北京人，北京市社会科学院满学研究所研究员。
[①] 溥叔明：《岔曲选存·序》，1951年抄本。爱新觉罗·溥僡（1906—1961），字叔明，号易庐，逊清恭忠亲王奕訢之孙，贝勒载滢之三子。
[②] 齐如山：《升平署岔曲·序》，国立北平故宫博物院1935年版，第1页。
[③] 齐如山：《升平署岔曲·序》，国立北平故宫博物院1935年版，第2页。

清末票房凋敝，岔曲亦随之式微，但是，随着票友们的纷纷下海，岔曲之声不绝，与京畿种种适观适聆者斗奇争妍。赵俊亭先生说"八角鼓一门尤为北京特有之曲词，津门虽盛发源始自北京，荟萃之地洵非虚言。每上场必先唱一段名曰岔曲，声调铿锵词句幽雅，爱好者文人消遣之作也"①。至20世纪50年代，很多京城旧人尚喜、尚能歌之②，但自20世纪80年代，这门艺术实如荒草，自生自灭。在田野访谈中知，20世纪50年代前从师聆教、颇通此艺者，现京中仅数人而已。我慨叹其凋寂将消，故与章学楷、杨世安二位先生爬梳旧本，搜民间所藏，个中滋味，如人饮水，冷暖自知。

本文之旨归乃如实辑录、理其大观，分为"前言""岔曲研究""岔曲曲目汇编""岔曲曲词选录""附录"五部分。

"前言"包括了凡例：

撷取之岔曲取自《霓裳续谱》③《白雪遗音》④《车王府曲本》⑤《升平署岔曲》⑥《别埜堂》⑦《百本张》⑧《百万句全》⑨《岔曲选录》⑩《岔

---

① 赵俊亭：《精选最佳岔曲·序言》，1962年赵俊亭手稿。
② 电影《龙须沟》中就有岔曲"待时听天命"的演唱，配唱者为八角鼓艺术家、名票金维源，弦师刘怀林伴奏；爱新觉罗·瀛生先生（1922年生）2006年春曾当着笔者欣唱岔曲"春至河开"。
③ 《霓裳续谱》：乾隆六十年（1795）所刊，俗曲集，八卷，收西调、杂曲622首，卷四至卷八共收有各种岔曲147首。清天津曲师颜自德选辑，王廷绍编订。颜自德生平无考；王廷绍字善述，号楷堂，直隶大兴人，曾中过进士，由庶常改刑部主事，以员外郎终，时年58岁，是个穷官。本书收有93首的目录。
④ 《白雪遗音》：道光八年（1828）所刻，清代俗曲集，清华广生辑。华广生，字春田，山东历城人，约生于乾嘉年间。该书四卷，收南北曲调780首，多为散佚之作，卷三收有八角鼓曲（大多是岔曲）49首，其中岔曲42首。
⑤ 《车王府曲本》：清代北京蒙古车登巴咱尔王府所藏手抄戏曲、曲艺脚本的总称，共四千余册。收录岔曲242首，分存于北京大学图书馆、首都图书馆和中山大学图书馆。
⑥ 《升平署岔曲》：民国二十四年（1935）10月出版，国立北平故宫博物院文献馆印行，收录岔曲100段。
⑦ 《别埜堂》：清中叶至清末民间作坊出售的抄本，收集有赶板、牌子曲、快书、岔曲、马头调等各样曲目。
⑧ 《百本张》，清中叶至清末民间作坊出售的抄本，收有牌子曲、岔曲等各样曲目。所见本写有"西直门大街高井胡同北头胡同路北百本张""别还价"字样。
⑨ 《百万句全》，所见本为咸丰六年（1856）七月十一日，横订手抄本，一函共五册，字迹潦草，曲目无序，重新裱过。
⑩ 《岔曲选录》，所见本编者不详，封面除题名外，另有"辛丑仲秋，厚田藏"字样，为清光绪二十七年（1901），抄本朱墨二色。

曲选集》①《岔曲六十九种》②《另有一种情》③《岔曲八十六支》④《岔曲三十九种》⑤《岔曲汇编》⑥《岔曲二十九种》⑦《曲辞》⑧，以及民间藏本如《岔曲选存》《蕉雪堂》《学敏堂抄本》等数十种，上限为清中叶，下限为 20 世纪 60 年代前后历百数十年的岔曲内容。

"岔曲曲目汇编""岔曲曲词选录"以首句为题，以起句头一个字为准，按笔画依次排序，笔画依循 1990 年 12 月上海辞书出版社出版的《辞海》缩印本；

"岔曲曲目汇编"记录首句，但不注其出处；"岔曲曲词选录"注其出处；

凡有曲名者均标明，"岔曲曲词选录"中曲词之曲名为同字号楷体，加括号；

选录之曲词的"过板""卧牛"——标明，加括号；《升平署岔曲》曲词因多不能歌，故选自《升平署岔曲》者不再标注"过板""卧牛"，用"·"标示"卧牛"；

辑录之曲目和曲词，对原本抄写之讹误，在理由充分的情况下采取径改法，不另说明；对属于疑或似之间的，又没有确切地把握，则仍其旧，不作更动；

以改成简体字、统一异体字、不通假为原则，加现行标点符号，横排。

"岔曲研究"一文撰自章学楷先生。章学楷 1935 年生，满族，北京人，师承赵俊亭，德俊峰，后列入谭凤元门墙。该文对岔曲形成、发展、

---

① 《岔曲选集》，所见本为清光绪三十二年（1906），一函四册，分脆岔卷一、长岔卷二，杂牌岔曲卷三、卷四，重订本，有王静宸书字样，章三枚，碧蕖馆藏。
② 《岔曲六十九种》，所见本为线装抄本，字迹秀丽，印章五枚。
③ 《另有一种情》，所见本一函二册，书皮上有"群曲，杂牌曲"字样，第一页写有"另有一种情"。
④ 《岔曲八十六支》，所见本为清代抄本，第一页有章四枚和碧蕖馆藏。
⑤ 《岔曲三十九种》，所见本为线装手抄本，黑字红批，第一页有章四枚和碧蕖馆藏。
⑥ 《岔曲汇编》，所见本为手抄钢笔字，字秀丽，竖板方格本，碧蕖馆藏。
⑦ 《岔曲二十九种》，所见本为线装手抄本，第一页有"碧蕖馆藏"章。
⑧ 《曲辞》，所见本为手抄本，宣纸麻绳穿订，节"曲辞"二字于左上角，字迹潦草，有涂改。

格律、演唱形式进行了研究，对岔曲曲词作了分类和剖析，对八角鼓票房的建立、过排、走局等活动作了论述。

"岔曲曲目汇编"共辑录岔曲1289首。傅惜华先生所编《北京传统曲艺总录》（中华书局1962年第一版）为继承与整理中华民族的民间文化遗产做了杰出的工作，该书收录的岔曲曲目（卷一至卷三）1026首。傅惜华先生辑录的特点是：1. 钩稽出处；2. 有时以首句为题，有时以曲名为题。但因同一首岔曲可以不同的方式出现，故有重复。比如"似松不露松一支"（曲名，第51页）与"赞松一支"（曲名，第192页），与"形似老龙蟠（盘）一支"（首句，第55页）实为一首岔曲。我们因为严格遵循"首句为题——曲名——第一乐句"之规则，所以避免了同一首岔曲的重复出现。傅惜华先生辑录的岔曲曲目很多我们查检不到，并且与"往者流行岔曲至多，有比之树叶之谚"① 亦远矣。

"岔曲曲词选录"共收录598首。我们把岔曲内容分为九类：景物类、赞咏类、文赋类、闺情类、遣怀类、故事类、吉颂类、世风类和缀言类，并依此选录曲词。所收录曲词既有名段和文人雅作，又有吉颂之辞、衢巷之语、市井之谣，严格遵循如实辑录，理其大观之旨，不拘泥于雅驯，不拘泥于今"不能歌"②。我们所以这样考虑，是想把岔曲实事求是地展示出来，为整理北京特有的这一文化遗产准备一些条件。

"附录"收有《霓裳续谱》之王廷绍序、《白雪遗音》之华广生序、《升平署岔曲》之齐如山序和原北平故宫博物院文献馆的引言、《升平署岔曲（外二种）》（上海古籍出版社出版）中"升平署志·升平署始末"、《岔曲选存》之溥叔明序；另，曲者歌也，故收有六首谱上简谱的岔曲和一首《北平俗曲略》中的工尺谱。

世易时移，岔曲从北京人的文化生活中远去，作为满族文化虽然独具标格，今却鲜为人晓，姑试云之。

岔曲迄今已两百余年，盛行于清乾隆、嘉庆、道光、咸丰、同治、

---

① 齐如山：《升平署岔曲·序》，国立北平故宫博物院1935年版，第3页。
② 溥叔明：《岔曲选存·序》，1951年抄本。

光绪朝的京城内外,又在20世纪30—40年代再展风华,故容纳、积淀的文化理念、生活情景、历史消息是非常丰富的,是研究北京历史文化的一个窗口,也是寻索中华民族传统文化的一个窥点。

窃以为岔曲独具标格处有二:其一,"卧牛"。"卧牛"一词,技师相传,停顿的意思,满语音、蒙古语音均无此义,故有言源之古建,或依声托事或依循象意。《升平署岔曲·引言》中说:"盖度曲至此处,一字重唱,故为顿挫,以便引起下文。""卧牛"或叠字或不叠字(参见"岔曲研究"),但如果一首曲子没有"卧牛",就未必是岔曲了。其二,岔曲讲求京腔京味儿,就是说唱岔曲要用北京话。北京话属北方方言,但绝非仅是语音问题,也包括北京人常用的土话、谚语,乃至语境。齐如山把此称为字眼,认为只有用这些字眼才能把那种情景、神态、心路描摹出来,如果不弄懂那些字眼,言语的精神便不能彻底地了解。他说:"就是极平常话,看着好像极普通,其实也有它特别的意味,特别的地方性。比如:《红楼梦》中第十六回凤姐对薛姨妈说'可不是呢',《儿女英雄传》第三十七回长姐看见程师爷之后,说'这是怎么话说呢',《品花宝鉴》第十一回荷珠摇头说道'不稀罕'等等的,这些句子乍一看,仿佛平平无奇,其实,它真正能够把各该人的心思神气描画得出来。"[①] 在岔曲中,北京土话不时点缀其中,尤见于世风类和缀言类的岔曲,或盎然生趣,或引起聆者共鸣,或令人忍俊不禁。这些字眼能入木三分,能意味绵长,是因其所见者真切,所会意者深透。

小曲历来被人看不起,也为斯文所轻,然今涉足其间,却颇有读《庄子·秋水》篇之感触。窃以为,传统文化少宏大叙述可能与汉字的构建风格有关,也与因此而追求意须称物、文须逮意的境界有关,因为即使小曲,像岔曲,也同样具有这样的人文精神。比如"换解罗裙带"一曲(参见"岔曲研究"),词中仅仅因为用了"忙""拽""慢""荼"这样几个字,竟把这位妇人描摹得出神入化;比如"过山林狂风如吼"(风雨归舟)一曲(参见"岔曲研究"),曲词本来就像一幅山水画,而

---

① 齐如山:《北京土话》,北京燕山出版社1991年版,第9页。

那个"贪午睡的小牧童儿"的现身,竟然使这幅山水画一下子活了起来。这种通过几个字或者通过某一插叙,就能使意境迥然、更富情趣,进而言之,使其文更为深透的文化现象,在现在的宏大叙述中是很难看到的。

随着北京的都市化进程,北京传统世俗生活中许多观念被解构了。值得注意的是,被解构了的观念未必都是没有生命力的和过时了的,但在这一过程中,却渐渐遗失了文化传统赋予存在的某些生命智慧。岔曲中有吉颂词,比如"一门五福""天假良姻""画堂欢庆""福字安康"等,《升平署岔曲》序中亦云"可谓尽颂祷之极至"。愚痴长数十余年,曾以为颂祷之类纯属粉饰旧世升平或歌功颂德,不屑一顾。其实,这是一种偏见,有违人类的智慧。孔子说:"能近取譬,可谓仁之方也已。"① 人们逢年过节或遇有喜庆去祈求吉祥,古往今来的人心是一样的,中西也没有区别。所以,说吉祥不仅是礼的内在要求,也是善的现身,尤其是在现在一个安定的和构建和谐的人文环境里,祈祷和平、冀望福祉、谋求发展,是社会的共识。儒家在此处抬出"诚",是说无论内省自身还是及于他人、社会、自然,都要真实无妄,不自欺不欺人,此亦善也。岔曲不刻薄吉祥,不诅咒生命,不尖酸喜庆,恰恰体现了传统的一种生命智慧。

岔曲中的世风类、缀言类多俚言谚语,多市井之谣,其风格与文赋类、赞咏类、吉颂类迥异,或唱出道里山川、民风物产,或记录节日习俗,或绘出此情此景,或传播历史知识,即使是满语、蒙古语也有立足之地,内容十分丰富。例如"今日下班儿"一曲(参见"岔曲曲词选录"),写的是京中一位小官盛夏到京城外散心时所见所闻。这首曲子土气十足,但又那么怡然自得。人怡然自得,那辽远的晴空、郊外的野景、浓荫中的茅店、正当时的虫蛙也是那么的怡然自得。这种情景在现代的都市生活中绝难体会到了。人们或许能通过遗失着的小令、俗曲,去探

---

① 《论语·雍也》,朱熹注:"近取诸身,以己所欲譬之他人,知其所欲亦犹是也。然后推其所欲以及于人,则恕之事,仁之术也。"[(宋)朱熹:《四书章句集注》,中华书局1983年版,第92页]

岔曲与北京旗人艺术

寻、追问生活本身,应该说这首土气十足的岔曲意蕴是很深的。

排遣、宣泄人在世间的焦虑、不安、寂寞、孤独、失意,放任于自然,旷达于山林湖河,这类曲词在岔曲中是十分亮眼的。这样的人文观念在传统文化中也占有重要地位:道家崇尚自然,佛门超凡出世,其实儒学也不缺乏这样的思想。[①] 士大夫津津于此,以求与仕途互补,渔樵耕牧亦然,随缘顺生,安之若命,更得自然之神髓。这类岔曲虽然缺少震撼力,缺少庄子深沉的批判精神,没有曹雪芹那种使人潸然心碎的述说,但是恰恰因为如此,反而使其生活的含量更高,更能为世俗生活认同和接受。例如"秋水长天"[②] 一曲颇有陶渊明的意境,聆之焦虑释然,精神一爽,放松了压力,调节了心理,翌日推门可见"木欣欣以向荣,泉涓涓而始流"。例如"悟透浮生"[③] 一曲,其之潇洒之不俗令人堪羡。这类曲词或其趣绵长,或畅叙幽情,或珍惜当下生活,或与倦鸟孤松争韵,特别是不求伤悲的心路是岔曲能在京畿这片人杰地灵的土地上绵延不断的重要原因,这不仅是岔曲的独具标格之处,也为诸小曲小令之冠。

适逢盛世,挖掘、梳理传统文化,抢救非物质文化遗产,曲部其一也。

以文化言,岔曲从多个方面展示了中华民族的心路和人文关怀,这对构建和谐社会的理念实有启发性;以史料言,岔曲堪称百科,提供了研究北京的资料,尤其是曲词中留下来的历史情景和历史动感实为珍贵;以遗产言,七十余年前齐如山即慨叹岔曲曲词散失难得,今天如果不注意它,难免烟消云散的命运,无论文化上抑或情义上,都可惜了。

我们尽了心力,仍有缺憾,间有讹误,敬请谅解。

[本文为《北京旗人艺术——岔曲》(北京师范大学出版社2007年版)的序言]

---

① 《论语·述而》:"子曰:'君子坦荡荡,小人长戚戚'。"又,《论语·先进》中孔子问子路、曾晳(名点)、冉有、公西华志向,曾晳说:"莫春者,春服既成冠者五六人,童子六七人,浴乎沂,风乎舞雩,咏而归。"孔子喟然叹曰:"吾与点也!"(杨伯峻译注:《论语译注》,中华书局1980年版,第77、119页)

② 参见本书《岔曲曲词选录》部分。

③ 参见本书《岔曲曲词选录》部分。

181

兴学女旗人继识一事迹考

王鸿莉[*]

光绪二十四年（1898），国人自办的第一所女学堂上海中国女学堂创立；之后苏州、南京、长沙等地女学亦迅速发展起来；甚至，较为遥远的蒙古，在喀喇沁王贡桑诺尔布、善坤夫妇的主持下，光绪二十九年蒙古第一所女子学校毓正女子学堂业已创立。在上述女学兴起的过程之中，第一批中国的女学生、女教员"浮出历史地表"[①]：有声名卓著、影响深远如秋瑾、吕碧城，亦有如彗星划过早逝的吴孟班。这些女杰几乎同时地登上了历史的大舞台，试验着新女性的生活和事业方式。与之相比，晚清北京女学的起步较晚。虽然早在1864年，北京就有贝满女子小学之设，但属于教会学校，与民间风气引导无碍。相应地，与南方等地女杰竞雄的局面相比，北京早期投身维新事业的本地女性较少，姿态也更保守。但能在偏于守旧的北京文化氛围中，挺身而出投入兴学事业之中，探索一条前人从未走过的人生道路，这是难能可贵而又分外艰辛的人生选择——继识一，正是这样一位坚韧的旗人女性，她将自己全部的精力、家产都投入小学堂和女学堂的建设及维持之中，是清末北京女性

---

[*] 王鸿莉（1980— ），山西阳泉人，北京市社会科学研究院满学研究所助理研究员。

[①] 孟悦、戴锦华：《浮出历史地表——现代妇女文学研究》，北京大学出版社2018年版。该著第一次用女性主义的视角全面地审视现代文学史上的女作家们，如庐隐、冰心、丁玲、萧红、张爱玲等。"浮出历史地表"是对这批女作家集中闪现及特点的准确定位。可若是回到历史现场，就会发现在这批女作家之前，女作家的"母亲们"已经"浮出历史地表"了。更精确而言，这些现代文学女作家的"母亲"是中国历史上第一代的新女性，开始尝试女性新生活的各种可能性，比如丁玲的母亲蒋胜眉、张爱玲的母亲黄逸梵等。

兴学的重要代表。

一 继识一其人

继诚（？—1916），号识一，爱新觉罗氏，满洲镶白旗，约是19世纪60年代生人。继识一是清末北京著名的新学人物。当时的传教士记录她为"20世纪初北京著名的女性改革家继小姐"，传教士麦美德认为她是"我见过的最了不起的中国女性"，麦美德笔下的继识一最为生动：

> 她的父亲曾任华中和东北地区的高官，非常宠她，从小当做儿子培养。她穿着打扮也像男子——也穿中国人的男式长袍。她在家受过良好教育，一直跟随父亲左右，直到他前几年去世。这位小姐完全不是你所能想象的样子，见识胸襟不比男人差，又自有一份女人的文雅。父亲过世后，她才换回女装。①

想要了解继识一，必须提及继识一的父亲祥亨（1832—1904）。祥亨，镶白旗宗室，生平经历《爱新觉罗宗谱》有载，他是清顺治帝第二子裕宪亲王福全后裔。② 曾历任山海关副都统、察哈尔都统、荆州将军等职，也就是麦美德曾说的"她的父亲曾任华中和东北地区的高官"。其中，于荆州将军一任最久，从光绪八年（1882）连任至光绪二十五年（1899）共17年，后因病解职。光绪三十年（1904），病逝于北京。祥亨的一大事迹是完成了由其前任荆州将军希元首倡的《荆州八旗驻防志》，这是有关八旗荆州驻防的重要史料。祥亨无子，长女早夭，次女继识一相当于是祥亨的独子。继识一的母亲是祥亨嫡妻阿拉善氏，可在

---

① ［美］简·亨特：《优雅的福音：20世纪初的在华美国女传教士》，李娟译，生活·读书·新知三联书店2014年版，第296页。

② 有关继识一的家世，冯其利和橘玄雅两位依据《爱新觉罗宗谱》等都已有过探讨和说明。分别见冯其利：《继女士创办箴宜小学校》，北京市东城区东四街道办事处编：《奥林匹克在东四》，天津大学出版社2008年版，第252页；橘玄雅：《晚清女学人物杂记·继诚》，详见橘玄雅豆瓣日记：https://www.douban.com/note/541533969/。

识一幼时，母亲去世，于是祥亨担负起了继识一的全部教养之责，所谓"幼失恃，赖庭训成立"①。于是，不同于一般的传统女性，继识一从小被当作儿子培养，"自八岁受书，博通经史"②，"十五已毕五经……汉学湛深，并长于诗古文辞，又工书法"③，"随父任三十余年，公牍文移，率由其削稿，椽属翕服，咸以不栉进士目之"。祥亨"视识一若男子。而识一亦曲承其欢，遂矢志不字"④。大约也因此，继识一行止之间"磊落有丈夫气"⑤，时人称之为"四爷"。继识一不同寻常的成长经历，造就了她与众不同的抱负。识一非视野局限于家庭的闺阁女子，而是忧愤国事、立志兴学的奇女子。

继识一最重要的事迹在于创立学堂，但她的社会实践并不止于教育。当时的清末报刊上，有不少她在各种场合之下的演说。辛亥鼎革之际，识一和美国传教士麦美德等，"创立妇孺救济会，奔走风雪中，因有响应而立支会者都十七所，人心赖以安辑"⑥。民国时期，她参与过唐群英发起的女子参政同盟会，担任协理。从其社会活动可以看出，继识一具有丰富的、先锋的政治、社会思想，她关注旗人命运，但并不排斥民国共和；她办学强调传统伦理道德，但能和唐群英一起要求女权。女性的声音在历史上是低声部，辛亥前后的旗人女性的声音更近乎喑

---

① 周邦道：《近代教育先进传略初集》，台湾："中国文化大学"出版部1981年版，第427页。周邦道所作传略主要参考骆树华《继先生识一女士事略》和林纾《继识一女士纪念碑铭》，骆树华是箴仪女学的毕业生，毕业后留校辅助继识一从事办学教学工作，并在继识一逝世之后继任箴仪女学校长，与继识一感情深厚。林纾曾在箴仪女学教课。二人与继识一都是有实际交往人士，其传为继识一研究的重要史料。（骆树华《继先生识一女士事略》见《女子白话旬报》1912年第7期）

② 周邦道：《近代教育先进传略初集》，台湾："中国文化大学"出版部1981年版，第427页。

③ 金季直：《箴宜女子学校》，全国政协文史资料委员会编：《文史资料存稿选编·教育》，中国文史出版社2002年版，第401页。

④ 周邦道：《近代教育先进传略初集》，台湾："中国文化大学"出版部1981年版，第427页。

⑤ 金季直：《箴宜女子学校》，全国政协文史资料委员会编：《文史资料存稿选编·教育》，中国文史出版社2002年版，第401页。

⑥ 周邦道：《近代教育先进传略初集》，台湾："中国文化大学"出版部1981年版，第428页。

哑，但继识一的行动显示出一名清末旗人女性在思想上和实践上的某种向度。只不过有关继识一这些社会活动的史料零乱散漫，我们不能详细勾勒出她参与社会活动的完整轨迹。相对而言，借助旧报刊和其他史料，可以约略复原出她办学的前后过程，而兴学正是继识一最大的事功。

二 继识一兴学小学堂

光绪三十一年（1905），当时北京本地最为知名的白话报《京话日报》于"本京新闻"栏刊登了一则题为"将军有后"的消息。这是目前所见，继识一的名字第一次出现在报刊之上，她被《京话日报》主人彭翼仲称为"苦志孝女"：

> 前任荆州祥将军，膝下无儿，去年冬天病故，只有一位姑娘，可是与众不同，受了将军的教育，觉着男女没甚么分别，父亲无子，女便是男，所以立志不嫁，大家都称呼她四爷。本馆认识她的两位堂侄，跟我们商量一件事，因为将军在任，名声极好，荆州的旧朋友，听说将军去世，大家送了五百两奠敬。四爷告诉她两位堂侄，要叫本馆出一个主意，拿着一宗钱，作一件有益大众的事。或是立一处八旗宗室蒙学堂。可惜款项不充足，如有高明宗室大大的帮她一臂之力，成全这位苦志的孝女，岂不是件好事吗？这位四爷，已经四十余岁了。①

光绪三十一年（1905）是《京话日报》发展最为红火、在北京影响最大的一年，正在大力鼓吹"开民智"。因此父亲刚刚去世的继识一，才会向《京话日报》讨要主意、借助《京话日报》的影响来兴办学堂。这一倡议很快就有回应，三天之后《京话日报》就在"本京新闻"一栏

---

① 《将军有后》，《京话日报》第274号"本京新闻"，光绪三十一年四月（1905年5月）。

中专门记录:"前天登的'本京新闻',有祥将军的后人,要把收的奠敬充公。昨天就接到了一封信,是化石桥第七小学堂教习桂君寄来的,打算约几位同志人,并请出崇实中学堂恒石峰,大家尽点心,不收薪水,替那位孝女办一处蒙学堂。就怕常年的经费不足,大约有人出来帮忙罢。"① 这里可看出,在清末北京勃兴的"开民智"风潮中,以《京话日报》为代表的报界与学界的互动关系。以《京话日报》为代表的新式报刊,成为各界人士沟通的桥梁:继识一欲创办学堂,要找《京话日报》相商;桂君和恒石峰想义务帮助继识一,也要通过给《京话日报》写信再辗转联系。

不出二十天,《京话日报》又刊稿《孝女的苦志有成》,记叙继识一为创办学校的准备情况。随后,《京话日报》又持续跟踪报道了学校创办中的教习和资金问题。教习由上文所述八旗第七小学堂的桂君和崇实中学堂诸位担任。至于资金问题,则由《京话日报》的一位热心读者继立堂解决:

> 宗室继立堂,因为宗室祥孝女捐立学堂,各位教习,都肯尽义务。宗室族中,还没有人帮忙,因把通州地租捐入,所有取租折据,已交付孝女之侄,荣兆、荣昌两人收管。继公倡此义举,天潢中人,必有激动的了罢。②

到现在为止,可发现出面提议兴办学堂的继识一是旗人,充当义务教习的是旗人,提供资金支持的还是旗人。而宗室继立堂正是因为"宗室族中,还没有人帮忙",所以出面倡此义举。虽然《京话日报》在继识一创办学堂中起了重要的联络中介之作用,但在继识一兴学的具体过程中,真正出力并推动实际操作的全是旗人。从继识一兴学这一事件,能够鲜明地展示出即使到了清末,北京旗人自身的群体性仍然清晰可辨。

---

① 《义务教员》,《京话日报》第277号"本京新闻",光绪三十一年四月(1905年5月)。
② 《捐助学堂经费》,《京话日报》第297号"要紧新闻",光绪三十一年五月(1905年6月)。

兴学女旗人继识一事迹考

在学校得以兴办后,故事的女主人公继识一直接登场了:

> 在下生不逢时,遭了国难,又遭家难。我父本是王孙,官至留守……庚子大乱,痛哭欲死。想着把性命报效了国家罢。那样的胡作非为,死了也未免太冤。七月二十日后,满城洋兵,生死两难。日光的旗子,插遍了大街小巷。惟有我家,独缺此典。……不才是一个女流,既无兄弟,又少姐妹,孤苦伶仃,有心无力,年纪已四旬外了。当日立志不嫁的时候,就想作出一件正经事,成全培养人才的素愿,莫叫那养女儿的寒心。……左思右想,抱定先人培养人才的主意……创立一处蒙学堂。①

这篇演说由继识一的文言来函演化而成,是继识一第一次在大众舆论上发言。来函前半部分首先追忆父女两人在庚子时的惨痛经验:"痛苦欲死""生死两难"。这种语言描述方式在当时的北京是一种近乎"范式"的语言模式:"我本是一个没学问的人,幼年念过几天书,总是糊里糊涂,什么儿不懂,听见人说甚么就信甚么,一点真见识也没有。庚子年受了一番折磨,才有点明白了。"②"中国这样的内政,已算糟到极处了。幸亏有庚子年一个榜样,把全国叫醒了不少,才知道不变法不能立国。"③论起自己思想、情感的转变都会追溯到庚子这一节点,言必称"庚子";这一说话方式正可见北京民间自发兴起的"开民智"热潮,根植于北京民众在"庚子之变"时期的切身体验。继识一同样如此,她的庚子经验推动她将其内在的兴学意愿转化为现实,在族人动议利用五百两奠敬修建祠堂的时候,毅然决然提出"先君志在兴学"④,将这笔款项

---

① 棘中人宗室女子继识一:《立学缘起》,《京话日报》第298号"演说",光绪三十一年五月(1905年6月)。
② 《痴人来函》,《京话日报》第501号"演说",光绪三十一年十二月(1906年1月)。
③ 《变法必由根子上起》,《京话日报》第450号"演说",光绪三十一年十月(1905年11月)。
④ 周邦道:《近代教育先进传略初集》,台湾:"中国文化大学"出版部1981年版,第427页。

投入兴办学堂。

识一来函中"立志不嫁,就想作出一件正经事……莫叫那养女儿的寒心"等语又能隐约看出继识一的隐痛。祥亨去世之后,继识一无父无母(有庶母需要供养)、无兄弟姐妹、独支门户、孑然一身,还要时时应对族人对其家产的觊觎和侵扰。另外,她又饱读经史,身着男装随父长期外任,读了万卷书、行走万里路,估计有着一肚皮的"不合女性之时宜"。这样的继识一有一种"作事"的强烈意愿。于是,也正有赖于庚子之后这一特殊的新时期,继识一才有可能突破族人的限制,投入更广阔的社会生活之中。而不是如同许多终身不嫁的旗人姑奶奶一样困于宅中,即使有才华财力,仍无法实现心中抱负。

这封公开信最后的表述也很有意味,总结之语仍然将兴学与八旗联系起来:"但愿借此一举,感动我宗室旗人,有力之家,一齐照办。爱新觉罗的后裔,受福的地方,一定不浅了。从此风气大开,蒙学盛兴,由宗室八旗,一直的推到各行省,都拿这件事当性命看待。"[①]识一兴学,招生虽然不论满汉;但兴学的动机、愿望,及上文所论兴学的具体过程,都凸显出她对旗人群体认同的高度自觉、饱含着对旗人命运的忧虑与关注。继识一这封来信并不长,可是每一语似乎都能折射出一种困境,庚子之困、女性之困、旗人之困。识一最初兴办的小学堂规模也不甚大;可从这一小小学堂的筹办过程,能感受到强烈的时代风潮和暗流。庚子之后,北京本地的有识之士和普通民众不管是主动还是被动,都在发生着巨大的转变;而北京内城的居住者旗人们也逐渐地、渐成规模地开始应对时代挑战、呼应时势潮流。

光绪三十一年(1905)四月,继识一开始动议兴学,到了六月份,识一第一高等小学堂就开始招生了,进展神速:"本学堂现自筹试办经费,择地开学,拟先招考小学班学生四十名。凡宗室满汉绅商子弟,年在十五岁以下、十岁以上,文理精通者皆可入考。务于本年六月十五日

[①] 棘中人宗室女子继识一:《立学缘起》,《京话日报》第298号"演说",光绪三十一年五月(1905年6月)。

以前，取具三代年貌住址，赴东单牌楼观音寺内方巾巷崇实中学堂报名。六月二十一日准辰刻携带书籍来堂听候点名考试，俟取中后再行取具妥实保结、以凭入堂肄业，概免学费。"① 经初试、复试后，光绪三十一年（1905）七月识一第一高等小学堂开学。八月，通州知州周少□刺史就捐助了日新、识一两小学堂一百元，杭州将军瑞宝臣也应允代募外省捐项，这些都成为识一学堂的经费来源。在识一第一高等小学堂从创议、创办到开学、募款等一系列事项中，《京话日报》不仅给予了充分的关注，同时起到了中介联络并推广宣传之作用，实现了学界和报界的良好互动。到了本年冬天，继识一再接再厉，已经开始筹划识一第二小学堂：

  现在听说，这位女子，又派她侄儿荣侍卫，立识一第二小学堂，沿街上已经贴起报单，全照识一第一学堂章程，一概不收学费。嗳！识一女士，真让人佩服，这并不是女报专爱夸女子，要比起有势力、有钱财、不懂公义的男子汉，真有天渊之隔。②

  光绪三十二年（1906），甫从直隶入京，十四岁的张申府就读的就是"识一学堂"，这时候张申府刚入北京，在学校里面被"视为乡巴佬"，在识一学堂半年之后，升入崇实学堂（崇实学堂由旗人文实权等兴办，与识一学堂联系密切）。③ 这是难得找到的识一学堂学生的记录。张申府在识一学堂仅仅半年，可能印象也不上佳，但这一偶然的记录能真真切切地让人感受到识一学堂的存在感。它不仅是报纸上所描述的一个对象，而是无数学子真实的母校。

---

① 《识一第一高等小学堂招生广告》，《京话日报》第313号，光绪三十一年六月（1905年7月）。
② 《识一第二小学》，《北京女报》第115号"女界新闻"，光绪三十一年十一月（1905年12月）。
③ 张申府：《所忆——张申府忆旧文选》，中国文史出版社1993年版，第78页。张申府（1893—1986），名崧年，哲学家、数学家，中国共产党主要创始人之一。

三 继识一兴办女学堂

光绪三十三年（1907）三月，继识一在已经投入巨大的精力、财力兴办小学堂的基础上，又舍宅兴学，创办了一所女学——箴仪女学堂。这所学校是继识一"将自己之宅地捐助作为创立该校之地址，并捐助民地及旗租等地三段，作为该校基金"①而成。箴仪女学的前身是继识一在自己私宅创设的尚毅女塾。1907年学部颁布《女子小学堂章程》和《女子师范学堂章程》后，继识一乘势将尚毅女塾加班扩充，更名为"箴仪女学"。宣统年间，因避讳"仪"字，改称箴宜女学。箴仪女学堂是继识一创办学校中最重要的一所，也是当时北京代表性的女学堂。

箴仪女学于光绪三十三年（1907）三月初一开学，学生有二十多名，"是时男女来宾均登台演说，极一时之盛"②。在开学典礼上，继识一发表了开学演说。继识一在演说中提道："夫道德者，孝悌为本，居女德之首，修身之源，德育之基，则智育因之而生焉，体育则寓其中矣。所谓工艺杂技，有毕业之年；德育则附于终身，无足业之日。谚云'求忠臣当于孝子之门'，今请假语，'欲求贤妇当求于孝悌之女'。今本学于启蒙，即授以伦理之学，盖就其天真纯粹，易充本然之善。……勉为数词，仰望诸生，自兹当爱名誉务实业，顾名思义，端品立行，启孝启敬，克勤克俭，必期于有成，庶可为后学之先声，实本学堂之所厚望焉。"③从其演说，可以看出箴仪女学讲究孝悌、重视德育修身的传统特色。

第二年三月，箴仪女学专门召开周年会，以为纪念。北京各学堂经常定期召开纪念会和展览会，展示学校成绩和学生作品。这一次箴仪女学纪念会安排丰富，共九项内容："（一）上午十一点钟，振铃行开会礼，风琴唱歌；（二）经理人演说开会的宗旨；（三）教员和管理员演

---

① 邓菊英、李诚编：《北京近代小学教育史料》（下册），北京出版社1995年版，第1104页。
② 《箴仪女学开学》，《顺天时报》第1542号"京师新闻"，1907年4月17日。
③ 《箴仪女学堂总理继识一女士对于开学演说》，《北京女报》第582号，光绪三十三年三月（1907年4月）。

说；（四）本堂学生演习堂内各门功课（讲论、算术、图画、地理、卫生、辩论）；（五）各学堂女教习管理员及女来宾演说；（六）男来宾及赞成员演说；（七）茶话；（八）本堂学生演外场游戏功课（算学竞走、默写竞走、持跳竞走、犬牙竞走、柔软体操）；（九）唱歌、拍照。"① 这一周年会安排，与清末学堂周年会颇多相似之处，其中风琴唱歌、演说等都是常见而流行的项目。可见在开学演说中，继识一虽然提倡孝悌女德等传统的伦理思想；但在具体的办学实践中，同时参照了新式学堂的模式，不论是学习的功课设置、场外游戏、开会礼仪（风琴唱歌、嘉宾言说）等西式礼仪的实行，显示出了新的风貌。能够学习新式体操、算术、地理、辩论的女学生们，在箴仪女学的生活显见得丰富有趣。箴仪女学，所奉行的教育理念近乎兼容"旧道德"与"新思想"，并非单纯地追"新"或守"旧"。这与后人对箴仪学风的追忆颇为吻合："学校创办人继识一在封建社会可谓现代女性，不惜用家产办学，为女性解放做贡献。但她并不完全尊尚西学，对中国传统文化也很重视，要求学生既学现代知识，又读圣贤书。这一做法，为后来的继承者坚持下来。我入学时，校长姓骆，教导主任姓白（两位均为未出嫁的老姑娘），她们培养学生的方法，与继识一基本一样。当时，民国已建立二十八年，社会上从物质到文化的现代性内容越来越多，而她们仍然非常重视对学生灌输中国传统文化。礼堂内的西墙放着孔子的牌位，每周一学生要向孔子牌位行礼。在课堂上，规定学生必须读《三字经》、《千字文》、《弟子规》、《论语》、《孟子》，并要求背熟。"②

参加过光绪三十四年周年纪念会的《北京女报》对于箴仪女学的成就大加赞赏："以一位女子，独立创办一个学堂，一年功夫，如此有进步，难得难得真难得！"③箴仪女学维持得确实很好，到了年底，已经再

---

① 《箴仪女学堂周年会》，《北京女报》第936号"女界新闻"，光绪三十四年三月（1908年4月）。
② 张静如：《张静如先生自述》，《北京师范大学校报》2009年6月30日。
③ 《纪箴仪女学堂纪念会》，《北京女报》第932号"女界新闻"，光绪三十四年三月（1908年4月）。

次招生："本学校自开办以来两经寒暑，甲乙二级成效颇著，额数有盈无缺，迩来报名者似形络绎，奈课程悬殊，碍难迁就，现拟添设幼稚一班，以二十名为额。"①

箴仪女学发展蒸蒸日上的背后是继识一的苦心维持和惨淡经营。开办之初，继识一即"舍宅五十余间永为校产；益以租地六顷，田园九十亩，岁入百余金充用。不继，至质鬻衣饰以益之"②。而女性兴学面对的不仅是兴办学堂所遇到的经费等具体困难，还将遇到男性所不必面临的种种非议和责难。继识一曾公开感慨"人言之可畏，不可不防"③。识一兴学之初，即因为捐助家产问题遭到族人的种种阻挠和破坏，乃至家中庶母的反对，这还是靠着《京话日报》创办者彭翼仲在报上鼓吹声援、并依赖于开明族人松溥的支持，箴仪女学才得以在京师督学局备案。④在共和之后学校经费益加支绌，识一"殷忧内集，形销骨立"⑤，积劳致疾，可就是在"弥留之际仍然殷殷以学校前途为念"⑥。并且在去世之前，"为免除继家族人后患，将其所有房、地产及一切家俱什物统捐助归公。并于学务局立案，更为维持永久"⑦。继识一心心念念俱在箴仪女学，她不是将箴仪女学看成她的事业，更像是她的生命本身。

四　小结

1907年，箴仪女学堂开设；1916年，继识一去世。继识一生命中的

---

① 《箴仪女学堂招生广告》，《北京女报》第1148号，光绪三十四年十月（1908年11月）。
② 周邦道：《近代教育先进传略初集》，台湾："中国文化大学"出版部1981年版，第427页。
③ 爱新觉罗·继识一：《女界刍言》，《北京女报》，光绪三十年八月（1908年8月）。
④ 参见金季直《箴宜女子学校》，全国政协文史资料委员会编：《文史资料存稿选编·教育》，中国文史出版社2002年版，第402页。
⑤ 周邦道：《近代教育先进传略初集》，台湾："中国文化大学"出版部1981年版，第428页。
⑥ 金季直：《箴宜女子学校》，全国政协文史资料委员会编：《文史资料存稿选编·教育》，中国文史出版社2002年版，第403页。
⑦ 金季直：《箴宜女子学校》，全国政协文史资料委员会编：《文史资料存稿选编·教育》，中国文史出版社2002年版，第403页。

最后十年，将自己全部精力、财力贡献于箴仪女学，家中的田地、宅院乃至家具，一切可用之物可捐之物全部都留给了箴仪女学。在继识一掌校期间，箴仪女学学、杂费均免，坚持十年殊为不易，何况这十年间北京还不断地"城头变幻大王旗"。而在继识一身故后，以她一人之力主创的学校并未解散，而是顽强地生存下来。创立于清末的箴仪女学，在民国持续开办，中华人民共和国成立之后，虽经合并改建等，但学校始终存在：时代更迭如潮，一座小学堂却能绵延不绝。这其中的缘由，不仅在于继识一为箴仪女学提供了较为稳定的经济来源、为学校开创了良好的校风，还在于继识一作为师长所提供的"精神"力量。

继识一去世之后，箴宜女学决定成立董事会，拟聘请开明人士担任董事。"被聘请者习闻箴宜女校历史经过及崇高校誉，又重视继校长毁家兴学创立第一座女校的精神毅力，均愿参加。并表示对箴宜女校负责到底。当推赵尔巽为董事长，林琴南、白达斋、骆树华等为董事。以后董事以人事无常屡有变更，但董事会始终未散，肩负该校整个责任以策进行。校方亦推向前进，维持继校长精神不死。"[①] "维持继校长精神不死"一语令人神旺。董事会中赵尔巽、林琴南是当时的社会名流，林纾曾在箴宜任课，他们出任董事即在于感念继识一毁家兴学的精神毅力。另一位董事骆树华，是继识一去世后箴宜女学的继任校长，其一生似是对继识一的某种精神复写。作为继识一的弟子，箴宜女学的毕业生，她于种种危难之中力支办学，将自己的全部心力投入到箴宜女学。骆树华终身未婚，"（继）女士无家而树华亦不嫁，以一身殉校事"[②]，"师弟趋义，如出一辙"[③]。骆树华这一人生选择，可能是继识一人格影响力最好的说明。

论及教育，我们会想到"大学有精神"；但不只大学有故事、有精

[①] 金季直：《箴宜女子学校》，全国政协文史资料委员会编：《文史资料存稿选编·教育》，中国文史出版社2002年版，第403页。
[②] 林纾：《畏庐三集》，中国书店1985年版，第132页。
[③] 周邦道：《近代教育先进传略初集》，台湾："中国文化大学"出版部1981年版，第428页。

神,很多小学堂也有自己的来历、禀赋、气度和精神。继识一就将自己的"精神",融入箴仪女学之中。继识一兴学的特出之处,不仅在于她以一己之力、连创三校这一有形的事迹,可能更在于她毁家兴学、教书育人背后所蕴含的强大的精神感召力量。1916年,继识一病逝之后,民国政府京师学务局曾发表《追悼继女士识一先生文》,纪念继识一。文中称继识一"罄一己之产,竭毕生之力,兴学育才",这是对于继识一简单而又精准的评价。

(原文刊载于《满语研究》2017年第2期)

北京福祥寺小考

关笑晶[*]

北京是五朝古都，寺庙众多。据学者统计，在清中叶北京内、外城及近郊的寺庙不少于3000座。[①] 作为首善之区的京师寺庙，与四方省府有所不同：寺庙类型、规模的多样化，为皇帝、宗室、儒生、商贾、百姓等不同社会阶层提供差异化的服务；寺庙活动的多重功能，杂糅着国家意志、宗教信仰和生活诉求；高僧名道驻锡传道，产生了巨大社会影响力和知名度，使得京师成为天下"宗教心脏"[②]。鉴于此，对京师寺庙的研究不仅应关注大型寺庙或官管寺庙，也要对中小规模的寺庙进行个案和类型化梳理，以全面考察京师寺庙、僧道与信众间的关系，探寻其运转的因素，增加对北京城市特点的了解。[③]

福祥寺位于北京东城区南锣鼓巷福祥胡同25号，废弃已久，鲜为人知。然上至明正统初年、下至1949年，其宗教活动保持了500余年。作为敕建寺庙，福祥寺在明代与太监群体、皇室成员密切联系，规格很高。及清代香火相续，特别是清末作为驻京活佛本仓，一直是联络青海蒙、

---

[*] 关笑晶（1983— ），黑龙江哈尔滨人，北京市社会科学院满学研究所助理研究员。

[①] Susan Naquin, *Peking-Temples and City Life*, *1400 - 1900*, Berkeley, University of California Press, 2000.

[②] 参见刘小萌《北京地区中的旗人史料》，《文献》2001年第3期；拙文《清代北京旗人寺庙碑刻考述》，《法国汉学》第17辑，中华书局2017年版。

[③] 目前对北京寺庙的最新研究成果，参见［法］Marianne Bujard主编《北京内城寺庙碑刻志》（一至四卷），国家图书馆出版社2011—2017年版；中国文化遗产研究院编《北平研究院北平庙宇调查资料汇编》（内一、内二、内三卷），文物出版社2015—2016年版。

藏宗教人物与中央政府关系的重要纽带。如今，沦为民居的福祥寺基本保持着清中期的建筑格局，附近老住户还能饶有兴致地回忆起身边这座寺庙的历史点滴，仍有不乏远道而来的教民来此寻访清代活佛的驻锡之所。由此观之，福祥寺虽废，心跳犹存。[1]

本文使用官方文献、地图、碑刻、档案和口述资料，试图重构福祥寺历史，发掘它作为物质文化的珍贵价值，在历史上曾经发挥的重要作用，希望引起学者的关注、政府的重视保护利用。

一 明代福祥寺

福祥寺，又称裟衣寺、锡哷图仓、宏仁寺。[2] 20 世纪 30 年代在内五区地安门外马尾巴斜街 15 号（亦记为福祥寺胡同 10 号），今东城区南锣鼓巷福祥胡同 25 号。寺内原有碑刻四通：年月泐《福祥寺改山门记》[3]、明万历二十一年（1593）《福祥寺碑》、碑阴为同年佚名撰《福祥寺碑》。[4] 另据文献载，还有明正德三年（1508）侍讲沈涛撰碑一通、万历四十一年（1613）《重修福祥寺碑记》一通。

福祥寺始建于明正统初年，位于其时之靖恭坊，最初为武姓太监舍私宅而建，明英宗赐额"福祥寺"[5]。此后的近二百年间，福祥寺多次经朝中高官修建，香火旺盛。弘治九年（1496），御马监诸珰捐资重修。

---

[1] 参见释妙舟《蒙藏佛教史》，广陵书社 2009 年版；李德成《藏传佛教与北京》，华文出版社 2009 年版；梁雅卿《北京福祥寺调查研究》，《古建园林技术》2014 年第 4 期。

[2] （清）吴长元辑：《宸垣识略》卷 6《内城二》，中华书局 1982 年版，第 111 页；吴廷燮等纂：《北京市志稿·宗教志·名迹志》卷 5《喇嘛教二》，北京燕山出版社 1998 年版，第 246—247 页。但据《北京文物胜迹大全（东城区卷）》考证，以上文献所记福祥寺和裟衣寺为同一寺庙有误。参见谭伊孝编著《北京文物胜迹大全（东城区卷）》，北京燕山出版社 1991 年版，第 264 页。

[3] 此碑文中有"弘治丙辰"等字可辨，故附立碑时间为弘治九年之后。另据 20 世纪 50 年代的调查，此碑为弘治十一年（1498）黎珏撰《敕赐福祥寺改建山门碑记》。参见徐自强主编《北京图书馆藏北京石刻拓片目录》，书目文献出版社 1994 年版，第 223 页。

[4] 参见明万历二十一年（1593）《福祥寺碑》（京 452-1），《北京图书馆藏中国历代石刻拓本汇编》卷 58，第 35 页。

[5] 参见明万历二十一年（1593）《福祥寺碑》（京 452-2），《北京图书馆藏中国历代石刻拓本汇编》卷 58，第 36 页。

弘治十一年（1498），又为寺庙改建山门。① 此后正德三年（1508），福祥寺又重修。万历二十一年（1593）正月十五上元佳节，乃僧人观佛舍利、点灯敬佛之日，时任通议大夫户部左侍郎卢维祯②因拜慕福祥寺住持、僧录司左觉义守愚进公圣者慈风，为寺撰文立碑，冀圣僧高德，永世传扬。③ 万历四十一年（1613），寺再次重修，由内阁首辅大学士赵志皋撰写碑文，然详情莫知。④

据文献梳理，明代福祥寺的主要特点有：

第一，寺庙与太监群体关系密切。正统初年福祥寺初建，即为太监武姓舍宅而建，弘治九年（1496）、十一年（1498），御马监的太监群体又进行了捐资重修，庙貌焕然、声势浩大，以至清代、民国文献中多误载此时为敕建之始。⑤

第二，明代皇帝、大臣多次为其撰书碑文，显示福祥寺与皇室、朝臣的特殊关系。在星罗棋布的寺观中，皇帝亲自赐名或撰写碑文的比例极少。一般而言，这代表着皇帝或皇室在此举行过敬神捐资活动，由朝廷维持寺庙香火与运转，或至少代表着寺庙受到皇帝的特别眷顾。"福祥寺"之名由明英宗钦赐，且寺中碑文全部由翰林院、国子监和礼部等机构的官员撰文，并无一通来自民间圣会，这体现了福祥寺与明代皇家更为靠近的关系。

第三，福祥寺为僧录司直管。隶属礼部的僧录司（管理佛教）和道录司（管理道教）直接管理寺庙及其宗教仪礼活动，僧录司的八位僧官：左右善世、左右阐教、左右觉义、左右讲经，都分别在高僧中选任。万历年间福祥寺住持即为僧录司左觉义守愚进公。不但有高僧加持，且

---

① 参见《北京文物胜迹大全（东城区卷）》，第264页。
② 卢维祯（1543—1610），字司典，号瑞峰，别号水竹居士。明代福建漳浦县城后沟巷人。
③ 参加明万历二十一年（1593）《福祥寺碑》（京452-1），《北京图书馆藏中国历代石刻拓本汇编》卷58，第35页。
④ （清）周家楣等编纂：《光绪顺天府志·京师志十六·寺观一》，北京古籍出版社1987年版，第482页。
⑤ （清）周家楣等编纂：《光绪顺天府志·京师志十六·寺观一》，北京古籍出版社1987年版，第482页。

受礼部直管，奠定了其不同于其他官管寺庙的身份。

最后，从建筑上看，福祥寺等级很高。梁雅卿在考证福祥寺建筑特点时，认为天王殿大木构架具有的明代特点，从斗拱数量和间距确定建筑规格是十分高的。① 这一结论与文献考证不谋而合，验证了明代福祥寺的规格和地位。

二　清代福祥寺的改宗及锡呼图仓

清顺治五年（1648），上谕将内城汉人迁往外城，新来的八旗换入内城常驻，但寺院庙宇中居住僧道勿动。② 福祥寺香火得以延续，康熙五十八年（1719）寺内添建铁磬等法物，揣此时应有寺庙活动。③

利用文献和地图，我们得以描摹清前期福祥寺的面貌。《雍正庙册》载寺有殿宇25间、禅房38间。这与乾隆十五年（1750）地图所绘规模基本一致。乾隆《京城全图》中，福祥寺位于因寺得名的福祥寺胡同，规模颇大，有东西两路建筑。左路院落两进，首有山门殿三间，西有坐东朝西的排房十三间，贯穿前后两院；东有小院四所，殿房各三间，均坐北朝南，东墙开小门出入。第二进院落内有坐北朝南大殿三间，中间开门，东耳房四间，西耳房两间。大殿东南方为南北两间房围成的二合院落一所，大殿前置方台两座，未知所用为何（见图1）。

福祥寺在清代的发展脉络，与清廷的藏传佛教政策息息相关。清帝弘扬黄教，赐予蒙、藏、青海等地转世活佛以国师、禅师等名号，不但迎请至京师，还赐予转世活佛坐床寺以为居，称为本仓行宫，驻锡京城的喇嘛称作驻京呼图克图。清代驻京呼图克图有8位、12位之说，目前存在不同说法。④ 然噶勒丹锡呼图呼图克图作为驻京呼图克图之一，

---

① 梁雅卿：《北京福祥寺调查研究》，《古建园林技术》2014年第4期。
② 《清世祖实录》卷40，中华书局1985年影印本，第3册，第319页。
③ 参见"国立"北平研究院：福祥寺，东四107。
④ 《光绪大清会典事例》卷974《理藩院·喇嘛封号》中所见有：章嘉、噶勒丹锡呼图、敏珠尔、济隆、洞科尔、果蟒、那木喀、鄂萨尔、阿蔗、喇果、贡唐。

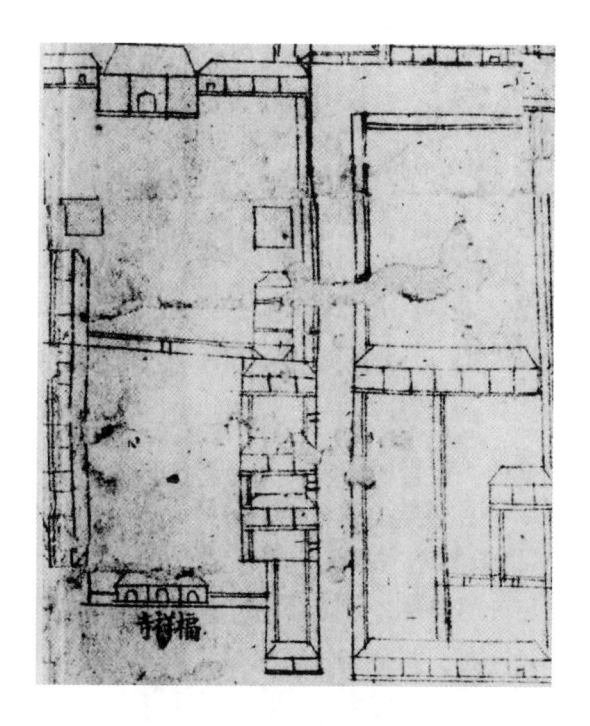

图1 乾隆《京城全图》中福祥寺细部①

其地位之重要,可与章嘉活佛比肩。② 福祥寺即为噶勒丹锡哷图呼图克图驻京本仓。

此中,涉及两个重要的历史截点:其一,福祥寺何时改宗为喇嘛庙;其二,福祥寺何时起成为驻京活佛本仓。

首先,关于福祥寺改宗藏传佛教。明代福祥寺属僧录司,为大僧庙。在《雍正庙册》及《乾隆庙册》中均以大僧寺记录在册。③ 这证明福祥寺至少在乾隆年间仍未改宗喇嘛庙。20世纪50年代的田野调查称:雍正二年(1724)青海罗卜藏丹津之乱被平定之后,噶勒丹锡哷图呼图克图图使者来朝,购买福祥寺为驻京行宫,更寺名为宏仁寺,改宗为藏传佛

---

① 《清内务府藏京城全图》,北平:故宫博物院1940年影印版,四排五。
② 《光绪大清会典事例》卷974《理藩院·喇嘛封号》。
③ 《雍正庙册》《乾隆庙册》均藏于中国社会科学院历史所资料室。

199

教。①此说也被多方引用，据挂在胡同中的"福祥寺"简介铜牌上称："雍正元年（1723），三世章嘉活佛若比多吉驻锡避难于此，改名宏仁寺，成为藏传佛教寺庙。"然而"雍正年间改宗说"与《雍正庙册》记载相左，亦未得到其他文献证明。

另一种提法为同治末年改宗。据《蒙藏佛教史》，噶勒丹锡哷图呼图克图的商卓特巴（藏语，管理寺院财政之官员）、甘肃人车臣喇嘛至北京，挂单于资福院②，旋升任达喇嘛并扎萨克之职。车臣喇嘛姓陈，讳罗藏散丹，号庆林，原籍甘肃，赴京后他将福祥寺作为自己驻锡之所，自此福祥寺改宗为藏传佛教。此说可能性较大。据民国文献，之前沉寂多年的福祥寺，此后寺庙活动颇为频繁。同治十三年（1873）、光绪元年（1875），住持比丘僧衲摩海敬立匾额二方；光绪六年（1880），福祥寺在衲摩海、佟格隆两位住持督董下重修正殿，造千佛塑画金身，又重修番汉文龙藏经各一部，将底稿虔诚供奉；光绪十一年（1885）九月，福祥寺住持佟格隆又重修前殿天王殿三间，其时的辅国公、宗室载泽为殿内亲书多处匾额楹联，似与此次重修关系密切；光绪二十年（1895），福祥寺又铸造大铁鼎、铁炉各一座。③

本文认为，福祥寺作为驻京活佛本仓，应为光绪二十六年（1900）。北京经历八国联军之役，噶勒丹锡哷呼图克图驻锡之仁寿寺毁于兵燹之中，在这种危急关头，扎萨克车臣喇嘛将自己驻锡之福祥寺献给六世噶勒丹锡哷图呼图克图洛桑图登嘉措，自此，福祥寺代替仁寿寺成为噶勒丹锡哷图呼图克图驻京本仓，福祥寺亦因此被称为"锡哷图仓"或"锡哷图佛仓"④。如章嘉呼图克图所在之嵩祝寺、敏珠尔呼图克图所在之东黄寺、济隆呼图克图所在之雍和宫，噶勒丹锡哷图呼图克图所在驻锡寺庙福祥寺具有重要的历史地位和作用。日本学者若松宽认为，噶勒丹锡

---

① 参见《北京文物胜迹大全（东城区卷）》，第265页。
② 资福院位于安定门外西黄寺西北。
③ 参见"国立"北平研究院：福祥寺，东四107；吴廷燮等纂：《北京市志稿·宗教志·名迹志》卷5《喇嘛教二》，第246—247页。
④ 释妙舟：《蒙藏佛教史》，广陵书社2009年版，第264页。

呼图呼图克图的转世系统在塔尔寺的地位仅次于章嘉活佛世系。常住寺院为贵德的德庆寺，在青海及蒙古东部有直辖的厅院多处。①这些在西部地区信徒众多、影响巨大的寺庙及僧人，与京师地安门外升格为锡哷图仓的福祥寺直线单联，直接拉近了中央政府与地方宗教势力之间的距离。福祥寺喇嘛忠于职守，辅政弘教，加强了京师与青海蒙古教民之间的定点联系，青海教民来京多居住于与皇城一墙之隔的福祥寺，无形中增进文化交流，增加了千里之外教民对京师的认同感和归属感。可以看到，这种天然联系在清朝政权倾覆之后，仍为统一多民族国家的巩固和发展作出了重要贡献。

三　福祥寺"青海代表驻北平办事处"

民国时期，福祥寺仍作为活佛驻锡之所，承担了联系青海蒙古、藏民族与北京政府关系的纽带。民国元年（1912），七世噶勒丹锡哷图呼图克图跟敦隆多尼玛代表青海人民表示拥护共和体制，并供奉长寿佛一尊及哈达、巴特默等物品，民国政府特嘉活佛之诚意，晋封"妙悟安仁"；民国四年（1915），袁世凯总统又赏给福祥寺内的车臣喇嘛"绰尔济"（法主）名号，以表彰他弘法护国之高义。次年（1916），民国政府荣请七世噶勒丹锡哷图呼图克图至北平供职，并支给钱粮，赏坐黄轿，并穿戴月素貂挂，以表荣典优异，以后噶勒丹锡哷图呼图克图历次来京均驻锡于福祥寺内。民国十年（1921），时年66岁的车臣绰尔济在弥留之际，还将床头储金提出一万元以为请经修庙之需。正因如此，福祥寺在民国期间作为青海喇嘛至北平的驻锡之所，寺内设有"青海代表驻北平办事处"，寺内额定喇嘛最多时有四十名。②这些来自青海的蒙古族、藏族驻京喇嘛，无疑在弘扬黄教、互通内外讯息、维护社会稳定方面起到了重要的作用。民国十九年（1930），国民党中央召开西藏会议，七世噶

---

①　[日]若松宽：《噶勒丹锡哷图呼图克图考：清代驻京呼图克图研究》，《蒙古学资料与情报》1990年第3期。

②　参见释妙舟《蒙藏佛教史》第七篇《寺院·锡哷图仓》。

勒丹锡呼图呼图克图代表青海藏族来京出席，民国二十一年（1932）返回青海，经宁夏省磴口县（今属内蒙古）途中遭狙杀。其遗龛被迎回青海大佛寺，由该省长官致祭后，转运德庆寺供奉。此后的第八世活佛本仓即为青海德庆寺，再未入京。此后福祥寺作为佛仓功能和作用日渐废弛。

民国初年的史学工作者周肇祥曾寻访福祥寺，记其在地安门外蓑衣胡同之西，门前石兽大如狗，已残缺大半，与福祥寺规制相当，应为旧物。其时有喇嘛居寺中，殿中奉藏传佛像。20 世纪 30 年代，北平研究院调查时，福祥寺有院落两进，前殿天王殿三间、殿前东边有石碑一，碑文多脱落，年月已然磨灭，碑座半埋土中，据周肇祥在《琉璃厂杂记》揣其为弘治十一年（1499）黎珏撰《福祥寺改山门记》；殿西为万历二十一年（1593）《福祥寺碑》。[①] 第二进为北向"大慈真如宝殿"三间，前有月台，房脊上建有小塔一座，内供铜像金身如来佛，佛像庄严雄伟，案前安奉历世呼图克图之影像照片，殿内还供奉关帝、达摩老祖等神像，院内配殿、小房作为接待处、收发室、办公室、翻译室及随灵处使用；东配院作为青海呼图克图之住所使用（见图2）。其时福祥寺

图2　"国立"北平研究院"福祥寺"山门照片[②]

[①] 周肇祥：《琉璃厂杂记》，北京古籍书店 1981 年版，第 111 页。
[②] "国立"北平研究院寺庙调查照片，东四第九册，"福祥寺"条。

图3 "国立"北平研究院"福祥寺"调查照片①

占地约五亩、房屋共五十三间，附属土地面积达二百余顷，可谓庙产雄厚。院内古树参天、葳蕤成荫、梵音时诵，自成幽静之景色。②

四 今日福祥寺现状

1949年，福祥寺前半部分被改为煤铺，其余房屋作为民居。寺庙山门、天王殿、东配殿及东跨院尚存，然佛像、法器已几乎全无。据院内老住户回忆，福祥寺大殿四角挂有铃铛，起风时很好听，寺内中央有四方台子，上有极大佛像。大殿下深挖防空洞，至今尚存。福祥寺在"文化大革命"期间曾改称"辉煌1号"，街道描图厂占用庙房，将天王殿中四大金刚塑像拉倒。1970年前后，又从天花板上取出整整两大卡车经书拉走，同时发现的还有很多泥胎小佛像。后来，大殿拆除，改建排房，作为街道工厂宿舍。1976年唐山大地震，福祥寺大殿因发生倾斜而被房

---

① "国立"北平研究院寺庙调查照片，东四第九册，"福祥寺"条。
② 参见"国立"北平研究院：福祥寺，东四107。

管所拆除，在原址上建六组排房作为民居使用。老住户们对福祥寺茂密的树木印象很深，称山门外有两株大槐树；前院有大桃树一棵，还有喇嘛自己种的庄稼。后院大殿前为石条甬路，旁边种着两排松树。

据中法学者2005年、2006年的田野调查：福祥寺存二道门一间、小耳房两间；前殿三间，内部梁架、天花彩绘精美脱俗，为某工厂存放物品之库房；东配殿三间，东跨院尚存南、北房各三间。[1] 前殿左侧之《福祥寺改山门记》石碑被砌入民居厨房的南墙内，另一通石碑被运送至五塔寺北京石刻艺术博物馆收藏，[2] 原来山门的位置被红砖、水泥填满，木柱夹杂其中，墙上仍旧留有几十年前的口号与标语，数条电线扎成一束从门洞横穿而过，道路坑坑洼洼狭窄难行，两边挤满低矮的平房，昔日福祥寺已然变成大杂院。2014年，福祥寺格局和使用情况基本未变，在二道门东侧，又发现水井旧址一处，现被民房遮盖，四方井台依稀可见，原大殿前的松树今仅余一株。[3]

福祥寺繁盛严整之旧貌早已难寻，然作为百年寺庙，特别是驻京呼图克图本仓，福祥寺驻扎京师腹地，大量内外蒙古及新疆、青海的喇嘛得以进入京师弘经、讲学，这种历史记忆至今仍未消失。据老住户讲，近年仍不时有来自青海的喇嘛不辞劳苦至活佛驻锡处朝拜。福祥寺在协调多民族宗教文化联系、重拾当代北京在历史上的宗教地位、加强中央与边疆地区感情纽带上具有的正面作用，应引起有关部门的重视。

（原文刊载于《吉林师范大学学报》（人文社会科学版）2018年第4期）

---

[1] 参见Marianne Bujard主编《北京内城寺庙碑刻志》（第四卷），四排五，《福祥寺》条，国家图书馆出版社2017年版。
[2] 参见北京石刻艺术博物馆《馆藏石刻目》，今日中国出版社1996年版，第44页。
[3] 据2014年笔者田野调查所见。

附录　满学研究所科研成果目录选编

满学研究所科研人员代表作目录[①]

一　专著及编著等

序号	作者姓名	成果名称	出版社名称及出版年份
1	阎崇年	《努尔哈赤传》	北京出版社 1983 年版
2	阎崇年	《清朝开国史》	中华书局 2014 年版
3	阎崇年	《森林帝国》	生活·读书·新知三联书店 2018 年版
4	赵志强	《〈旧清语〉研究》	北京燕山出版社 2002 年版
5	赵志强	《清代中央决策机制研究》	科学出版社 2007 年版
6	赵志强	《满学概论》	中国社会科学出版社 2020 年版
7	王灿炽	《北京史地风物书录》（编著）	北京出版社 1985 年版
8	王灿炽	《王灿炽史志论文集》	北京燕山出版社 1991 年版
9	王灿炽	《燕都古籍考》	京华出版社 1995 年版
10	金启平（第一编者）	《北京旗人艺术——岔曲》（编著）	北京师范大学出版社 2007 年版
11	江桥	《康熙〈御制清文鉴〉研究》	北京燕山出版社 2001 年版
12	哈斯巴根	《清初满蒙关系演变研究》	北京大学出版社 2016 年版
13	常越男	《清代考课制度研究》	北京大学出版社 2010 年版

---

① 本表选录的代表作，系相关学者在满学研究所任职期间或退休后的成果。

续表

序号	作者姓名	成果名称	出版社名称及出版年份
14	常越男	《家国之间：清初满洲八"著姓"研究》	中国社会科学出版社2019年版
15	晓春	《清太祖实录研究》（译著）	民族出版社2011年版
16	晓春	《科尔沁右翼前旗满族婚姻习俗研究》	民族出版社2012年版
17	晓春	《巴雅特婚俗》（译著）	民族出版社2018年版
18	戴光宇	《三家子满语语音研究》	北京大学出版社2012年版
19	戴光宇	《〈番汉合时掌中珠〉词汇历史研究》	甘肃文化出版社2020年版
20	关笑晶（第二作者）	《北京内城寺庙碑刻志》（第四卷）	国家图书馆出版社2017年版
21	杨原	《会玩儿——老北京的休闲生活》	中华书局2018年版
22	杨原（第二作者）	《近代北京慈善与公益事业》	中国社会科学出版社2019年版
23	杨原	《如果故宫会说话》	社会科学文献出版社2020年版

二 论文及报刊文

序号	作者姓名	成果名称	成果类型	刊物名称
1	阎崇年	《满学：正在兴起的国际性学科》	论文	《北京社会科学》1993年第1期
2	阎崇年	《满洲神杆祀神考源》	论文	《历史档案》1993年第3期
3	阎崇年	《〈无圈点老档〉乾隆朝办理钞本始末》	论文	《国学研究》（第5卷），北京大学出版社1998年版
4	阎崇年	《清郑各庄行宫、王府、城池与兵营考》	论文	《北京社会科学》2010年第6期
5	阎崇年	《森林文化之千年变局》	论文	《辽宁大学学报（哲学社会科学版）》2014年第1期

续表

序号	作者姓名	成果名称	成果类型	刊物名称
6	赵志强	《清代户部军需房述论》	论文	《清史研究》1994年第1期
7	赵志强	《关于努尔哈赤建立金国的若干问题》	论文	《明清档案与历史研究》，新华出版社2005年版
8	赵志强	《清太宗"称帝"考》	论文	《清史论文集》（上），人民出版社2006年版
9	赵志强	《清太祖时期设部事实考》	论文	《清代政治与国家认同》，社会科学文献出版社2012年版
10	赵志强	《满语传据范畴初探》	论文	《满语研究》2015年第1期
11	王灿炽	《熊自得与〈析津志〉》	论文	《江西社会科学》1982年第5期
12	王灿炽	《北京历史文献佚书考略》	论文	《文献》1983年第3期
13	王灿炽	《孙国敉及其〈燕都游览志〉述略》	论文	《王灿炽史志论文集》，北京燕山出版社1991年版
14	王灿炽	《缪荃孙与〈纪录顺天事之书〉》	论文	《王灿炽史志论文集》，北京燕山出版社1991年版
15	王灿炽	《〈帝京景物略〉及其作者考》	论文	《北京社会科学》2006年第4期
16	徐丹俍	《〈旧满洲档〉删划史料价值初探》	论文	《北京社会科学》1993年第1期
17	徐丹俍	《〈清太祖高皇帝实录〉康熙重修本辩证》	论文	《北京社会科学》1995年第1期
18	徐丹俍	《努尔哈赤姓氏问题——清、明、朝鲜史料分析》	论文	《第二届国际满学研讨会论文集》（上），民族出版社2000年版
19	徐丹俍	《纳兰成德及其诗词系年》	论文	《满族研究》2008年第1期
20	徐丹俍	《八旗汉军制度始设诸说议》	论文	《满学论丛》（第1辑），辽宁民族出版社2011年版
21	江桥	《德国的满学研究》	论文	《北京社会科学》1995年第1期
22	江桥	《清代乾隆朝五百名知县的统计分析》	论文	《庆祝王锺翰教授八十五暨韦庆远教授七十华诞学术论文合集》，黄山书社1999年版

续表

序号	作者姓名	成果名称	成果类型	刊物名称
23	江桥	《康熙〈御制清文鉴〉浅析》	论文	《民族语文》2000年第5期
24	江桥（与Martin Gimm）	《欧洲图书馆藏汉文〈文选〉的两种满译本》	论文	《燕京学报》（新10期），北京大学出版社2001年版
25	江桥	《满文"君"、"臣"、"人"类词汇初释》	论文	《清史论集——庆贺王锺翰教授九十华诞》，紫禁城出版社2003年版
26	哈斯巴根	《清初汗号与满蒙关系》	论文	《民族研究》2012年第2期
27	哈斯巴根	《清初达尔汉名号考述》	论文	《清史研究》2012年第2期
28	哈斯巴根	《九白之贡：喀尔喀和清朝朝贡关系建立过程再探》	论文	《民族研究》2015年第2期
29	哈斯巴根	《东洋文库藏镶白旗蒙古都统衙门档案述评》	论文	《清史研究》2015年第4期
30	哈斯巴根（第一作者）	《察罕达尔汉绰尔济与清初八旗喇嘛事务管理》	论文	《中国藏学》2016年第1期
31	常越男	《赫舍里氏"巴克什"家族与清初政治文化》	论文	《云南师范大学学报》（哲学社会科学版）2012年第4期
32	常越男	《清代外官大计"考语"与"事实"探析》	论文	《清史研究》2014年第2期
33	常越男	《满洲著姓与顺康年间的政治——以他塔喇氏岱图库哈理家族为例》	论文	《北京社会科学》2018年第6期
34	常越男	《论清代司道府官员的考核》	论文	《历史档案》2018年第3期
35	常越男	《清代地方官"年终密考"制度述论》	论文	《中国史研究》2019年第2期
36	晓春	《满语否定动词"akuu"的语义及起源》	论文	《中央民族大学学报》（哲学社会科学版）2002年第6期
37	晓春	《从〈蒙古托忒汇集〉看卫拉特方言》	论文	《卫拉特蒙古历史文化研究》，民族出版社2007年版

续表

序号	作者姓名	成果名称	成果类型	刊物名称
38	晓春	《再论〈满蒙藏嘉戎维语五体字书〉》	论文	《满学论丛》（第3辑），辽宁民族出版社2013年版
39	晓春	《满语拟声词刍议》	论文	《满语研究》2015年第1期
40	晓春	《从〈大清全书〉看满语中的汉语借词》	论文	《满语研究》2017年第1期
41	戴光宇	《史诗〈乌布西奔妈妈〉和满族古代的航海》	论文	《满族研究》2009年第1期
42	戴光宇	《兀狄哈诸部落及其分布》	论文	《满族研究》2011年第2期
43	戴光宇	《西夏语言的佐证——藏缅语民族音乐》	论文	《西南民族大学学报》（人文社会科学版）2018年第4期
44	戴光宇	《高句丽语和满语的系属关系探析》	论文	《四川大学学报》（哲学社会科学版）2019年第6期
45	戴光宇	《鲜卑族的起源、分化及其语言》	论文	《云冈研究》2021年第1期（创刊号）
46	王鸿莉	《啙窳：用京话写寓言》	论文	《北京社会科学》2012年第6期
47	王鸿莉	《安德森的"遗产"——以柯娇燕、杜赞奇的中国著述为中心》	论文	《满学论丛》（第6辑），辽宁民族出版社2016年版
48	王鸿莉	《兴学女旗人继识一事迹考》	论文	《满语研究》2017年第2期
49	王鸿莉	《旗人论八旗：清末民初旗人舆论撷拾》	论文	《满学论丛》（第9辑），辽宁民族出版社2020年版
50	王鸿莉	《清末京师阅报社考察——基于空间和族群的视角》	论文	《近代史研究》2020年第5期
51	关笑晶	《清代满族的丧葬习俗——从〈御制增订清文鉴〉谈起》	论文	《满语研究》2010年第1期
52	关笑晶	《清代满蒙辞书"序"研究》	论文	《清代满汉关系研究》，社会科学文献出版社2011年版
53	关笑晶	《清代北京旗人寺庙碑刻考述》	论文	《权利与占卜》《法国汉学》第17辑，中华书局2016年版

续表

序号	作者姓名	成果名称	成果类型	刊物名称
54	关笑晶	《蟠桃宫满、汉合璧〈太平宫碑〉考述》	论文	《国际青年学者满学研究论集》，中国社会科学出版社 2015 年版
55	关笑晶	《北京福祥寺小考》	论文	《吉林师范大学学报》（人文社会科学版）2018 年第 1 期
56	杨 原	《试析晚清民国北京八角鼓之流变》	论文	《满族研究》2015 年第 1 期
57	杨 原	《源于京旗社会的票友文化》	论文	《满学论丛》（第 5 辑），辽宁民族出版社 2015 年版
58	杨 原	《口述中的历史记忆》	报刊文	《光明日报》2015 年 6 月 9 日第 15 版
59	王桂东	《明代中朝边疆地带与两国的使行往来》	论文	《北京社会科学》2019 年第 2 期
60	王桂东	《前沿与枢纽：明代中朝交涉与两国边疆地带》	论文	《社会科学辑刊》2019 年第 5 期
61	王桂东	《边疆安全、边疆开发与明代中朝交往的互动》	论文	《烟台大学学报》（哲学社会科学版）2019 年第 5 期
62	王桂东	《韩国电影中的"蛮夷"形象解析》	论文	《北京电影学院学报》2020 年第 3 期
63	王桂东	《明代朝鲜同女真人的交往——基于朝鲜通过"边疆地带"开展交往的视角》	论文	《北京社会科学》2020 年第 11 期
64	王美珏（第一作者）	《清代奏事处续考》	论文	《史学月刊》2019 年第 7 期
65	王美珏	《清代谥法的制度化运作》	论文	《满学论丛》（第 9 辑），辽宁民族出版社 2020 年版
66	王美珏	《"盖棺论未定"：清代谥法的另一面相》	报刊文	《中国社会科学报》2020 年 8 月 31 日第 4 版

续表

序号	作者姓名	成果名称	成果类型	刊物名称
67	王美珏	《最后的荣光：清亡后谥法的别样境遇》	论文	《满学论丛》（第10辑），辽宁民族出版社2021年版
68	王美珏	《古代"私谥非礼"论争》	报刊文	《中国社会科学报》2021年8月28日第4版
69	马金柱	《融入军府：清前中期吉林地区的理民体制》	论文	《满学论丛》（第10辑），辽宁民族出版社2021年版

满学研究所集体成果目录

序号	主编	成果名称	出版年份
1	阎崇年	《满学研究》（1—7辑）	1992—2003年
2	阎崇年	《20世纪世界满学著作提要》	2003年
3	赵志强	《满学论丛》（1—8辑）	2011—2019年
4	赵志强	《北京民族文化》	2014年
5	常越男	《满学论丛》（9、10辑）	2020年、2021年